La ciudad tapada

Eva Valero Juan

La ciudad tapada

Lima en las relaciones de fiestas virreinales

PETER LANG
New York · Berlin · Bruxelles · Chennai · Lausanne · Oxford

Library of Congress Cataloging-in-Publication Control Number: 2023017409

Esta monografía se enmarca en el proyecto de investigación "Fastos, simulacros y saberes en la América virreinal" (PID2020-113841GB-I00).

Bibliographic information published by the Deutsche Nationalbibliothek.
The German National Library lists this publication in the German
National Bibliography; detailed bibliographic data is available
on the Internet at http://dnb.d-nb.de.

Cover design by Peter Lang Group AG

ISBN 9781636671178 (paperback)
ISBN 9781636671215 (ebook)
ISBN 9781636671222 (epub)
DOI 10.3726/b20576

© 2024 Peter Lang Group AG, Lausanne
Published by Peter Lang Publishing Inc., New York, USA
info@peterlang.com - www.peterlang.com

A Judith Farré y Beatriz Ferrús,
mis queridas compañeras de fastos y saberes virreinales,
por el regalo de todos estos años
en los que el proyecto de investigación
cuajó en proyecto de amistad.

ÍNDICE

Orígenes y agradecimientos   xi

INTRODUCCIÓN   1
   Para el estudio del damero limeño y sus costumbres festivas   8
   Lima colonial en los estudios sobre el "archivo indiano"   15
   Un género al servicio de la ciudad: fiesta y poder hegemónico
   y contrahegemónico   20

PRIMERA PARTE: LA CIUDAD IMPERIAL Y CRIOLLA EN
                LAS RELACIONES DE FIESTAS: ORÍGENES
                Y SIGLO XVII   39

   "No hay otra en las Indias que igualársele pueda": Lima,
   estrella de la América virreinal (siglo XVI)   43

   La ciudad, Dorado de la fábula: la relación de Carvajal y
   Robles por el nacimiento del príncipe Baltasar Carlos (1632)   48
     1. Marco contextual y síntesis del texto   49

2. La mitificación de Lima: una "corte de reyes" en el
    paraíso terrenal   53

3. La ciudad "fuera de costumbre": Lima, escenario del
    poder   57

Lima, "patria común de todas las naciones": la relación
de Diego de Ojeda Gallinato por el nacimiento de Felipe
Próspero (1659)   70

1. Datos históricos y contextuales   70

2. La óptica geográfica y urbana   72

3. La mitificación y escenificación de la Lima hispánica   74

4. La relación de la fiesta en el escenario de la "imperial
    ciudad de los Reyes"   77

5. La actuación de los gremios de la "festiva Lima"   81

6. La glorificación del Perú prehispánico para una
    genealogía mítica del Perú hispánico   86

7. El carro que "significaba el Perú"   91

8. El final de la fiesta: la propaganda imperial, los
    "pobres indios" y "el buen salvaje"   96

Los gozos ostentativos de Lima en la relación de Agustín de
Salas y Valdés (1660)   100

1. Introducción al texto   100

2. Lima, Heliópolis de América   101

3. "Gente de extraño reino": las ofrendas del Perú   104

Lima, "quicio" del Perú: la "aclamación y pendones" por
Carlos II en la relación de Diego de León Pinelo (1666)   119

1. Introducción al texto: objetivos, partes y contenido   119

2. La ciudad-teatro, "quicio" del dilatado Perú   122

3. El Inca preciosamente desnudo   127

4. Llevar "las estrellas en carne" hacia el trono   128

Santa Rosa festejada: la *Festiva pompa* de Juan Meléndez
(1671)   134

1. Meléndez y la reivindicación criollista   136
2. Santa Rosa, fruto de América   137
3. La exaltación de Lima, madre de "nuestra criolla" Rosa   143
4. Indígenas y criollos en el ideario de Meléndez   145

SEGUNDA PARTE: LA LIMA FESTIVA HETEROGÉNEA:
          SIGLO XVIII Y COMIENZOS DEL XIX   151

La ciudad entre el júbilo, la ruina y el conflicto
étnico: primera mitad del siglo XVIII   151

Lima gozosa por la entronización de Carlos III (1760)   166

1. Introducción al texto y autoría   166
2. "Todo lo sólido se desvanece en el aire": la ciudad
   mutante   170
3. El rey ausente en la peruana Roma   175
4. Lima en otra edad de oro: *"bona causa triumphat"*   183

La relación de Francisco de Arrese y Layseca por la
entronización de Carlos IV (1790)   190

1. Introducción al texto y sus partes   190
2. Lima tras la cámara: un film de paisajes   193
3. La ciudad índica en la fiesta de "los naturales"   204

Explicación previa de la fiesta de la "nación índica" dedicada a
Carlos IV (1789)   212

1. Introducción y estructura del texto   216
2. La lógica topográfica y el componente literario en la
   configuración de la "nación índica"   219

El sol en el medio día de Esteban de Terralla y Landa (1790)   232

1. Introducción al autor y estructura del texto   232
2. La ciudad de tablas y carros: Lima efímera en las
   postrimerías del siglo XVIII   241

3. La representación de la "nación índica" por Terralla
y Landa 246

4. Digresiones finales: conquista, evangelización, cultura
e idioma 259

Lima regocijada en las puertas de la Independencia: entre
España y América (1807) 268

1. Sobre el contenido de *Demostración de los regocijos
públicos en Lima* 269

2. Lima entre España y América 273

3. La carta del virrey a Liniers: una brecha histórica
en los orígenes de la Emancipación 277

COLOFÓN: Lima festiva o el "mundo abreviado de maravillas" 281

BIBLIOGRAFÍA 291
APÉNDICE. Fuentes impresas 301

Orígenes y agradecimientos

Esta monografía es resultado de la investigación realizada en el marco del proyecto "En los bordes del archivo: escrituras efímeras en los virreinatos de Indias" (FFI2015-63878-C2-2-P) y su nuevo desarrollo "Fastos, simulacros y saberes en la América virreinal" (PID2020-113841GB-I00), ambos dirigidos por Judith Farré Vidal desde el CSIC. A Judith Farré, una de las máximas especialistas en el Barroco hispánico y en el Barroco trasatlántico, el teatro de los Siglos de Oro y las fiestas cortesanas en España y América, dedico este primer agradecimiento, que lo es por su confianza, su impulso y su implicación continua en el progreso de mis trabajos sobre la temática del presente libro. A ella agradezco también su acogida para realizar una estancia de investigación durante el otoño de 2021 en el ILLA del Centro de Ciencias Humanas y Sociales (CCHS) del Consejo Superior de Investigaciones Científicas (CSIC), período crucial para completar la investigación en los fondos bibliográficos de la magnífica biblioteca Tomás Navarro Tomás. Durante el curso 2021–22 fue fundamental también la estancia en el Istituto di Storia dell'Europa Mediterranea, Sede de Milán, del Consiglio Nazionale delle Ricerche y en su magnífica biblioteca, en una primavera en la que la figura de

Patrizia Spinato, responsable académica del ISEM de Milán, fue tan enriquecedora para la conclusión de un período dedicado exclusivamente a la investigación.

El citado proyecto ha marcado el eje y la dirección de este libro, por lo que conviene traer a colación su formulación, que atiende al denominado "archivo indiano" y a la amplificación constante hacia textos marginales que tradicionalmente quedaron fuera del canon de la literatura hispanoamericana colonial. En los intersticios del archivo es todavía posible encontrar textos que contienen datos novedosos, distintos, a veces transgresores, en definitiva, expresiones muy relevantes para estudiar la literatura y cultural virreinal. Las relaciones de fiestas limeñas han sido, en este marco de la investigación desarrollada en la última década, mi objeto concreto de estudio.

Tal acotación temática en el seno del proyecto se remonta a mis orígenes en la investigación, que arraigan en la primera de sus etapas, cuando acometí el estudio de la Lima literaria virreinal, republicana y contemporánea, desarrollado en la tesis doctoral y después en el libro *Lima en la tradición literaria del Perú. De la leyenda urbana a la disolución del mito* (2001), y proseguido en otros trabajos hasta la actualidad. En este libro planteé una doble visión, crítica y mitificadora, de la capital peruana, a través de la realización de un recorrido amplio y panorámico sobre su presencia en los textos producidos en el período colonial y republicano hasta la mitad del siglo XX. Partiendo de aquella semilla, en los últimos años he ampliado la temática sobre la construcción y evolución de la Lima colonial abordando textos periféricos, en concreto relaciones de fiestas publicadas desde finales del siglo XVI hasta comienzos del XIX que concentran el capital simbólico de la ciudad. En el proceso de esta ampliación, agradezco a Raquel Chang Rodríguez su invitación a participar en la *Historia de las literaturas en el Perú*, vol. 2[1] con el capítulo que titulé "Las relaciones de fiestas: copiar la historia 'fuera de costumbre' ", que está en la base del presente libro. Tal participación vino derivada de mi primera incursión en las relaciones de fiestas en la monografía titulada *Tras las huellas del* Quijote *en la América virreinal*

---

1   Coordinado por la propia Chang-Rodríguez y por Carlos García Bedoya, y publicado en Lima, Fondo Editorial - Pontificia Universidad Católica del Perú, 2017.

(Roma, Bulzoni, 2010)[2], en la que edité y estudié los primeros textos en los que aparecen don Quijote y otros personajes de la novela de Cervantes en América, en concreto, dos relaciones de fiestas acaecidas en Perú y en México.

El trabajo para la *Historia de las literaturas en el Perú* significó la continuidad de aquel primer acercamiento a las relaciones de fiestas, e implicó la necesidad de buscar en archivos documentales de diversas bibliotecas, como la Nacional de España y la Nacional del Perú, y en repositorios digitales como el Brown Digital Repository (de la Brown University Library), relaciones producidas entre el siglo XVI y comienzos del XIX en el Virreinato del Perú. Así pues, partiendo de la ya nutrida bibliografía sobre la fiesta barroca, el vínculo entre fiesta y poder, las relaciones de fiestas como género y el fenómeno de la fiesta en Perú y Lima, este trabajo se propuso realizar una compilación lo más completa posible de las relaciones de fiestas celebradas en el Perú virreinal[3], así como un análisis de las que entonces me parecieron más significativas para el que debía ser un trabajo de divulgación inserto en una nueva historia de las literaturas del Perú.

Partiendo de aquel trabajo, la presente monografía desarrolla el análisis de un conjunto de relaciones de fiestas, concretamente limeñas, en el que confluyen dos de las líneas de investigación principales de mi trayectoria: literatura y ciudad (y en particular Lima en la literatura) y literatura y cultura colonial hispanoamericana. La primera de dichas líneas requiere un agradecimiento principal: a mi maestro José Carlos Rovira, que me inició en los estudios sobre literatura y ciudad desde mi tesis dedicada a la ciudad en la obra de Julio Ramón Ribeyro. En su imprescindible libro *Ciudad y literatura en América Latina* (2005), que

2   Realizado en el marco del proyecto de investigación dirigido en la Universidad de Alicante por José Carlos Rovira desde 1999 "Recuperaciones del mundo precolombino y colonial en la literatura hispanoamericana contemporánea", en su desarrollo relativo a la recuperación de textos, que en 2008 se formuló como "La formación de la tradición hispanoamericana: historiografía, documentos y recuperaciones textuales" (de 2008 a 2011).
3   No agrego un apéndice al final de este libro con la compilación de las relaciones de fiestas de Lima virreinal puesto que F. Javier Campos y Fernández de Sevilla ya la ha realizado y publicado en 2012 en su libro *Fiestas barrocas en el mundo hispánico: Toledo y Lima*, disponible en red (ver enlace en la bibliografía).

nos dedicó a Pedro Mendiola y a mí, como alumnos de doctorado que centramos nuestras investigaciones en la línea sobre literatura y espacio urbano, José Carlos Rovira dejó escritas estas palabras que hoy recojo nuevamente como desafío y acicate: "Es evidente en cualquier caso que hay una tendencia a la reiteración de las lecturas urbanas muy codificada y cerrada por los trabajos principales de José Luis Romero y Ángel Rama, y con menos frecuencia de Richard Morse. Será necesario en el futuro reabrir lecturas y reinstaurar textos precedentes" (Rovira 29). Esta continuidad de la investigación en la perspectiva de ciudad y literatura, y el magisterio del profesor Rovira me han acompañado, afortunadamente, a lo largo de toda mi vida académica, tanto en la docencia como en la investigación. Y es precisamente su propuesta de reinstauración textual, centrada en este caso en las relaciones de fiestas limeñas, la que acometo en la presente monografía. Asimismo, en lo que respecta a mis estudios sobre la época colonial y las relaciones de fiestas, quiero dejar en estas páginas un recuerdo especial del profesor Giuseppe Bellini, quien impulsó la publicación de mi primer libro sobre el tema más arriba mencionado, el dedicado al *Quijote* en la América virreinal a través de las relaciones de fiestas publicado en la editorial Bulzoni.

Por último, mi agradecimiento final es para mi compañero de vida Pedro Mendiola, por haberme ayudado en todo momento en la travesía de estas páginas, desfaciendo entuertos léxicos y etimológicos, con la tozudez y la pasión por las palabras que nos une.

INTRODUCCIÓN

Pero la ciudad no cuenta su pasado, lo contiene como las líneas de una mano, escrito en las esquinas de las calles, en las rejas de las ventanas, en los pasamanos de las escaleras, en las antenas de los pararrayos, en las astas de las banderas, cada segmento surcado a su vez por arañazos, muescas, incisiones, comas.

ITALO CALVINO, *LAS CIUDADES INVISIBLES*

El acto de leer la ciudad como texto, o la idea de concebir sus "calles como páginas escritas" –que dijera Calvino en *Las ciudades invisibles*– y tratar de descifrar el enigma del laberinto que la define, descubre la dimensión metafísica del espacio urbano como crisol del tiempo por el que ha discurrido su historia. La superposición de elementos arquitectónicos, artísticos, urbanísticos y de las múltiples capas históricas sobrevivientes al paso inclemente del tiempo conforma la ciudad simbólica, la visible y la oculta, significante en todos sus elementos y plurisignificativa en su totalidad. Restos arqueológicos, esculturas, ruinas que emergen tras cualquier muro derribado, rótulos desvaídos que a veces quedan a la intemperie, como heroicos supervivientes trazando las líneas del pasado, o muros de edificios que se desnudan ante el paseante cuando las vecinas edificaciones a las que estaban adheridos se derruyen nos hablan de esa fascinante totalidad simbólica. Tal visión de la ciudad nos sitúa ante un intrincado texto cuya esencia se definiría como inmenso palimpsesto del devenir del ser humano concentrado, apretado, aglomerado en el espacio urbano; ese laberinto de los hombres que Borges imaginó como copia del de los dioses: el universo.

Pero para que el texto de la ciudad pueda ser objeto de nuestra lectura, han tenido que existir desde su origen los artífices del mismo, quienes la idearon antes de ser una realidad, y quienes después la moldearon a lo largo de su historia, no solo desde las instancias políticas, sino también, y fundamentalmente, desde esa otra ciudad abstracta que Ángel Rama denominaría "la ciudad letrada" en su ya clásica obra así titulada (1984). Sabido es que esta ciudad, protagonizada por los letrados radicados en su espacio (escribanos, funcionarios, religiosos, poetas, cronistas...), tendría una importancia capital en el nacimiento y desarrollo de la red urbanística con la que se conformaría la realidad hispanoamericana colonial desde el período de la conquista. Progresivamente, el conglomerado de signos con el que aquellas ciudades irían creciendo devendría en el complejo y exorbitante texto que es en la actualidad cada una de las urbes latinoamericanas; núcleos de población que fueron naciendo como ciudades fuerte, o como ciudades puerto, para la expansión progresiva hacia el territorio ignoto habitado por la población indígena, hasta convertirse en ciudades sedes administrativas del Barroco, que en este libro abordo desde el ángulo festivo. Como explicó José Luis Romero en 1976, en el otro gran clásico, *Latinoamérica: las ciudades y las ideas*, fueron, en su articulación a modo de red continental, el instrumento principal para el intento de edificación del mundo colonial americano como "una América hispánica, europea, católica; pero, sobre todo, un imperio colonial en el sentido estricto del vocablo, esto es, un mundo dependiente y sin expresión propia, periferia del mundo metropolitano al que debía reflejar ..." (Romero 14)[4].

Cuando pocos años después del libro de Romero, Ángel Rama construyó en 1984 su reflexión sobre el proceso fundacional de las "ciudades ideales de la inmensa extensión americana", planteó una posibilidad de lectura de la ciudad que recojo como germen del presente libro: leer "la sociedad al leer el plano de una ciudad" (19), plano que veremos emerger y materializarse en las relaciones de fiestas aquí seleccionadas para

---

4   "No sólo por su gusto remedaba el fundador lo que dejaba en la península. Estaba instruido para que estableciera el sistema político y administrativo de Europa [...] de modo que la nueva ciudad comenzara cuanto antes a funcionar como si fuera una ciudad europea, ignorante de su contorno, indiferente al oscuro mundo subordinado al que se superponía" (Romero 67).

su estudio. Cabe recordar, en el planteamiento de Rama, que los planos originales de las remotas ciudades americanas partirían de "un proyecto racional previo" en el que "el orden de los signos" devendría crucial y se desarrollaría desde una "concentración del poder" que necesitaría "un extraordinario esfuerzo de ideologización para legitimarse" (19). Asimismo, requeriría de un orden para implantar ese nuevo mundo constituido originalmente por ciudades que habrían sido, en palabras del uruguayo, y desde una perspectiva genética, "sueño de la razón" (20) o "parto de la inteligencia" (17). Tal alumbramiento, como es bien sabido, vendría determinado por ese "tiempo de idealidad urbana en Europa" que es el siglo de la Conquista (Rovira 51): la época de la *Utopía* de Tomás Moro (1516) o de la *Città del sole* de Campanella (1602) y de los grandes mitos fundacionales que operaron en el origen de las ciudades americanas a través de su transposición en los textos que lo relataban, fundamentalmente en las Crónicas de Indias[5]: El Dorado, las Siete Ciudades de Cíbola, la Ciudad de los Césares, etc.

Esta configuración mental y simbólica se desarrollaría en la dimensión física a través del plano. Y este plano, en América, sería el damero, plano en cuadrícula o retícula hipodámica con el que se construyeron las ciudades. En aquellos espacios en gestación muy pronto imperaría el orden colonial de los primeros virreinatos, de Nueva España y Perú, sus leyes, su estructura social piramidal y una férrea organización religiosa y administrativa[6]. Además, la disposición del damero estaba llena de significado, pues cumplía una función rectora y reguladora que traducía una "jerarquía social", tal y como explicara magistralmente Ángel Rama, al definirlo como

> el principio rector que tras ella [la ciudad] funciona y asegura un régimen de trasmisiones: de lo alto a lo bajo, de España a América, de la cabeza del poder –a través de la estructura social que él impone– a la conformación física de la ciudad, para que la distribución del espacio urbano asegure y

5 Para el estudio de la plasmación de la mitología y el mundo clásico en las letras del Perú, véase Hampe Martínez (comp.), 1999.
6 Una síntesis de la historia de las ciudades hispanoamericanas, sus fundaciones, ordenanzas, modelos de trazado y evolución urbanística y social hasta la Independencia, se encuentra en Mínguez y Rodríguez, 2006, en concreto en el capítulo "Ciudad e imperio en América" (99–122).

conserve la forma social. Pero aún más importante es el principio postulado en las palabras del Rey: *con anterioridad a toda realización, se debe pensar la ciudad*, lo que permitiría evitar las irrupciones circunstanciales ajenas a las normas establecidas, entorpeciéndolas o destruyéndolas. *El orden debe quedar estatuido antes de que la ciudad exista*, para así impedir todo futuro desorden, lo que alude a la peculiar virtud de los signos de permanecer inalterables en el tiempo y seguir rigiendo la cambiante vida de las cosas dentro de rígidos encuadres. Es así que se fijaron las operaciones fundadoras que se fueron repitiendo a través de una extensa geografía y un extenso tiempo (Rama 21). (La cursiva es mía)

Pero todo orden siempre requiere circuitos de escape. Y huelga decir que, naturalmente, el poder siempre lo ha sabido y por ello ha mantenido el control sobre tales circuitos. Así, las piezas de los dameros americanos y sus movimientos repetidos para afianzar el nuevo orden impuesto por la monarquía española se situarían, de tanto en tanto, "fuera de costumbre", atinada expresión que utilizara Rodrigo de Carvajal y Robles en la relación de la fiesta por el nacimiento del príncipe Baltasar Carlos que trataré más adelante, para referirse a la salida de la rutina durante las numerosas fiestas que se organizaban a lo largo del año a imitación de las españolas. Tales fiestas fueron elemento constitutivo del devenir social e instrumento crucial para el mantenimiento de la estructura y sus reglas.

Siguiendo el calendario religioso o atendiendo a los acontecimientos civiles, las fiestas, como fenómeno trasatlántico paradigmático, celebraban la llegada de virreyes, la entronización de reyes, el nacimiento de príncipes, los casamientos de la realeza, etc.[7]. Es evidente que este "salir de costumbre" regulado por la autoridad no se dirigiría sino a la ovación de la monarquía y el acatamiento de su poder, revestido, eso sí, de disfraz y divertimiento. Se trataba, como es bien sabido, de divertir para dominar, que en la América colonial se traduce en "dirigir la sociedad al servicio del proyecto imperial" (Rama 34), de modo que aunque el damero se transformara en gran teatro del mundo para regocijo del pueblo, los movimientos de sus piezas se pretendía que fueran inflexiblemente los mismos, aunque veremos que la esencia de la fiesta

---

7   Para un panorama sobre las fiestas imperiales, véase Checa Cremades, 2016.

como puesta en escena, movimiento y relación, de los diferentes grupos sociales, hará imposible tal rigidez. En otras palabras: si la forma de la ciudad había de asegurar y conservar la forma social (Rama 21), la fiesta dotaría a ese escenario de los mecanismos para solidificarla. Pero es importante advertir que si bien la fiesta funcionaba para consolidar la imposición del poder, también sería el espacio idóneo de negociación de los grupos sociales sojuzgados para su reposicionamiento en la sociedad.

Por otro lado, del mismo modo que la ciudad fue primero una prefiguración de signos (palabras, normas, planos, actas fundacionales, en suma, concepción previa de una imagen mental), también las fiestas tuvieron a sus prefiguradores y a sus encargados de eternizar lo que en origen fue un sueño de la razón. Me refiero, claro está, a los "escribanos", ese "grupo social especializado" (Rama 31) que tenía, en palabras del uruguayo, la "alta misión" de *"dar fe"* –"una fe que solo podía proceder de la palabra escrita"– (22), y que eran los expertos en "los lenguajes simbólicos de la cultura", "diseñadores de modelos culturales, destinados a la conformación de ideologías públicas" (36); en suma, el reducido grupo de los letrados que actuaban como funcionarios a las órdenes del poder, encargados de "ordenar el universo de los signos, al servicio de la monarquía absoluta de ultramar" (31), pero que, como advierte Rama, no solo servían a un poder sino que eran "dueños de un poder" (36), el de la escritura, en un medio eminentemente analfabeto. Como dejó escrito en 1936 Carlos A. Romero, al referirse a los gremios que tras las fiestas oficiales organizaban las propias, "los había ricos y pobres, sobresaliendo entre los primeros los mercaderes y los escribanos, que eran muchos, porque nada se hacía en aquellos tiempos sin la correspondiente escritura pública" (78).

No es casual que Ángel Rama señalara la importancia del tema de la fiesta colonial para la configuración de la "ciudad letrada" en el segundo capítulo de su citado ensayo. En concreto, se refirió a la centralidad de la fiesta en la configuración ideológica de la urbe como apoteosis del lenguaje simbólico de los signos, que sería obra paradigmática, efectivamente, de la "ciudad letrada":

El discurso barroco no se limita a las palabras, sino que las integra con los emblemas, jeroglíficos, empresas, apólogos, cifras, e inserta este enunciado complejo
dentro de un despliegue teatral que apela a la pintura, la escultura, la música,
los bailes, los colores, proporcionándoles el *hilo rojo* que para Goethe fijaba la significación de la diversidad. [...] Su mejor exposición no está en los textos literarios mudos que hemos conservado, sino en la fiesta que ellos significaban... (38)

Sobre la funcionalidad de esta "ciudad letrada" en la producción
de los fastos, el gran especialista en la fiesta barroca, Víctor Mínguez,
pone el acento en el protagonismo de los letrados tanto en la configuración previa de la misma como en su posterior plasmación a través de la
escritura en los textos que "daban fe":

La fiesta barroca, en Europa y en América, aglutinadora de todas las artes
y transformadora de los espacios urbanos durante el día y la noche, fue por
definición efímera, y si ha pervivido su memoria en la actualidad ha sido
esencialmente gracias a las relaciones festivas editadas –muchas veces con
ilustraciones–, en cada ocasión. Cada festejo tuvo detrás comisarios que
activaron y supervisaron la organización de los diversos actos, mentores y
artistas que diseñaron el discurso estético e ideológico de la correspondiente
celebración, y cronistas y grabadores que la inmortalizaron. Las tempranas
universidades americanas y los colegios religiosos abastecieron a las fiestas
organizadas en el Nuevo Mundo de eruditos dispuestos a dedicar su tiempo
a inventar los programas simbólicos que dotaron de significado a las arquitecturas efímeras y sus decoraciones, y a escribir el consiguiente relato de lo
acaecido. (2012, 21)[8]

Ahora bien, ¿tal grupo de intelectuales fue exclusivamente el que se
congregaba en torno al poder virreinal? Veremos al final de este libro a
otros actores de la "ciudad letrada", configuradores previos y posteriores de la fiesta en sí, que ensanchan el concepto de Rama[9].

---

8   Mínguez profundiza en la historia de las prensas americanas y el comercio de libros
    europeos relacionados con la gestación en América de las fiestas, como los libros de
    emblemas, y realiza una síntesis de la fiesta americana y sus textos en el capítulo
    "El relato impreso de la fiesta hispanoamericana: libros y estampas", en su libro *La
    fiesta barroca: los virreinatos americanos* (2012). Véase también en Mínguez et al., 2019,
    el capítulo que lleva este mismo título.
9   Sobre el concepto de "ciudad letrada", el libro de Alcira Dueñas *Indians and Mestizos
    in the "Lettered City"* (2010) resulta fundamental en su replanteamiento de dicha
    ciudad intelectual, en la que incluye a los escritores indígenas y mestizos peruanos

Dos décadas después del libro del uruguayo, León Carlos Álvarez Santaló abundó en este tema pero planteado a la inversa, apuntando a la centralidad de las fiestas para la construcción enaltecedora de la ciudad:

> Evidentemente, toda la descripción, ya lo he señalado, se articula como un gigantesco elogio de la ciudad, del público, de las instituciones y de las elites gestoras y diseñadoras de la fiesta, de lo acontecido y de sus repercusiones, y en este sentido resultan aplicados los *topoi* de uso obligado para tales elogios. (2001, 63)

Y algo más de una década después, en 2013, Marcel Velázquez se refería a la misma cuestión para el caso concreto de Lima: "la fiesta es una de las experiencias socioculturales privilegiadas en las representaciones discursivas de la Lima del XVII y XVIII" (41) y "la permanencia en el tiempo de las imágenes de una Lima opulenta, sensual y festiva comprueba el hechizo que ejerce esta tríada en las ideas y las escrituras sobre esta ciudad" (40).

Enfocada esta centralidad de la fiesta y de los textos que la describen como manifestaciones álgidas de la "ciudad letrada" colonial, codificada en el discurso retórico, críptico, culto y minoritario de los signos, irrumpe una pregunta a la que cabrá responder a lo largo de este libro: si la fiesta se configura como el ámbito idóneo para la transmisión del mensaje político a través de la manipulación del hermético lenguaje artístico, ¿cómo se podría producir de forma efectiva esa transmisión de las consignas ideológicas desde el exclusivo grupo letrado a la colectividad iletrada? Como veremos, no solo los especialistas en el tema, sino incluso alguno de los textos objeto de análisis, aportarán la respuesta.

que durante todo el período colonial no dejaron de incursionar en el mundo letrado. Sus planteamientos sobre la construcción de la nación étnica por tales autores serán relevantes para el análisis de los textos del siglo XVIII, paradigmáticos del mundo de las letras coloniales como "terrain of cultural interaction and contention" y del diálogo trasatlántico que este segmento de la "ciudad letrada" propició: "During these years, literate Andeans crossed the Atlantic, showing up in metropolitan seats of power with their writings, their demands, and their representatives and fundamentally complicating our reflections on the nature and variety of responses to Spanish colonial impositions" (2).

No obstante, cabe reparar en una última idea para comenzar la andadura de estas páginas. La planteó en el año 2000 Antonio Castillo Gómez y me permite hilar la concepción de la ciudad como texto para ser leído (con la que he iniciado esta introducción), con el hecho de que la configuración de la urbe para la fiesta, y la emblematización de su espacio durante el tiempo en que esta transcurre, convierte la metáfora de la ciudad-texto en realidad tangible:

> En aquella ciudad renacentista y áurea, construida como si de un libro ilustrado se tratara, cada inscripción monumental integraba una página del mismo y definía un espacio de comunicación levantado sobre la combinación de dos registros diferentes pero en modo alguno opuestos, y ambos se conjugaron para llevar dichas escrituras desde el libro de los emblemas a la ciudad simbólica[10]. Y una vez en esta, buscaron su ocasión de lectura y construcción de sentido entre públicos desigualmente capacitados: unos habituados al significado de las palabras y otros más proclives a experimentar el poder seductor de las formas. En efecto, aquella era una sociedad y una época de imágenes y estas podían incluso implicar a los más torpes en el manejo de las letras, de tal modo que no eran pocas las situaciones en las que hasta el "analfabeto estaba perfectamente en grado de entender el valor representativo e ideológico del epígrafe monumental como expresión de un poder". (168)

La lectura de las páginas de la ciudad simbólica que encontramos en algunas de las relaciones de fiestas más significativas para la configuración de la Lima virreinal será el reto y relato de otras páginas: las del presente libro.

Para el estudio del damero limeño y sus costumbres festivas

Tomando como punto de referencia la formulación que Ángel Rama realizara hace casi cuatro décadas del concepto de "ciudad letrada", y las ampliaciones y reformulaciones posteriores del mismo (Osorio 2008, Dueñas 2010), me propongo adentrarme específicamente en el estudio de la construcción de la ciudad de Lima en los textos que considero más

---

10 Sobre la escritura jeroglífica y emblemática véase el libro de José Pascual Buxó, 2015 [2002].

relevantes para el trazado de este eje concreto, seleccionados del conjunto de relaciones que dejaron testimonio de las fiestas acaecidas en la Lima virreinal desde la segunda mitad del siglo XVI hasta los años previos a la Independencia. Así pues, escojo un conjunto de relaciones de fiestas especialmente significativas y ricas en claves de interpretación sobre la sociedad, la *civitas*, y los elementos constitutivos de la ciudad en fiesta, la *urbs* "fuera de costumbre", que necesariamente nos remiten a los de la ciudad real en constante transformación sobre la que se opera la ficción festiva (edificios administrativos y civiles, plazas, calles, murallas, arquitectura religiosa...). El criterio de la selección sigue por tanto este eje, independientemente del motivo de la fiesta y otras posibles directrices que podrían guiar perspectivas diferentes de análisis y ejes temáticos diversos sobre las poliédricas relaciones de fiestas limeñas en el período colonial.

Desde este punto de vista, el análisis de las relaciones seleccionadas se propone contribuir al estudio de la construcción textual de la Lima colonial desde "los bordes del archivo"[11], partiendo del necesario estado de la cuestión. Estos textos, situados en dichos "bordes", sin duda complementan y enriquecen sustancialmente, como veremos, los estudios sobre esa misma ciudad que nace y crece en los textos literarios generados en torno a la corte virreinal, así como en las crónicas de Indias; temática limeña presente en obras principales de la literatura virreinal como los pasajes de *El Arauco Domado* que Pedro de Oña dedicara a las grandezas de la ciudad en 1596, o en obras clave como *Fundación y grandezas de Lima* de Rodrigo de Valdés (1687) y *Lima fundada o Conquista del Perú* de Pedro de Peralta y Barnuevo (1732), por citar títulos paradigmáticos para la construcción literaria de Lima. Posteriormente la historia de la literatura peruana no cejaría en el empeño sobre una mitificación de la urbe que se desarrolla hasta bien entrado el siglo XX. En lo que concierne al período virreinal, la temática no se agota en los

---

11 Utilizo la conceptualización realizada en el proyecto al que me he referido en "Orígenes y agradecimientos": "En los bordes del archivo: escrituras efímeras en los virreinatos de Indias" (FFI2015-63878-C2-2-P) y su nuevo desarrollo actual "Fastos, simulacros y saberes en la América virreinal" (PID2020-113841GB-I00). Allí he explicado el concepto de "archivo indiano" y sus bordes del que partimos en el proyecto.

textos épicos y cronísticos, sino que se desarrolla en otras manifestaciones textuales como las que son objeto de estudio del presente libro.

En otras palabras, esta monografía quiere contribuir a la mejor comprensión del devenir textual de la ciudad de Lima a través del análisis del género de las relaciones de fiestas, textos en los que, como es bien sabido y ha sido ya sobradamente estudiado, hay una hibridación entre diferentes códigos artísticos: el literario (presente en las letras de la escenificación teatral, en las arquitecturas efímeras a modo de escritura monumental y acompañando las esculturas, en las loas y canciones que se declaman, y es más, en la propia esencia de algunas de estas relaciones que están escritas en verso o en los motivos literarios de las prosísticas), el musical, el pictórico, el teatral, el arquitectónico, el escultórico, la tauromaquia y la equitación, etc.

A propósito del género de las relaciones de fiestas y de los estudios sobre el mismo, cabe señalar en esta introducción que la profusa investigación sobre las fiestas barrocas en el mundo hispánico, y sobre las relaciones que las describen, ha consolidado finalmente la idea de que tales documentos son una fuente histórico-literaria fundamental para profundizar –con las cautelas que más adelante señalaré– en el entramado social, político y cultural español e hispanoamericano. En tales estudios, dos cuestiones son cruciales con respecto a la relación entre el Barroco, la fiesta y la ciudad: en primer lugar, es preciso recordar que fue en el Barroco cuando las relaciones proliferaron de manera abrumadora para dar cuenta de todo tipo de fastos de carácter religioso, político o cívico, con un pleno sentido de propaganda de los poderes estatales, civiles o eclesiásticos; en segundo, hay que remarcar que el Barroco fue una manifestación eminentemente urbana –"las ciudades fueron aplicaciones concretas de un marco general, la cultura barroca", escribe Rama (25)–, un fenómeno en el que, como señala Alejandra Osorio, "la ciudad no sólo proveía los recursos necesarios para sostener las necesidades de los grupos sociales privilegiados, sino donde ella se asoció con la cultura y su producción" (2012, 235). Tal ecuación da como resultado el hecho de que la señalada proliferación de textos sobre las fiestas sea central como corpus para el estudio de la ciudad barroca.

A lo que se añade otro factor cardinal explicado por Víctor Mínguez e Inmaculada Rodríguez: "el Barroco desarrolla un concepto en el diseño urbanístico: la ciudad concebida como obra de arte. Esto implica el uso de la perspectiva geométrica, es decir, como obra de arte la ciudad es observada desde un único punto de vista" (2006, 88)[12]. Tal concepción sería redimensionada en el momento de la fiesta, cuando el arte en la ciudad cobra su expresión más álgida y toda la configuración urbana para la fiesta se proyecta desde esa perspectiva eminentemente artística. De hecho, como explican ambos historiadores, es la perspectiva escenográfica del Barroco la que influye en la concepción de la ciudad como escenografía. Y si esto fue así en la España barroca, de igual modo lo fue en los virreinatos que recibieron la fiesta hispánica y la adaptaron al escenario físico y social hispanoamericano.

También Marcel Velázquez ha apuntado, en estas certeras líneas, esa simbiosis entre el barroco, la ciudad y la escritura que la penetra y redimensiona:

> Desde el barroco, la ciudad se halla en el centro de una encrucijada. Por un lado, aparece como una estructura material conmensurable que debe ser modelada (controlar y administrar las vidas de los habitantes, encauzar la circulación interna, regular las costumbres, condenar los peligros) mediante las armas de la escritura; por otro lado, es una estructura simbólica inconmensurable, una miríada de imágenes que se superponen, complementan y enfrentan y que la escritura solo puede multiplicar. (43)

Es justamente esa miríada de imágenes urbanas multiplicadas por la escritura la que percibimos cuando leemos las relaciones de fiestas, tanto de España como de otras ciudades de los virreinatos, y la que me propongo analizar en las relaciones seleccionadas que suceden en la capital del Perú.

Por otra parte, y siguiendo a Alejandra Osorio en su enfoque de la ciudad en el Barroco, fue la fiesta, como manifestación más álgida de la ostentación del poder, el elemento crucial para la configuración de la relevancia de cada centro urbano en el mapa de ciudades del mundo:

---

12 "Esta concepción de la ciudad como vista se desarrolló a partir de los tres famosos principios de Lavedan para organizar la ciudad: la línea recta, la perspectiva monumental y la uniformidad" (Mínguez y Rodríguez, 2006, 88).

Una de las características de esta cultura barroca fue su predilección por la ostentación, haciendo que la ciudad fuera conocida por sus modos de vestir lujosos, sus despliegues de riquezas, sus edificios y arquitectura magnífica, así como por sus fiestas espléndidas. Para las sociedades europeas barrocas del siglo diecisiete el urbanismo fue un elemento crucial en la acumulación del poder de las élites locales gobernantes. Los nuevos centros de poder tales como Madrid y París ganaron en importancia y centralidad a medida de que nuevos patrones de migración rural hacia las urbes por las transformaciones económicas experimentadas en el campo incrementaron su afluencia poblacional, y de que los monarcas las convirtieron en las sedes permanentes de sus cortes. (235)

Si esto fue así en Europa, tanto más lo sería en el espacio americano, genesíaco en sus nuevas ciudades y por tanto necesitado de pompa, boato, exaltación, en definitiva, de fundación imaginaria ligada a su urgente glorificación:

En el imperio español de ultramar, la creación de centros urbanos tales como Lima y el proyecto imperial de relocalizar a las poblaciones autóctonas en las reducciones implantadas en el Perú por el virrey Francisco de Toledo en la década de 1570, constituyeron una manifestación de esta nueva ideología de gobierno a través de la *civitas*, o experiencia de la vida urbana. Este nuevo concepto de gobierno, como ha señalado Anchony Pagden, hizo de la ciudad el centro de la civilización y de la producción cultural, así como del poder político. Es importante señalar también que la idea de "ritual", como ha señalado Edwuard Muit, se desarrolló en el siglo XVI. Consecuentemente, el "estado-teatro" urbano del barroco de los siglos dieciséis y diecisiete ejerció su poder político a través de rituales públicos elaborados capaces de hacer real y concreto algo abstracto. Lo abstracto se convertía en realidad a través de imágenes cuyo poder fue ampliamente reconocido en las sociedades de la época temprana moderna. (Osorio 236)

Fundamental resulta asimismo recordar que en el proceso histórico del encuentro de culturas con que se inaugura el mundo hispanoamericano, con la imposición de la occidental sobre las de las civilizaciones y poblaciones indígenas, las formas que adquiere lo lúdico y festivo –que viven su momento álgido en el Barroco– cuando son trasplantadas por los conquistadores al espacio prehispánico, arrojan luz para la mejor comprensión de dicho mundo. Por ello, el estudio de los textos que dan cuenta de las fiestas barrocas celebradas en América es una fuente significativa sobre los problemas sociales generados en ese período histórico. Desde esta perspectiva, parto de la idea del análisis de estos textos para visualizar cómo se construye la ciudad festiva y la evolución de la funcionalidad de la exaltación de la ciudad y sus habitantes, que aúna la mitificación del orden imperial y de los orígenes de la nación y su instrumentalización para la construcción de la nación criolla. A este respecto, entre los trabajos que han estudiado la temática sobre la ciudad de Lima en los textos coloniales en las últimas décadas, destaca la monografía *Lima fundida. Épica y nación criolla en el Perú* de José Antonio Mazzotti (2016), en la que se analiza "la dialéctica temprana entre un grupo social (los criollos beneméritos), un género literario (la poesía épica) y una identidad colectiva (la nación étnica)". En esta línea de trabajo, me propongo analizar también cómo la ciudad de Lima aglutina la dialéctica entre los designios de la monarquía, los grupos sociales indígena y criollo y la construcción de la identidad colectiva en un género mayoritariamente acrítico con el poder como es la "relación de fiestas".

Ahora bien, para entrar en el estudio de la fiesta y sus textos, y deslindar mi perspectiva de análisis, hay que tener en cuenta la advertencia del investigador Richard Parra Ortiz con respecto a la metodología de análisis de este género:

> Aquellas fiestas eran, en esencia, efímeras y su estudio debe realizarse tomando en cuenta dos líneas de investigación. Una es el estudio de actas de cabildo y todo documento legal que permitiera la reconstrucción de la manera en que se organizaron las fiestas, así como la identificación de sus promotores, con el fin de establecer cómo estos, por sus intereses personales, influyeron en el diseño de la misma. [...] El mejor ejemplo de este método es el estudio de Guillermo Lohmann Villena sobre el arte dramático en Lima durante el virreinato. La otra forma, aunque menos confiable —desde el punto de vista estrictamente histórico, pero sí desde el punto de vista de los estudios culturales— es el examen de las llamadas relaciones o descripciones de fiestas o "textos literarios", cuyo propósito era reproducir por medio de "bellas letras" lo acaecido en dichos eventos (Parra Ortiz, en línea).

El presente trabajo se sitúa en la segunda forma apuntada por Parra Ortiz, el examen de estos "textos literarios", abordados específicamente desde la perspectiva cultural de los estudios sobre literatura y ciudad. Fuera de este estudio quedan otras problemáticas señaladas por los historiadores. Así por ejemplo la apuntada por Karine Périssat con respecto a la desaparición de una fuente fundamental para el estudio de la fiesta, como es una parte esencial de los cuadros de la época, que permitirían contrastar la representación de las fiestas en los textos con la representada en la pintura. Su explicación, no obstante, señala los filtros que actúan en las relaciones de fiestas y que hay que tener muy presentes para su estudio, tales como la escritura que es constructo de lo acaecido, o el factor determinante del grupo social al que pertenece el relator:

> [...] los cuadros que desaparecieron nos faltan en nuestro estudio de la iconografía incaica del siglo XVIII, ya que materializaban y fijaban las imágenes que desfilaban durante las mascaradas. Debemos conformarnos con documentos escritos, lo que ya constituye un primer filtro para una buena reconstitución de los trajes y demás atributos, y sobre todo de documentos escritos por autores de cultura hispánica que desconocen el mundo andino y sus figuras, lo que constituye un segundo filtro. Sin embargo, los documentos escritos nos ofrecen una visión de mucho interés y nos permiten trabajar en fuentes poco explotadas, al contrario de las versiones gráficas de la dinastía inca o de las que propusieron los cronistas. Las fuentes limeñas nos permitirán mostrar además que, al contrario de las versiones gráficas cuzqueñas a las que tenemos acceso, las representaciones de incas durante las festividades indias muestran modelos mestizados al mismo tiempo en el estilo, la forma, los materiales y los símbolos. (Périssat, 2000b, 631)

Por tanto, nos adentramos en el estudio de unos textos descriptivos de lo acaecido en el ámbito festivo en el que hay que contemplar estas problemáticas, y sobre todo la mediatización que contienen con respecto a la ideología, posición social y propósitos del relator. Por ello, deben analizarse, en lo que concierne a las conclusiones sobre los acontecimientos descritos, con la necesaria distancia y cautela y teniendo presente, en todo momento, que estamos ante una óptica concreta y determinada por toda una serie de factores sociales, políticos, culturales e identitarios. No obstante, y como veremos, las claves de interpretación de los textos arrojan luz sobre el proceso con que las fiestas contribuyeron, decisivamente, a la implantación del sistema colonial a través de un complejo proceso propagandístico que se valía de la integración de todas las capas sociales en el hecho festivo.

En concreto, las relaciones de fiestas seleccionadas, en su cualidad de ejemplares paradigmáticos de la "ciudad letrada", nos permitirán trazar líneas de continuidad en la construcción de la urbe festiva sobre la reiteración de imágenes, propósitos, ideas, tópicos, y también la evolución de todo ello al compás en que la historia va modificando aquella Lima surgida del proceso colonizador. En esa evolución veremos cómo se fraguan y tensionan los elementos identitarios en contacto, pugna y fusión, y podremos comprobar la complejidad de la configuración identitaria de Lima en relación con los autores de los textos y los protagonistas de los mismos.

La ciudad real "fuera de costumbre", manejada y modelada por la letrada que expande en la fiesta sus límites originarios y su radio de acción, será así la protagonista de las páginas de este libro. Una ciudad que he enfocado en el título como la "ciudad tapada", como guiño a la imagen de la tapada limeña, símbolo y arquetipo de la Lima virreinal. Al igual que la tapada que dejaba ver un solo ojo tras el manto encubridor, la imagen de la ciudad en fiesta esconde lo que quiere transmitir, esto es, las consignas políticas solapadas en el discurso festivo con el fin de divertir para dominar. Como las tapadas, la ciudad festiva enseña, luce y derrocha toda su belleza mediante el traje o disfraz, a través del artificio. Y así será como la veremos, tapada por las arquitecturas superpuestas sobre sus plazas y calles; tapada de sedas colgantes desde los balcones, de cortinajes y tapices, de luminarias, de flores, de bustos y retratos, de adornos sin fin …; tapada de muchedumbres regocijadas atestando todos sus espacios; tapada de sonidos de campanas, gritos, timbales, clarines; tapada, por último, de letras adornando los monumentos efímeros, los arcos, los carros, las esculturas, en forma de poemas, acrósticos, jeroglíficos, enigmas, citas en latín… Tapada y convertida, al fin, en ciudad escrituraria. La ciudad letrada en su máximo esplendor.

Lima colonial en los estudios sobre el "archivo indiano"

Un breve estado de la cuestión sobre los estudios dedicados específicamente a la Lima que se construye en esos textos intersticiales que, desde el proyecto mencionado al comienzo de este libro, situamos en el denominado "archivo indiano", nos conduce a varias obras centrales. En primer lugar, son fundamentales los brillantes trabajos de Karine Périssat sobre las fiestas reales en Lima, en los que aborda los modos de articulación del criollismo limeño en el contexto del imperio español, así como los mecanismos con que aparece representado el pasado incaico y su evolución en el siglo XVIII. En este sentido, Périssat plantea la idea de una identidad dual de los criollos limeños, conscientes y orgullosos de su pertenencia al mundo español y cada vez más reivindicativos de su americanidad. Así por ejemplo sus iluminadores artículos del año 2000 referenciados en la bibliografía serán especialmente reveladores para establecer un diálogo crítico y ampliar su reflexión desde nuevas perspectivas, tanto cuando aborda textos a los que regreso en este libro, como en lo que respecta a otros textos no tratados por la autora francesa. A sus artículos del año 2000 hay que añadir su libro de 2002, *Lima fête ses rois (XVIe-XVIIIe siècles). Hispanité et américanité dans les cérémonies royales*, dedicado al estudio amplio de la fiesta virreinal limeña como reflejo del devenir de la historia de una identidad criolla que utilizó la ceremonia civil para afirmar el lugar fundamental del Perú en la política económica y religiosa del imperio español:

> Notre objectif sera de dépasser la simple description des célébrations et des motifs artistiques utilisés pour étudier la mise en œuvre des thèmes fondamentaux dans la construction de la société liménienne, à la fois intégrée et différenciée dans l'empire espagnol, en tenant toujours compte des fonctions sociale, politique et religieuse de la fête. (2002, 15)

Desde el planteamiento de este objetivo eminentemente social e identitario, al que Périssat llega desde una metodología historicista pero sin dejar de lado la parte artística y literaria de las relaciones seleccionadas como factor de análisis fundamental (la iconografía de la emblemática, las inscripciones alegóricas, etc.), la historiadora detiene su arco cronológico de estudio en las fiestas en Lima por la coronación de Carlos III, arco que en el presente libro amplío al conjunto de textos que recogen los festejos por la llegada al trono de Carlos IV y a una relación de fiesta de los años previos a la Independencia con la que concluyo el recorrido.

En la línea de investigación que ausculta la evolución de la compleja sociedad virreinal a la luz de textos de muy diversa índole, se encuentra la mencionada obra de José Antonio Mazzotti, *Lima fundida. Épica y nación criolla en el Perú* (2016). En este libro, Mazzotti ofrece un iluminador estudio de textos, tanto canónicos como más desconocidos y marginales, en los que emerge la ciudad de Lima como centro para la construcción de la nación criolla:

> [...] la tesis central de este libro es que se formó desde las primeras generaciones de criollos, pero especialmente en el siglo XVII, una identidad étnica que puede entenderse como "nacional" solo en el sentido arcaico y preilustrado de la palabra, sin afanes necesariamente independentistas, pero sí localizadamente patriolíficos. (9)

Por sus páginas desfilan nombres tan conocidos como Pedro de Oña, Pedro de Peralta y Barnuevo, el Inca Garcilaso, León Pinelo, el conde de la Granja, fray Juan Meléndez, junto a otros como Buenaventura de Salinas, Antonio de Calancha o Francisco de Echave. Asimismo, me interesa subrayar de esta obra la óptica o perspectiva de estudio, esto es, el trabajo sobre "ángulos teóricos poco ensayados hasta el momento: los que plantea la relación de los textos con sus sujetos de escritura y con la red de negociaciones políticas y hasta identitarias que entran en juego al engrosarse la tradición de la poesía épica dentro del virreinato peruano" (13). Como veremos, en el presente libro será fundamental auscultar los sujetos de escritura para comprender las claves de los textos, en los que funciona también esa misma red de negociaciones políticas e identitarias.

Para un análisis del fenómeno de la fiesta desde la metodología de la antropología histórica, centrado específicamente en Lima, y en concreto en el período que abarca el tránsito de la colonia a la república, entre los siglos XVIII y comienzos del XIX, es central la obra de Pablo Otemberg, *Rituales del poder en Lima (1735–1828). De la Monarquía a la República* (2014). Situándose en el cruce entre la historia cultural y la historia política, el libro analiza la fiesta concebida como "hecho social total", como ritual oficial que tiene en su médula el objetivo de dotar de identidad a una sociedad a través de la edificación del imaginario colectivo, al tiempo que el de legitimar a la autoridad y darle continuidad. Desde esta concepción, Otemberg penetra en los derroteros del poder en Lima durante el siglo seleccionado (que recorre la crisis de la monarquía y los primeros años de la Independencia), de modo que en la propuesta de análisis se entrelazan lo político, lo social, lo religioso, lo económico y lo simbólico. De especial interés para el capítulo que dedico a las relaciones de fiestas del siglo XVIII es el planteamiento de Otemberg sobre los modos en que los sectores populares, lejos de ser espectadores pasivos que recibían las consignas ideológicas del discurso festivo, se apropiaron del ritual y lo resignificaron para sus propios fines, tal y como veremos en la relación de Terralla y Landa. Así pues, el libro ilumina la fiesta desde ese ángulo fundamental que es su manifestación no solo como práctica de un poder unidireccional, sino como plataforma desde la que se activan también toda una serie de intereses individuales, corporativos e institucionales (25). Con ello, Otemberg contrapone a la idea de la fiesta como hecho inmutable, la de la continua evolución en su seno, determinada por "las diversas formas que adopta la coreografía ritual a lo largo del antiguo régimen americano hasta los albores de la república" (27), puesto que "la fiesta es un instrumento de alianza entre dominantes y dominados, entre sujetos colectivos e individuales, entre la ciudad y la monarquía, entre el(los) pueblo(s) y la nación, entre el deseo y la norma (siguiendo a Victor Turner) y entre el presente y el pasado" (27).

Es precisamente en esta perspectiva de evolución de la fiesta, como fenómeno inserto en las profundas transformaciones de la ciudad de Lima y su sociedad, en la que me ubico en el presente libro, con el fin de trazar dicho cambio, que es urbanístico y es social, a la vista de los textos que relatan las fiestas virreinales en la capital del virreinato desde el siglo XVI hasta comienzos del XIX.

Siguiendo en la idea del "archivo indiano", que amplifica el corpus a los márgenes, es central para el caso de Lima la monografía de Marcel Velázquez titulada *La mirada de los gallinazos. Cuerpo, fiesta y mercancía en el imaginario sobre Lima (1610–1895)* (2013). En ella su autor propone una mirada transversal sobre cuerpo, fiesta y mercancía, asociados a "una Lima sensual, festiva y opulenta" (17). Con estos tres elementos Velázquez articula los imaginarios de distintas épocas a través de numerosas y variadas tipologías textuales: "poemas, diarios, revistas, guías, artículos de costumbres, novelas, tradiciones, ensayos, dibujos [y] avisos publicitarios poco conocidos o insuficientemente analizados" (16), abriendo con ello una novedad de registros que se sitúa en esos bordes archivísticos omitidos tradicionalmente en la bibliografía tradicional. Con ello, Velázquez profundiza en el imaginario citadino desde diferentes modalidades discursivas.

Fundamental en esta perspectiva de estudio es también el libro de Fernando Iwasaki, *¡Aplaca, Señor, tu ira! Lo maravilloso y lo imaginario en Lima colonial* (2018), en el que el escritor e historiador reflexiona sobre los modos con que el imaginario barroco de la Lima colonial del siglo XVII incluyó la idea de lo maravilloso como condición fundamental para sostener el orden teológico y científico de la época, en dirección opuesta a los avances racionalistas de la ciencia europea. Desde este punto de vista, el autor estudia acontecimientos cotidianos y marginales a través de textos de muy diversa índole, situándose en la dimensión de la historia cultural y otras disciplinas con el fin de recomponer la historia del imaginario colonial.

De especial relevancia para el objetivo concreto del presente libro son los trabajos de Alejandra Osorio (2008, 2009 y 2012), dedicados a analizar los modos en que aparece representado el rey en Lima en las fiestas del siglo XVII. En la monografía de 2008, *Inventing Lima: Baroque Modernity in Peru's South Sea metrópoli*, Osorio realiza una historia cultural centrada en la Lima barroca, sin dejar de lado sus orígenes, su rivalidad con Cuzco, su conversión en sede del poder del continente, un poder que los limeños mostraron al mundo a través del ritual político y ceremonial. Para ello, Osorio dedica una parte de la monografía a analizar las entradas de virreyes y las celebraciones del calendario monárquico. Además, pone en cuestionamiento la separación entre la "ciudad letrada" y la ciudad física que propusiera Rama, para argumentar sobre la ciudad como espacio de interacciones sociales y encarnación del teatro político.

Si Osorio se ha dedicado a profundizar en el siglo XVII, para el siglo XVIII resultan imprescindibles los trabajos de María Soledad Barbón, en los que analiza con clarividencia la participación indígena, o de la denominada "nación índica", en las fiestas dieciochescas celebradas por la entronización de Carlos IV. Su libro *Colonial Loyalties: Celebrating the*

Spanish Monarchy in Eighteenth-Century (2019) es una gran contribución en la que aborda una amplia gama de fuentes –relaciones de fiestas, poesía, obras de teatro, discursos y los registros oficiales y no oficiales del ayuntamiento de Lima–, con el fin de profundizar en los modos con que los habitantes y las instituciones de Lima se involucraron en las fiestas coloniales. Coincidiendo con Otemberg, estas no solo servían para reafirmar el poder del monarca y de su virrey, sino que abrían oportunidades para sus súbditos, para renegociar con la Corona la posición social (a través de la denominada por Alejandro Cañeque "economía del favor" en *The King's Living Image: The Culture and Politics of Viceregal Power in Colonial Mexico*, 2004), además de que les conferían la oportunidad de expresar sus necesidades y definir su posición dentro de la sociedad colonial, cuestión que veremos materializarse de forma especial en los textos sobre las fiestas por la llegada al trono de Carlos IV.

A estas obras fundamentales sobre la construcción textual de Lima, hay que añadir la muy nutrida bibliografía sobre la fiesta barroca en los virreinatos americanos, la relación de fiesta y poder y la tipología textual que la transmite, desde los estudios clásicos hasta los más recientes (Maravall, Díez Borque, López Cantos, López Estrada, Farré Vidal, Gisbert, Palanco Romero, Uhagón, Chang-Rodríguez, Mínguez, Rodríguez Moya, Martínez Hernández, Monteagudo Robledo, etc.), toda ella fundamental para el desarrollo del presente trabajo como podrá observarse a lo largo de sus páginas y en el aparato crítico.

Un género al servicio de la ciudad: fiesta y poder hegemónico y contrahegemónico

Antes de adentrarnos en los textos, es preciso introducir la fiesta y su género y contextualizarlo en el esplendoroso periodo del Barroco hispánico e hispanoamericano, en el que la coincidencia de eclosión literaria y festiva llevó asociada esa proliferación de las relaciones que reflejaban pormenorizadamente los fastos, dando lugar a un corpus textual abrumador.

A través de las relaciones de fiestas conocemos al detalle las características de esas celebraciones que, como es bien sabido, eran de carácter religioso, político o cívico, y que se desarrollaban en un abanico festivo muy diverso: cabalgatas y desfiles de lujosos carros alegóricos[13], mascaradas, fuegos artificiales, juegos de sortijas y juegos de cañas, encamisadas, carreras a caballo, corridas de toros, luminarias y fuegos artificiales, o manifestaciones letradas como representaciones teatrales, y certámenes poéticos[14].

La intensa dimensión letrada de la ciudad en fiesta se daba de forma especial en la decoración de los carros y de arquitecturas efímeras como los arcos triunfales, columnas y otras estructuras a través de alegorías, emblemas y poemas escritos para la ocasión, lo que se ha denominado escritura monumental. Todo un despliegue de lenguaje simbólico y de referentes de la cultura clásica que la fiesta canalizaría para su funcionalidad en la construcción identitaria de América a imagen del Viejo Mundo, tal y como explica Víctor Mínguez:

> A través de la fiesta los súbditos criollos, mestizos e indios conocieron y asimilaron los lenguajes artísticos europeos, sus códigos simbólicos, las ceremonias y rituales del viejo continente, sus creencias y su cosmovisión y, en definitiva, contemplaron la práctica del poder. La fiesta en América se convirtió en un grandioso espejo en el que la nueva sociedad miró hacia Europa y se miró a sí misma. (Mínguez, 2004, 349)

---

13 Recordemos, con Bromley, el origen greco-romano de tales carros y su manifestación americana ligada íntimamente a la ciudad letrada, o sea, a los hacedores de su culta configuración intelectual, que no conformaban exclusivamente una reducida élite cerrada, sino un grupo en expansión de "doctores y alumnos": "Los desfiles de carros alegóricos fueron el posterior trasunto de los antiguos carruseles, o correrías de carros y máquinas, de los griegos y romanos; desfiles en los que, en algunos pueblos de Europa, sus participantes se cubrían la cabeza con máscaras de aspecto fiero. De ahí que a esas exhibiciones se les llamase también 'máscaras'. Las máquinas o carros participantes llevaban ya figuras o estatuas movibles ya individuos representando figuras simbólicas, mitológicas e históricas. Los desfiles de carros alegóricos eran organizados y ejecutados principalmente por los planteles de educación, cuyos doctores y alumnos hacían así demostración de sus conocimientos de la mitología griega y romana y de la historia de España. Al lado de tales personajes representativos se exhibían figurones de donaire y de ridículo que alegraban al pueblo" (1964, 211).

14 Para una explicación sobre cada una de estas manifestaciones festivas, véase el artículo de Bromley (1964).

Efectivamente, América contempló a través de la fiesta la práctica del poder, y lo hizo, con especial intensidad, en ese siglo barroco en el que, como apunta Teresa Ferrer, se produjo una proliferación festiva que se explica por el hecho de que en la época de crisis que caracterizó la cultura barroca, "la fiesta pública cobró un pleno sentido de propaganda de los poderes estatales o locales, civiles o eclesiásticos, y las relaciones, estrechamente vinculadas a ellas, florecieron sin tregua a lo largo y ancho del siglo XVII" (Ferrer 14). A lo que Mínguez añade: "como fenómeno que integraba todas las artes, se convirtió en una herramienta de persuasión importantísima: el universo simbólico y ceremonial servía de propagador de la ideología dominante; la escenografía urbana y los espectáculos y entretenimientos trasladaban la imagen de un mundo ordenado y gozoso" (2012, 139). Un proceso que Mínguez explica con clarividencia en relación con la centralidad de las grandes ciudades, México y Lima:

El mundo triunfal del Antiguo Régimen es casi siempre privativo del monarca y la familia real, al menos en Europa, ya que en América se va a trasladar a la figura del virrey desde la creación de los virreinatos de la Nueva España en 1535 y del Perú en 1542, ya que según las propias Leyes de Indias estos representaban "nuestra Real Persona" y tenían "el gobierno superior", con un poder político y social prácticamente ilimitado. Por tanto, México y Lima se van a convertir en cortes en el más estricto sentido de la palabra, cortes virreinales, pero con seguridad los dos lugares desde donde se va a dominar de forma eficaz los territorios americanos y desde donde los virreyes ejercerán sus omnipotentes poderes. De este modo el ambiente festivo y ceremonial propio de cada corte europea se traslada a las americanas, como un componente más de la aculturación y mestizaje del siglo XVI. (2012, 86)[15]

Situados en este punto de arranque, el de la ciudad capital virreinal como corte difusora del poder imperial a través de la fiesta, es preciso introducir el género de la relación de fiestas. La definición de esta

---

15 Mínguez pormenoriza a continuación la legislación indiana relativa a las entradas triunfales: 2012, 86–88. La esencia trasatlántica de las relaciones de fiestas y de la fiesta misma determina la evidente semejanza en la configuración de los rituales festivos entre las dos grandes capitales virreinales, Lima y México. Entre la nutrida bibliografía centrada en el ámbito novohispano, son fundamentales los trabajos de Cañeque (2004), Curcio (2004), Rodilla (2014), Cabranes (2016), entre otros.

tipología textual ha sido realizada por varios autores, empezando por el eminente José Pascual Buxó en el prólogo al libro de Dalmacio Rodríguez *Texto y fiesta en la literatura novohispana (1650–1700)*:

> [...] las relaciones de fiestas pueden combinar sin pecado las "ponderaciones" del historiador con los "encarecimientos del poeta" puesto que el ambiguo objeto de su discurso, por más que sea un acontecimiento "realizado" en un tiempo y espacio determinados y, por ende, un "acontecimiento" social del que puede darse un puntual informe, es ciertamente un espectáculo ficticio que se constituye como consecuencia de un elaborado programa alegórico cuyo referente inmediato es la puesta en escena de dicho espectáculo, fraguado –inventado y compuesto– con la participación de los recursos combinados de todas las artes. Ésta es la razón, como ha notado certeramente Dalmacio, de que en las relaciones de fiestas "concurran diferentes discursos generados en la fiesta misma" y cuyas afinidades formales –ser a un tiempo panegírico, descriptivo e historial– permiten establecer "con toda confianza un género", por más que tal género –por causa de la mixtura que hay en él, el de la relación de los festejos, la descripción de sus juegos y artificios y la transcripción de los textos poéticos vinculados a la fiesta– no haya sido canonizado ni por las preceptivas literarias ni por la historiografía. (En Rodríguez, 1998, 11)

A lo que cabe añadir la explicación sustancial de Dalmacio Rodríguez en diversos trabajos, sobre el hecho de que la "relación" es mucho más que una mera "relación" de sucesos:

> Como género histórico-literario, las relaciones de fiesta, más que probar una disposición jurídica (en el caso que nos ocupa, dar cumplimiento al mandato real de "alzar el pendón"), se proponen recuperar para la posteridad la trascendencia del acontecimiento, con la clara conciencia de que esta recuperación no se debe limitar al registro escueto de sucesos, sino que debe captar y transmitir las expresiones de ostentación, fidelidad y honorabilidad de los protagonistas del festejo, así como de las manifestaciones de asombro y emoción de los asistentes. (2022, 91)

"Las fiestas tenían además un soporte arquitectónico, proveído por la ciudad y por construcciones efímeras", remarca Parra Ortiz, quien agrega a la explicación sobre el género otros elementos fundamentales, como es el acompañamiento de la relación propiamente dicha de otros textos que contienen información especialmente relevante para la reconstrucción de nuevas aristas del mundo virreinal:

> Se puede definir las relaciones de fiestas como descripciones literarias de los eventos, ceremonias, vestidos y decorados de las fiestas que incluían, con frecuencia, una relación de los participantes de la misma, ya sea autoridades políticas, religiosas o civiles o indios, mulatos y negros. Estas relaciones solían ir acompañadas de otro tipo de textos como reseñas históricas, genealogías, loas e, incluso, documentos legales como la orden real para realizar la fiesta, además de la aprobación del mismo texto por parte del censor. Ahora bien, las descripciones de fiestas en sí incluían elogios a la fiesta misma a sus participantes, así como interpretaciones de los emblemas, símbolos y alegorías usados en la misma. Algunas de estas descripciones contenían algunos de los textos presentes en la iconografía de la fiesta, los cuales casi siempre eran citas de autoridades latinas como Virgilio. Su escritura fue una práctica literaria que se originó en el renacimiento y que se extendió mucho más en el barroco. (En línea)

Parra Ortiz señala también la ya aludida problemática que implica que, "como todo documento de cultura, ofrecían visiones mediadas por la mentalidad del escritor, por su pericia en las letras y por sus intereses inmediatos dentro su esfera social. Por ello, algunos historiadores advierten del cuidado que se debe tener al estudiarlas (Ramos 1992: 22)" (en línea).

Fundamental para el estudio del género es también el trabajo de León Carlos Álvarez Santaló, "La fiesta barroca contada: una demostración retórica consciente" (2001), en el que el investigador profundiza en el género retórico que opera en las relaciones de forma altamente codificada[16], y plantea una cuestión cardinal para comprender el significado profundo de las relaciones de fiestas en relación con la belleza y la virtud y, por tanto, con el mensaje adoctrinador:

---

16 "Volviendo a nuestra aproximación entre fiesta y género retórico, es evidente que, si puede participar con lógica del deliberativo, el que mejor le cuadra es el epidíctico; teniendo como *telos* la virtud y la belleza y como *scopos* el público, la fiesta, propuesta como conjunto admirable de ambas, encaja de plano en él" (Santaló 53). Cabe destacar asimismo su trabajo "Mensaje festivo y estética desgarrada: la dura pedagogía de la celebración barroca" (1997).

Por lo que a la belleza se refiere, la fiesta contada (al igual que la construida en las calles) encaja como en un guante en el concepto aristotélico que se expresa en términos como los de la siguiente explicación: "es claro que forzosamente será bello lo que produce virtud, así como lo que procede de la virtud y, por otra parte, que tales cosas bellas constituyen los signos y las obras de la virtud"; pero no solamente encaja con estas precisiones, sino igualmente con estas otras: "... son bellas todas las cosas cuyo premio es el honor y todas las que procuran más honor que dinero. E, igualmente, todas las que estando entre las que son dignas de preferirse se hacen no por causa de uno mismo (del propio beneficio)". (2001, 54)

A lo que añade que, por consiguiente, "cada descripción festiva se ha propuesto como un acto de virtud positiva y en modo alguno como un texto lúdico o de simple entretenimiento. Se trata, de modo bien expreso y de acuerdo con la nomenclatura aristotélica de la retórica, de elogios de la virtud y la belleza-bondad" (55). No obstante, como veremos, muchas de las relaciones de fiestas rebasan el mero elogio de virtudes que las define como género laudatorio o panegírico e introducen digresiones que contienen reflexiones históricas muy significativas para analizar las visiones que en estos textos se producen sobre el universo cultural y social hispanoamericano.

Para redondear las peculiaridades del género, cabe añadir la triple funcionalidad que le atribuye Pablo Otemberg al hablar de los *libros-monumentos* que contienen las relaciones de fiestas: en primer lugar, la función más obvia es su esencia como lugar de memoria de unos hechos construidos sobre la idea sustancial de lo efímero, es decir, como documento que eterniza el evento fugaz "mediante una retórica que reubica el instante de la celebración en la eternidad" (2014, 101); en segundo lugar, su papel como libros que "responden a una necesidad *jurídica* de testimoniar la renovación del pacto de sumisión de la ciudad con el soberano, ratificar su inclusión dependiente dentro de la monarquía" (102); por último, su significación como "dispositivos retóricos que *vehiculizan demandas sociales, económicas y simbólicas* de actores locales, individuales y colectivos". Otemberg aporta así la espesura que les corresponde a estos libros-monumentos que van más allá de la relación unidireccional fiesta-poder:

[...] toda fiesta institucionalizada encierra por definición una instrucción paradójica, en el sentido de que los participantes están obligados a ser libres (gozo festivo, transgresión de la rutina). Se los llama a ser obedientes y espontáneos. La noción de doble vínculo, podrá verse, es útil para identificar otros mensajes contradictorios que voluntaria o involuntariamente hacen circular los implicados en las fiestas del poder seleccionadas. El concepto, tomado en su significado más amplio de mensaje paradójico, ayuda a comprender mejor tanto el sentido de la fiesta como el de su narración oficial, en especial en lo que se refiere a la performance del elogio. (103)

En el corpus textual que componen las relaciones de fiestas, celebradas con motivo de acontecimientos de la monarquía hispánica durante los siglos XVI a XVIII, en el Virreinato del Perú la proliferación de relaciones (anónimas o de autor, impresas o manuscritas) resulta intensamente reveladora de la importancia que, a tenor de lo expuesto sobre su significación social, los fastos tuvieron desde época muy temprana para los conquistadores, colonos y mandatarios posteriores. Sin duda las más abundantes corresponden a las cortesanas (cfr. Ramos Sosa, 1992), entre las que destacan las destinadas al recibimiento de virreyes o a la proclamación de nuevos reyes de España, al nacimiento de príncipes, o también a la alabanza de reyes, virreyes y personajes ilustres.

En este punto, hay que tener muy presente la diferencia entre las fiestas de carácter religioso, que se sucedían cada año en la misma fecha, con una rígida organización cuyo fin era el adoctrinamiento de los fieles en la moral y el dogma católico, y las fiestas que Juan de Torquemada, en su *Monarquía indiana*, denominó como "fiestas súbitas y repentinas", que solo podían celebrar quienes tenían autoridad de príncipe, y que se organizaban repentinamente, sin obedecer a ninguna periodicidad sino a la celebración de acontecimientos vinculados con la corona, así como con la iglesia –cuando se trataba de eventos extraordinarios, beatificaciones, canonizaciones, etc.–. Ahora bien, las fiestas súbitas no vinculadas directamente con la iglesia nunca eran totalmente profanas, pues el componente religioso siempre tenía su lugar cuando lo lúdico se enseñoreaba de la ciudad. Eran, además, la expresión más clara de la intervención directa del soberano, quien integraba al pueblo como súbdito, y cuya función era, por tanto, y como comprobaremos, la de alabanza a la autoridad. Esta, en el ámbito hispanoamericano, tenía a sus delegados –las autoridades indianas– como directores de tramoya, pero la idea de unión y de gratitud al soberano era la que regía toda la fiesta. Por ello se festejaban con especial boato las coronaciones, los nacimientos de príncipes, las exequias reales, etc. Como ha señalado Víctor Mínguez, ambos universos, el religioso y el político, "son instrumentos de cohesión social y de propaganda y ambos cuentan habitualmente con los mismos promotores, pues las autoridades políticas y eclesiásticas forman parte de una misma élite dirigente y sus referentes culturales y sus lealtades a la monarquía hispánica y a la Iglesia católica son comunes" (2004, 359). A lo que cabe añadir, con Dolores Bravo, lo siguiente:

> [...] si bien a los gobernantes se les reconocían cualidades excepcionales y eran elevados al rango poético y alegórico de seres perfectos y divinos, la institución que en realidad era venerada como vicaria de Dios sobre la tierra era la iglesia católica. Esto se comprende mejor aún, cuando sabemos que en el estado absolutista hispánico, el poder civil y el religioso estaban unidos y representados en la figura del monarca. Es por ello que los festejos coloniales se "ponen en escena" en el "gran teatro" del espacio público. (2002, 85)

Así pues, las fiestas se organizaban a través de una gran representación escénica, siendo el grupo social denominado en la época como "primera nobleza, persona de distinción, la gente más principal de la plaza" el sector a encumbrar en casi todos los textos, integrado por los peninsulares con cargos de responsabilidad y por los criollos que dominaban los cabildos eclesiásticos y seculares.

Dado el destinatario principal de los textos –el monarca–, hay que señalar el sesgo generalmente oficialista de las relaciones, de esencial importancia para comprender su carácter acrítico con el poder, al menos con el local:

> La fiesta por la proclamación de los reyes no solo era una costumbre de la sociedad colonial, sino que en algunas ocasiones podría tratarse de una obligación, pues el mismo rey ordenaba la realización de tales pompas. De esta manera, celebrar la fiesta no solo era un momento de licencia, asueto y felicidad, sino que constituía un acto de obediencia y lealtad al monarca. Aún más, la mismísima relación de sucesos de la fiesta era un texto que debía ser enviado al rey en la mayor brevedad, por cuanto una de las funciones de la relación era servir como prueba jurídico-literaria de lo acaecido en las fiestas [...] por lo tanto, la escritura del documento tenía un carácter oficial y tenía como uno de sus lectores oficiales al rey. Así la escritura de la relación revela

un sólido compromiso implícito con el poder, compromiso que delimitará su lenguaje y sus medios de expresión. (Parra Ortiz, en línea)

Por tanto, y resumiendo, las relaciones eran textos escritos habitualmente por un miembro de la élite colonial, destinado a las élites coloniales y finalmente al rey, si bien veremos diferencias sustanciales en la identidad y situación social de los autores, que quiebran la aparente unicidad del grupo letrado productor de estos textos.

Todo ello nos conduce a la imbricación esencial entre los actos festivos y la dimensión ideológica y política, que ha sido abordada por una nutrida nómina de autores en las últimas décadas[17], si bien la idea original fue construida por Bajtin, remontándose al origen medieval de la fiesta: "Las fiestas oficiales de la Edad Media (tanto las de la Iglesia como las del Estado feudal), no sacaban al pueblo del orden existente, ni eran capaces de crear esta segunda vida. Al contrario, contribuían a consagrar, sancionar y fortificar el régimen vigente" (15). Como es bien conocido, esta fusión entre fiesta y poder se desarrolló con especial intensidad en el espacio americano durante los siglos coloniales, en tanto que los virreinatos nacían, precisamente, con el apremiante requerimiento de esos tres procesos señalados por Bajtin: consagración, sanción y fortificación[18]. Así pues, en el contexto virreinal el hecho festivo resultaría el instrumento idóneo para tales procesos y las relaciones de fiestas son el testimonio que nos ha quedado para conocer al detalle las festividades virreinales[19]. No obstante, en este punto es preciso

17 Véase en la bibliografía Maravall, Díez Borque, López Cantos, López Estrada, Farré Vidal, Gisbert, Palanco Romero, Uhagón, Chang-Rodríguez, Méndez, Ramos Sosa, Mínguez, Rodríguez Moya, Otemberg, etc.
18 La idea de la fiesta hispánica trasplantada a un espacio que le es totalmente ajeno se vincula a su vez con la noción de la "fiesta confiscada", ampliamente explicada por James Iffland (1999). Tal concepto hace referencia a la distorsión del hecho festivo que implica su apropiación ("confiscación") por parte de las clases dominantes. Esta idea parte de que el fenómeno de la fiesta –cuya expresión más genuina es el carnaval– se define por la disolución de toda estratificación social en un espacio en el que el disfraz permite a cada cual convertirse en lo que no es y, por tanto, borrar las jerarquías de la cotidianidad en un conjunto ideal. El contraste de este tipo de fiesta popular con la fiesta oficial produce una oposición radical en su configuración (Bajtin 15).
19 Los estudios sobre las mismas, desarrollados fundamentalmente a partir de la década de 1990, están arrojando luz para continuar auscultando los siglos de los virreinatos y ensanchando con ello los panoramas de análisis sobre el Barroco americano.

recordar, con Otemberg, la falacia de la idea de que las fiestas, por estar dirigidas por el poder, no presentan amenaza alguna para el *statu quo*. Como bien señala el investigador, "los procesos hegemónicos encierran su propia contra hegemonía, es decir, una visión alternativa del mundo que desafía a la estabilidad del consenso ideológico (Williams, 2000 [1977]). Ni en la puesta en escena del absolutismo existe el control absoluto" (2014, 23–24). Como veremos, los textos seleccionados nos darán buena cuenta de ello.

En este sentido, cabe remarcar la evolución sobre los planteamientos teóricos dedicados a la relación entre fiesta y poder. Los primeros no contemplaron esta visión contrahegemónica planteada por Otemberg o por otros autores como María Soledad Barbón, pero fueron iluminadores para encarar el estudio de la fiesta en los textos. Pionero en estos estudios fue José Antonio Maravall, quien planteó que las fiestas "son como todos los productos de la cultura barroca, un instrumento, un arma incluso, de carácter político. Lo advirtieron reyes y ministros que gastaban en fiestas lo que no podían" (1996, 494). También abundó en ello Antonio Bonet Correa en su clásico "La fiesta barroca como práctica del poder":

> El regocijo popular, la alegría y risa en común, la locura colectiva fue como una válvula de escape que de vez en vez y a su debido tiempo se abría para así mantener el equilibrio y la conexión entre las clases, a fin de que el edificio "bien construido" del antiguo régimen no sufriese resquebrajaduras amenazadoras de su estabilidad (1983, 45)[20].

Si nos trasladamos al ámbito americano, esa perspectiva sociopolítica de la fiesta se concibe, más si cabe, como un instrumento, ya no solo de apoyo, sino de vital importancia para el éxito del proceso de esa dominación, y por tanto para el de la aculturación, tal y como planteó Ángel López Cantos:

> Todos los que cruzan el Atlántico, hombres de su tiempo, transportarán una cultura en la que lo lúdico, por momentos, alcanza gran importancia, nacida esta de una política cada día más mediatizadora del individuo. Las fiestas y el juego ayudarán a romper tensiones, produciendo cierto relajamiento en sus

---

20 Véase también el artículo de Díez Borque, 1985.

existencias. […] En un principio los descubridores y conquistadores, aunque impulsados por propia iniciativa pero tutelados por la Corona, pondrán en práctica las diversiones propias de pocos individuos. Intentarán reproducir con éxito las colectivas con manifiestos propósitos aculturizadores. (16)

Acerca de este alcance del discurso festivo del poder cuando es trasplantado a las colonias hispanoamericanas, Rosa María Acosta aporta una explicación esencial sobre su amplificación y su carácter didáctico y adoctrinador en el contexto colonial:

Las fiestas que se celebraron durante la Colonia fueron concebidas con un profundo contenido político y usadas como mecanismos de dominación y asimilación de los naturales del reino. Tenían como fin político "asombrar" a la población conquistada, contribuyendo así a que se hiciera más fácil el dominio. […] Las fiestas cumplieron, al mismo tiempo, una destacada función pedagógica. A través de su aparato externo estaban destinadas a reducir a los indios a una "situación de civilidad" para que resultasen buenos vasallos. Debían transmitir las ideas que permitieran hacerles aceptar, en primer lugar, los poderes de Dios y de la Iglesia; luego, la superioridad de los señores y, por último, una situación de inferioridad y de sujeción a estos. Festejos como el recibimiento del Virrey y de otros dignatarios, servían para recalcar, a los indios, la supremacía de los señores y su poder. (1997, 37–38)

Divertir para dominar aparece, por tanto, como la idea matriz de toda fiesta mediatizada por el poder político en la que se realiza un "uso político del lenguaje artístico" (Rama 37) y que los textos hacen explícito en fragmentos clave que aparecerán en este libro. Es, en definitiva, una consigna básica para el proceso de dominación de ese mundo que se quiere subyugar. "El poder –nos recuerda López Cantos– representaba la ostentación, la fastuosidad y el lujo frente al individuo desvalido" (1992, 17), por lo que este individuo quedaba relegado al papel de espectador extasiado, o bien se integraba en un escenario festivo en el que representaba la función de comparsa de los poderosos, fijada con base en la condición social que le había sido impuesta por las autoridades españolas. Más recientemente, como he adelantado, Otemberg profundiza sobre esta dimensión paradójica de la fiesta en su citado libro dedicado a los rituales del poder en Lima (2014), no solo para plantear su capacidad de reproducir fronteras sociales en un contexto de aparente inclusión –la fiesta "une separando", sentencia Otemberg– (26), sino con el objeto de hacer evolucionar la idea originaria de Maravall sobre fiesta y poder en esta acertada dirección:

> El autor se refiere a un Estado que aplica la fiesta como propaganda y meca-
> nismos de dominación a través de lo sensorial sobre una cultura urbana «de
> masas» [sic]. Más allá de lo discutible de su concepto de Estado tal vez excesi-
> vamente moderno y de la cultura de masas, una realidad exclusiva del siglo
> XX, el peligro de quedarse en esta concepción sobre la fiesta del poder tiene
> que ver con, por un lado, atribuir a la élite (como si fuera un bloque monolí-
> tico) un poder de dominación total, unívoco y maquiavélico de las conciencias
> mediante la "propaganda". El hecho de que los sectores dominantes y autori-
> dades manipularan el ceremonial no significa necesariamente que no creían
> en él. Por otro lado, esta visión condena a la pasividad a los sectores popula-
> res (tampoco constituían un bloque monolítico) que amén del problema de la
> recepción, también manipulaban a su favor las fiestas del poder. (33–34)

Será fundamentalmente en el siglo XVIII cuando veamos manifestarse de forma más visible y sugestiva esta cuestión señalada por Otemberg, en relaciones en las que la participación de la comunidad indígena (la denominada "nación índica") al final de la fiesta, de forma separada, y más bien la acción de sus mandatarios para que esta fiesta tenga lugar con todo el lujo requerido por la ocasión, va a cobrar tintes claros de rédito social, como los tuviera la participación de los gremios de forma muy temprana.

En todo caso, para la consecución de la transmisión de las consignas ideológicas, toda una serie de códigos artísticos y recursos visuales funciona en el interior de las fiestas al servicio de los códigos culturales y políticos que se pretendían fijar como mensaje al servicio de la propaganda del poder (Maravall, 1996, 501)[21]. Bien conocidos son los recursos propios del siglo XVII: las arquitecturas efímeras (arcos triunfales, túmulos, escenarios, tablados, altares, catafalcos, etc.), combinadas con esculturas, bastidores, cortinajes, tapices, pinturas jeroglíficas, representaciones alegóricas, vestuario de los actores y símbolos de toda índole que identificaban a cada personaje con su estatus social[22]. Entre todos estos elementos, destacan los arcos triunfales:

---

21 Con esta idea de la fiesta emanada del poder político comienza también el trabajo imprescindible de Díez Borque "Relaciones de teatro y fiesta en el Barroco español" (1985).
22 Sobre el lenguaje de las fiestas, véase el trabajo de Claudia Parodi, en Judith Farré (ed.), 2007, 221–235.

Estos arcos estaban hechos de materiales de poca calidad, pero una vez estaban totalmente construidos, daban mucha vistosidad y grandiosidad al evento, pues muchos habrían sido dignos merecedores de permanecer para siempre. Esta forma arquitectónica llevaba consigo un gran programa propagandístico en sus decorados, exaltando las virtudes del rey mediante pinturas, esculturas o poesías. También era normal que se usaran temas alegóricos, mitológicos y de la religión católica. Todo iba encaminado a promocionar la fidelidad al rey. (Jiménez Lozano 68)

Como veremos en los textos, la iluminación para la parte nocturna de la fiesta tendrá un gran protagonismo, a través de hachas, velas, arañas, etc., que permitían contemplar las arquitecturas efímeras y en general los espacios de la ciudad, sus edificios principales, sus fachadas:

Además de la arquitectura, hubo también elementos figurativos acompañados de textos literarios que los comentaban o añadían significado. Había pues pinturas, esculturas, relieves, jeroglíficos, medallones que mezclados con mensajes escritos otorgaban el sentido político deseado por los organizadores y los artistas encargados del diseño de la fiesta. Se empleaba en efecto el lenguaje emblemático y el alegórico como instrumentos de persuasión ideológica. En efecto, según Díez Borque, la función de lo efímero era crear espacios nuevos que alteraban el significado funcional de la calle y añadían a la misma valores narrativos y conceptuales (Díez Borque, 21). (Parra Ortiz, en línea).

Todo ello se intensifica en el Barroco, y se concentra en el tópico del "engaño a los ojos", que va ligado no solo a la experiencia física, sino también, directamente, al sentimiento. Por ello, para el éxito de las estrategias visuales el espacio de la cotidianidad (la calle, la plaza mayor, etc.) cambia de significado, como vamos a ver en los textos, cuando se lo engalana o "disfraza" para la fiesta. Del mismo modo el vestuario es un factor determinante, puesto que con él se subraya la ostentación, la riqueza y, por ende, el poder de quien lo exhibe. De hecho, como señala Díez Borque,

es el elemento central de la espectacularidad de procesiones civiles y profanas, cabalgatas y comitivas, que se constituyen en componentes nucleares de la fiesta barroca [...] hay una utilería de adorno, en que no es la funcionalidad de los objetos de nuestra vida diaria lo que domina, sino la presencia para la contemplación, para la clasificación social. (1985, 26)

En suma, nos situamos ante la conversión del hecho festivo en una nueva manifestación de autoridad, que asignaba a cada cual el papel que le correspondía en la sociedad, pero reparando en que este papel podía desarrollar también una función contrahegemónica o bien actuar con interesados fines de posicionamiento social. En este sentido, hay que tener en cuenta que en la fiesta americana, como comprobaremos en los textos, participaban todos los grupos sociales: el virrey y su familia, las autoridades civiles y eclesiásticas y por último la llamada "nación de naturales", así como mulatos y negros. A través del profundo simbolismo que presidía todas las imágenes en cada una de las partes de la fiesta y de sus elementos configuradores, se transmitía el mensaje imperial en un ambiente de regocijo en el que participaban todos los estratos sociales, si bien siempre siguiendo un orden que los jerarquizaba. Como explica Richard Parra,

> tanto letrados cultos como quechuas producían, en esencia, el mismo discurso celebratorio, usando incluso los mismos motivos mitológicos para celebrar a la realeza. Por supuesto, la mezcla de culturas se hizo más notoria en "las máscaras" o desfiles indígenas que los criollos. Además, estas fiestas eran momentos de encuentro festivo entre todos esos sectores sociales. En un sentido, en efecto, eran fiestas donde todos los estratos sociales se encontraban en un mismo espacio y eran partícipes del mismo lenguaje espectacular. En esas fiestas, los sectores altos de la sociedad compartían plaza con los menos favorecidos, pero guardando un estricto orden que, por lo que se infiere, les prohibía por ejemplo, organizar fiestas conjuntas. (En línea)

Por lo que respecta a la participación de indios y mestizos en la fiesta, recordemos que se dio desde muy temprano en las representaciones teatrales (cfr. Lohmann Villena, 1944). Participaban como músicos, o como danzantes, recitadores, y por supuesto como espectadores, entre otras funciones que adquirirían siempre una clara significación social. Como veremos en los textos, su representación oscilará entre el indio empobrecido y bruto, el indio imperial, el indígena anónimo, el aculturado o españolizado, y el orgulloso de su identidad, incluso en el seno de un mismo texto:

[...] ya que se trataba de actos de propaganda y apologética del poder, todo elemento "del arte festivo" estaba dispuesto con meticuloso cuidado. Cada natural, en efecto, ocupaba un lugar establecido en la representación. De ese modo, la posición en la fiesta tenía una carga social inherente: la fiesta era un espacio donde los individuos y grupos podían revestirse de autoridad, tanto por su rol dentro de la fiesta (no es lo mismo que un curaca caracterice al débil inca Huáscar que al gran Manco Cápac), así como por la ubicación jerárquica dentro de la misma (quién marchaba primero, quién estaba más cerca del virrey, quién vestía con más pompa, quién se dirigía al virrey). (Parra Ortiz, en línea)

Por último, es importante recordar, cuando hablamos de fiesta y poder en América, la cuestión del "rey ausente" en las Indias, puesto que nunca ningún monarca se desplazó hasta el otro lado del Atlántico: "[...] como no existía la posibilidad de contar con la presencia física del soberano para conmemorar tales eventos, se ideó un procedimiento que paliara en parte dicha dificultad. Las autoridades indianas ocuparían su lugar y desempeñarían el papel de coprotagonistas en las festividades, como representantes de la Corona en Indias" (López Cantos 28). Sobre este tema cabe detenerse a través de la voz de otros historiadores, en tanto que tiene una importancia capital para el tema del presente libro: la configuración de Lima como ciudad central de la monarquía.

Ollero Lobato explica lo que comprobaremos en los textos, y es que

cuando el rey está ausente, su presencia será garantizada con su imagen en la plaza, a la que se otorga la reverencia y honor que se le hace a la persona real. Normalmente se trata de un lienzo con su retrato que, situado bajo dosel, y protegido y honrado con tropa de guardia, preside la fiesta hispana, introduciendo en la variada multiplicidad de las celebraciones un elemento de seria suspensión, un paréntesis circunspecto en las fiestas, como destacara Díez Borque. (37)

Por su parte Víctor Mínguez subraya que "en ningún otro territorio perteneciente a la corona hispana la construcción artística e ideológica de la figura del Rey Distante funcionó con tanta precisión como en los virreinatos y colonias americanas", siendo el factor determinante "la enorme distancia que separaba al monarca de sus dominios y que condicionó su ausencia física permanente" (1999, 255). Cuestión que Alejandra Osorio centra en concreto en la Lima del XVII, en la que

> las ceremonias reales sirvieron para hacer presente al rey ausente y unirlo con sus vasallos en un "pacto" recíproco que necesitaba del ritual para hacerlo "verdadero". [...] Estas "re/presentaciones" del rey fueron, sin embargo, siempre "auténticas" o verdaderas ya que como el referente no fue nunca visto en Lima, el simulacro era verdadero en virtud de una ausencia. Esta ausencia del referente en Lima hizo del rey español un monarca hiperreal para sus vasallos debido a que su esencia se derivaba de una representación o copia de una copia: la materialidad del rey sólo podía ser imaginada, como se hacía con la de Dios o la de Jesucristo. (Osorio, 2012, 232)

Una vinculación directa del rey con Dios que Osorio desarrolla en el sentido del poder sobrenatural que ello le confiere y, por ende, en el de su omnipresencia, fundamental para ser percibido como presencia activa:

> A pesar de esto, el poder y la autoridad del rey fue muy real y concreta y para sus vasallos el rey español fue una figura de autoridad análoga a la figura de Dios: podía ver sin ser vista. En otras palabras, se podía sentir y escuchar al rey sin tener presente su cuerpo biológico o físico el cual era sólo posible imaginar. No obstante, el rey era concreta o "materialmente" conocido por sus vasallos a través de objetos o representaciones que poseían su esencia o "aura" y poder al igual que la hostia la cual era el "cuerpo de Cristo" y poseía el aura y poder de Dios. En otras palabras, para los vasallos en Lima el simulacro del rey de España era el rey real. (Osorio, 2012, 232–233)

Desde esta argumentación sobre la configuración deificadora del rey ausente y distante, Osorio desemboca en la otra derivada, que atañe a la centralidad de la ciudad de Lima a partir de dicha configuración:

> [...] el *simulacrum* del rey en Lima no solo fue el principio organizador de las ceremonias reales, sino también un aspecto central del ejercicio del poder monárquico en el Perú colonial. Las ceremonias reales fueron igualmente fundamentales en la reproducción de Lima como ciudad más principal y poderosa que sus rivales en el virreinato. Las ceremonias del siglo diecisiete alrededor del simulacro del rey constituyeron una fuente importante de capital simbólico en la producción del aura de Lima en las disputas con la capital Inca del Cuzco acerca de cuál ciudad encabezaba los reinos del Perú.

Por último, la vida ceremonial cortesana de Lima desarrollada durante este periodo la consolidó hacia fines de siglo como el centro indiscutible del poder colonial en el virreinato del Perú y como el referente cultural del imperio en su totalidad. (Osorio, 2012, 233)

Concluyamos esta introducción necesaria a un tema central como es el del rey ausente en las Indias, con Ollero Lobato:

El retrato real se convierte así en un personaje principal en los fastos, aquel de donde nace o hacia donde se dirige gran parte de los contenidos de la actividad festiva. Su figura se hace fundamental, adquiriendo el papel importante de rey vigilante en pabellones, edículos o escenas apoteósicas semejantes a las proporcionadas por la comedia de santos. La devolución de los retratos reales tras la fiesta, desde los ámbitos de lo festivo a su depósito institucional, adquirirá un rango protocolario destacado y una presencia icónica reverenciada por súbditos. La insistencia de la imagen del monarca se intensificará con actos complementarios como el reparto de monedas tras las proclamaciones que dan inicio a cada nuevo reinado. (38)

En definitiva, y recapitulando, fiesta y poder son las dos partes de un binomio que resulta crucial para la implementación del poder español en América y para su estabilidad y consolidación. Y los relatores de las fiestas pondrán a funcionar su ideología al respecto y su respectiva relación con el poder en los textos. Ahora bien, convengo con Parra Ortiz en que "sin embargo, no hay que tomar estas relaciones como un producto meramente ideológico y distorsionador de la realidad. Su lectura también ofrece algunos datos objetivos sobre las fiestas políticas virreinales (como su estructura, vestuario y protagonistas), así como ciertas noticias sobre cómo se articuló, en la mentalidad criolla, la función social de los indios en las mismas" (en línea). Desde este punto de vista, lo más interesante sin duda se encuentra en la posibilidad de observar en los textos festivos, y en su cronología, la funcionalidad de dicho binomio tanto para la exaltación del poder español en América como en su capacidad de representación de los procesos históricos de construcción de la nación criolla hasta las puertas de la Independencia y de los proyectos contrahegemónicos urdidos por representantes de la población indígena.

En lo que atañe al criollismo, en el caso del Perú, como veremos, los textos reflejan una peculiaridad: la de la exaltación del poder español en Lima para la construcción de un criollismo fundamentado en la idea del Perú como la mejor nación del imperio y, por ende, de Lima como la ciudad más perfecta de la cristiandad, tal y como ha argumentado Périssat:

> A principios del siglo XVII, en los años 1620–1640, los criollos limeños, movidos por un deseo de clamar y defender la grandeza y la dignidad de su patria, empezaron a reaccionar ante el desinterés y el desprecio de los peninsulares que muchas veces los asimilaban con la población mestiza, india o mulata. Poco a poco fue apareciendo la conciencia de su "hispanidad americana". El criollismo se fundamentó en la búsqueda del reconocimiento de Lima, de su hispanidad y de su importancia en el imperio español. (Périssat, 2000a, 29)

En este proceso, la fiesta se convierte en el espacio legitimador de esa capitalidad simbólica y de la pretendida superioridad de Lima en el marco global del resto de ciudades del imperio[23]. A ello hay que añadir, con Osorio, que el tono superlativo y glorificador de la ciudad de tales escrituras se imbrica con su capacidad ordenadora y mitificadora:

> [...] proporcionaron una especie de "comentario social" de cómo la ciudad y su sociedad deberían funcionar idealmente. Como resultado, los cronistas criollos y españoles comenzaron a exagerar de manera predecible la magnificencia de las ceremonias y de la ciudad en sus escritos; particularmente hacia mediados del siglo diecisiete, las crónicas describen cada vez más una sociedad urbana extremadamente ordenada, lujosa y unificada. (2012, 239)

---

23 Périssat profundiza en la particularidad del criollismo en el Perú y sus mecanismos de construcción del reconocimiento de una identidad hispano-americana: "[...] su doble reivindicación de hispanidad y americanidad, el criollismo no buscó la originalidad sino más bien puntos de comparación con el viejo continente. Valiéndose de las imágenes tópicas de la literatura antigua, reactualizada por el Renacimiento, los criollos intentaron establecer paralelismos entre el Antiguo y el Nuevo Mundo, paralelismos que conducían a plantear la igualdad y muchas veces la superioridad de este. Su exaltación de la patria no podía prescindir de la representación de su medio ambiente, del Perú y América. El "paraíso en el Nuevo Mundo" se hizo tópico lógico en la elaboración del espacio en la literatura criolla. Un paraíso cuyas descripciones casi siempre se acercaban a las del jardín de las Hespérides, un paraíso cuyo atractivo esencial se hallaba en sus riquezas mineras, y del cual España sola podía disfrutar" (Périssat, 2000a, 29).

Para la presente investigación, el estudio de la muestra significativa de textos escogidos, partiendo de todas las claves de análisis planteadas en este capítulo, se dirigirá a delinear la evolución urbana en su metamorfosis festiva, que complementa la de los textos literarios canónicos desde "los bordes del archivo", con el eje de la ciudad de Lima para su vertebración.

Nota sobre el tratamiento de los textos en las citas

Puesto que los textos no van a ser objeto de análisis filológico-lingüístico, para las citas de los mismos se ha optado, en aras de una mejor comprensión de los contenidos, por actualizar la ortografía, la acentuación, las contracciones y el uso indiscriminado de mayúsculas, exceptuando las que tienen un carácter enfático significativo.

Esta normalización y modernización del texto ha seguido los criterios de edición que a continuación se detallan:

    Modernización de la separación o unión de palabras
    Modernización acentual
    Modernización de la puntuación
    Sustitución por iniciales minúsculas las mayúsculas improcedentes
    Actualización fonética-sílaba: crónica (< coronica), cronista
    (< coronista)

Normalización y modernización ortográfica: actualización fonética-consonantismo [celebraron (< selebraron), viese (< viesse), viva (< viua), plaza (< plaça), feliz (< feliç), cristiano (< christiano), celo (< zelo), Ioseph (< José), cuanto (< quanto), cual (< qual), había (< auia)]; actualización fonética-vocalismo [Luis (< Luys), reinos (< reynos)]; actualización de contracciones [de este (< deste), que esta (< questa), de esta (< desta)].

LA CIUDAD IMPERIAL Y CRIOLLA EN LAS RELACIONES DE FIESTAS: ORÍGENES Y SIGLO XVII

Desde los orígenes de los relatos de fiestas, la construcción textual de la ciudad de Lima la encumbra como sede americana del imperio, un *leitmotiv* que se desarrollará a través de toda una serie de mecanismos potenciadores de su capital simbólico. Entre ellos, al igual que en las crónicas de Indias, la equiparación constante de Lima con ciudades del Viejo Mundo y de la Antigüedad tendrá una dimensión especialmente significativa para entender cómo evoluciona la mitificación de la ciudad en relación con las etapas de la historia occidental y las de la historia de América, prehispánica e hispánica. Otras claves de interpretación de los textos se irán desgranando en el análisis de los mismos: la exaltación de los sentidos y los ánimos en el escenario urbano convertido en personaje protagónico como ciudad-teatro; las fórmulas para la transmisión de las consignas ideológicas; el encumbramiento de las élites gobernantes o de sus santos como productos propios de la ciudad; los modos en que aparece el componente indígena para la reiteración del sentido de ofrenda de los bienes de América a España y su funcionalidad para la exaltación de la ciudad en el contexto de las ciudades del imperio; y la conversión de la fiesta en espacio de negociación para el reposicionamiento social. En definitiva, todo un conjunto de estrategias para la conversión de Lima en centro americano del imperio hispánico.

Para enmarcar el análisis de los textos seleccionados del siglo XVII, y algunos antecedentes del siglo XVI, es crucial delinear, en primer lugar, la idea matriz de la que partimos: la conversión de la ciudad en ciudad-teatro durante el tiempo festivo. El magnífico trabajo de Ollero Lobato sobre la plaza efímera en el barroco hispánico contiene una serie de claves esenciales para establecer el pórtico del presente capítulo, en concreto para entender cabalmente dicho concepto de ciudad-teatro en tiempo festivo. Desde la constatación de que "el carácter de *theatro*, en el sentido de espacio dedicado a la celebración de los fastos públicos, se reitera en los textos coetáneos que aluden o describen las fiestas de cada localidad" (27), el investigador dilucida la metáfora:

> [...] las ceremonias barrocas oficiales tenían como fin, entonces, transformar radicalmente el espacio urbano haciendo del corazón de la ciudad literalmente un teatro. En el lenguaje de la época, "teatro" se utilizaba metafóricamente para señalar el lugar donde algo o alguien se exponía a la estimación o censura del mundo o al *Theatrum Publicum*. En esta cultura de escrutinio público, la ostentación fue la señal máxima de rango, poder y autoridad, y la "apariencia" se convirtió en un valor socialmente apreciado. En el siglo diecisiete el poder se manifestaba y constituía a través de la pompa externa de estas ceremonias. (Ollero Lobato 239)

Este teatro tendría como centro la plaza Mayor, punto neurálgico de la geografía del poder con una clara función sociopolítica y cuya fisonomía arquitectónica estaría de hecho imbricada, de manera indisoluble, con la fiesta: "El hecho de que la plaza principal o mayor se convierta en principal lugar de las celebraciones no es independiente a la configuración física de su espacio, ni tampoco es una adaptación posterior del mismo: lo festivo se implica con intensidad en la propia naturaleza arquitectónica de la plaza hispana" (Ollero Lobato 28). Por consiguiente, toda la distribución y configuración de la plaza, con las casas capitulares, los pórticos y galerías y los edificios municipales, se convertía en el marco espacial para la escenificación festiva, de forma muy especial para la proclamación del rey, potenciando en ese lapso temporal su significación política.

En este sentido, la arquitectura civil se proyecta, como explica Ollero Lobato, para la visión de los festejos, cuestión esencial sobre la íntima relación entre ciudad real y ciudad festiva. Esta última mejora a la primera a través de las arquitecturas efímeras creadas para la ocasión: "La finalidad última de los adornos y estructuras de la fiesta era la de trocar la ciudad real, informe en muchos aspectos, y alejada de las nociones de la policía urbana, en otra ideal, un enmascaramiento virtual que tenía como primera misión el saneamiento de la configuración mensurable" (Ollero Lobato 36). Por tanto, la fiesta impone la ciudad ideal sobre la ciudad real, cuestión fundamental para comprender el contenido de unas celebraciones cuyo mensaje político va a tender siempre a la armonía o la integración idílica entre los diferentes segmentos de la sociedad y, al fin, a la paz, encubriendo la realidad de la explotación y degradación sufrida por el indígena americano, que a su vez se terminará apropiando también del ritual festivo y los discursos de lealtad como instrumento de reubicación social.

En su estudio Ollero Lobato se refiere en concreto al caso de Lima y su plaza como origen de la ciudad y como centro del poder:

> Dentro de la ciudad de Lima el poder se encontraba aún más localizado en el espacio alrededor de la plaza mayor, el corazón y centro de la vida social, política, y cultural urbana. La importancia simbólica de ese espacio como el centro del poder colonial en Lima fue establecida por Francisco Pizarro en el momento de su fundación en 1535 cuando, después de distribuir lotes para la catedral, las casas reales, el cabildo y la cárcel, designó solares alrededor de ella para sus conquistadores. La situación espacial de estos últimos y de sus familias en las casas situadas alrededor de la plaza, aledañas a los edificios de las instituciones oficiales, reflejaba directamente el poder personal y la liberalidad de Pizarro. Las residencias de los fieles conquistadores constituían representaciones espaciales. (236)

Este espacio originario del poder en Lima tendría en las sucesivas fiestas su oportunidad de reafirmación constante. Para ello, desde la plaza se organizaría el devenir de la fiesta sobre ese plano de la ciudad que, en la selección de sus calles, marcaría la amplificación de la geografía del poder desde su corazón, la plaza Mayor. Fundamental en este sentido era la procesión del pregón que anunciaba las festividades y trazaba un recorrido por el centro de Lima con el que marcaba una suerte de jerarquización de la ciudad[1]. Ollero Lobato lo ha explicado con claridad:

> Esta procesión de vecinos notables, montados y lujosamente ataviados acompañaba al pregonero real en su anuncio en voz alta en determinadas esquinas de la ciudad –siempre identificadas como las más principales o de más calidad en la ciudad– de la futura ceremonia a celebrarse en Lima. Como estos anuncios públicos se ejecutaban siempre en los mismos lugares y frente a los mismos edificios, el espacio comprendido entre ellos adquiría, a través del tiempo, un aura de poder y un carácter ritual de legitimación que formaba parte de la liturgia cívica. El pregón, por lo tanto, creaba lo que Michel de Certeau denomina un "campo de operación" o un espacio ritual oficial autorizado dentro del cual se celebraban o "actuaban" dichas ceremonias oficiales. (237)

Es más, la fiesta ejercía en Lima dos funciones más que debemos fijar antes de entrar en los textos. La primera se refiere a una función de memoria histórica del espacio urbano del poder: "En el caso de Lima, la ubicación de las residencias de los conquistadores y los edificios alrededor de la plaza mayor simbolizando las estructuras permanentes del poder colonial, proveían una genealogía histórica urdida en una narrativa del poder por la ruta procesional del pregón" (Ollero Lobato 238). La segunda se cifra en el hecho de que

> los diseños de escrituras sobre estos nuevos centros urbanos coloniales tales como Lima, proporcionaron una especie de "comentario social" de cómo la ciudad y su sociedad deberían funcionar idealmente. Como resultado, los

---

1   "Una vez que se había fijado la fecha para tan magno acontecimiento, esto se hacía saber a la población, a través de lo que se conocía como la ceremonia del pregón. Dicho acto consistía en una procesión formada por el pregonero real y algunos de los personajes y cargos más importantes de la ciudad, que iban con sus mejores galas y montando a caballo. El cortejo discurría siempre por el mismo sitio, en el caso de Lima, la plaza mayor, que era además donde se encontraban los principales edificios que albergaban a las más importantes instituciones de esta sociedad colonial. Ante tales edificios el pregonero se encargaba de narrar la futura ceremonia, dando conocimiento de ello tanto a la élite como a la plebe" (Jiménez Lozano 67). Véase Osorio, 2008, 89–90.

cronistas criollos y españoles comenzaron a exagerar de manera predecible
la magnificencia de las ceremonias y de la ciudad en sus escritos; particular-
mente hacia mediados del siglo diecisiete, las crónicas describen cada vez
más una sociedad urbana extremadamente ordenada, lujosa y unificada.
(Ollero Lobato 239)

Desde esta centralidad de la plaza, y por extensión de la ciudad
como teatro público, la geografía del poder de Lima festiva nos abre sus
calles para transitarlas al compás de la fiesta en las múltiples páginas
de las relaciones que perpetuaron la memoria de lo que, en su esencia,
había de ser tan efímero como eficaz y duradero.

"No hay otra en las Indias que igualársele pueda": Lima, estrella de la América virreinal (siglo XVI)

Antes de entrar en el siglo XVII, conviene referirse a las relaciones de
fiestas limeñas que anteceden. Fundamentalmente, en la segunda mitad
del siglo XVI existen varios textos que dan cuenta de Lima convertida
en escenario festivo con motivo de diferentes acontecimientos. F. Javier
Campos y Fernández de Sevilla, que ha realizado un recuento minu-
cioso de las relaciones de fiestas en Lima en su libro *Fiestas barrocas en el
mundo hispánico: Toledo y Lima* (2012)[2], aporta tres textos relevantes:

- *EXTRACTO de una Real Cédula determinando cómo ha de asistir
  el Cabildo y Audiencia de Lima a las procesiones y actos públicos.* 27
  de mayo de 1568. Real Academia de la Historia, Colección Mata
  Linares, t. XCVII, pp. 350–351.

- *"JURA de Felipe II en Lima"*, en *Colección de Documentos Inéditos de América y Oceanía, Colección de Documentos Inéditos relativos
  al descubrimiento, conquista y organización de las antiguas posesiones
  españolas de América y Oceanía*, Madrid 1869, t. IV, pp. 395–402.

2 Véase la referencia y enlace al libro en la bibliografía.

- "Del recibimiento que esta insigne Cibdad [de los Reyes] hizo al Virrey Don García Hurtado de Mendoza", en *ibid.*, Madrid 1867, t. VIII, pp. 311–327 (237).

Atendamos a los dos textos que relatan dos festejos en la Lima temprana. El primero de ellos, dedicado a describir cómo se celebró la jura de Felipe II en Lima, contiene algunos fragmentos fundamentales para el nacimiento de la capital del Perú en esta tipología textual. El inicio del texto ubica al lector en las coordenadas espacio-temporales del evento: tuvo lugar la fiesta en julio de 1557, o sea, un año y medio después de la llegada al trono de Felipe II, y se celebró "en la Ciudad de los Reyes, de los reinos del Perú, de las Indias del mar Océano" (*Colección de documentos inéditos*… 395); por tanto, en la ciudad que se está configurando en el texto como capital general de las Indias y no solo del virreinato del Perú.

A continuación el relator –cuya autoría se conocerá en el cuerpo del texto: Pedro de Avendaño, escribano de cámara de la Real Audiencia–[3] nos sitúa en el espacio central de la fiesta: la plaza pública, "junto a la puerta de las casas donde reside la Real Audiencia", en la cual se encuentra el virrey del momento, D. Hurtado de Mendoza, marqués de Cañete, en representación –como apostilla el texto– del rey Carlos V. Tras una larga lista y descripción del resto de personalidades presentes en el acto –el selecto grupo político que protagoniza el espacio de la ciudad ceremonial–, se hace referencia a las armas de Lima, un lucero azul con tres coronas, que marcan su cualidad regia y ese origen vinculado a la estrella que la convierte en faro y guía. Todos los participantes y asistentes (caballeros y vecinos) se concentran después en la plaza, presidida por el estandarte real, y las imágenes religiosas de la virgen y Santiago, patrón de las Españas, componiendo en su conjunto el sentido de *communitas* que la fiesta convoca.

Con la música de trompetas, chirimías y atabales como fondo de la escena, tamizada por el estruendo de la artillería, el virrey le entrega al autor del texto, de forma sucesiva, dos cartas remitidas desde Bruselas en enero del año anterior, o sea, cuando Felipe II ascendió al trono,

---

3   Nombrado por el Consejo de Indias en 1549.

firmadas por Carlos V y Felipe II respectivamente. Tras la lectura a todo el público, el virrey a caballo alza el pendón Real y lo pasea por la plaza mientras se lanzan los vítores a Castilla y Perú: "Castilla, Castilla, Perú, Perú, por el Rey D. Felipe nuestro señor" (399). A continuación, y tras la escena en la que el virrey y el arzobispo lanzan monedas en la plaza grabadas con la imagen de los nuevos reyes, se inicia el recorrido del pendón por las calles principales de Lima; un recorrido en el que aparece el monasterio de Santo Domingo –construido durante la fundación de Lima y concluido hacia finales del siglo XVI, cuyo convento es célebre por ser el origen de la Universidad de San Marcos– y la iglesia mayor de San Juan Evangelista –la iglesia Mayor–, con la concurrencia de los dominicos, agustinos y demás órdenes mendicantes. La misa y el sermón dan paso a la continuación del recorrido hacia las casas del virrey y después a las del cabildo, de modo que la geografía festiva va configurando la geografía del poder, civil y eclesiástico, de la ciudad.

Tal geografía se seguirá delineando en el siguiente texto, que describe la entrada en Lima del virrey García Hurtado de Mendoza, hijo del protagonista anterior, el virrey marqués de Cañete, el 6 de enero de 1590. Este texto resulta de especial interés para la construcción de Lima como ciudad central de la América virreinal. Comienza con una exaltación de las grandezas de la ciudad y de su pretendida centralidad en América, constituyéndose así en uno de los primeros testimonios del encomio superlativo de Lima en las relaciones de fiestas:

> Amaneció sábado y día de los Reyes, la ciudad de ellos tan vistosa y bien aderezada, que parecía no haber más que desear; porque en sus riquezas, galas, curiosidad, templos, religión y edificios, no hay otra en las Indias que igualársele pueda en tantas cosas juntas. (*Colección de documentos inéditos...* 311)

El relator anónimo se centra, en la primera parte del texto, en la descripción del arco para la entrada del virrey, cuya configuración ("la traza y orden") corre a cargo de un miembro de la "ciudad letrada", el agustino P. Fr. Mateo de León, "persona de muy dichoso intelecto y generalísimo en toda suerte de antigüedad y curiosidad y de admirable traza de ingenio" (312). Ubicado el arco al principio de la ciudad y de la calle por donde el virrey debía hacer su entrada, en el texto se describe pormenorizadamente toda su disposición y ornamentación: se incluyen las octavas de alabanza a la iglesia y a Felipe II o las armas de la ciudad que adornan el arco, y se describe una estrella en lo alto y las tres coronas de los Reyes Magos, que la visualizan como la Ciudad de los Reyes en alusión al origen de su fundación en enero de 1535 y que la configuran como ciudad-estrella a seguir como faro principal del Nuevo Mundo. Tal imaginario clásico de los símbolos de la ciudad cobra un interés mayor cuando vemos aparecer la imagen, en la pared del arco, de un viejo venerable simbolizando el Incario, rodeado de una parra que según el texto se encuentra "significando el matrimonio del virrey, y para dar a entender que no le había de ser la compañía estorbo al gobierno, sino ayuda, como lo suele ser la parra al árbol" (314)[4]. Es así como encontramos ya en este texto el mensaje de integración política pacífica de la población indígena que estos textos van a tratar de transmitir a lo largo de los siglos. En esta línea de propaganda ideológica, especial interés concentra este fragmento del texto para la construcción de Lima en el espacio textual festivo que vamos a recorrer en las páginas de este libro:

> El arco se cerraba con dos puertas: en la una de ellas estaba pintado un Capitán General, armado con una lanza en la mano izquierda, porque con la derecha estaba levantando a una mujer que tenía postrada a sus pies, la cual representaba la ciudad de Lima, vestida de una vestidura real correspondiente a su nombre de reyes, sembrada de coronas y estrellas, que como digo, son sus armas. (316)

El párrafo es especialmente revelador del nacimiento de Lima en los textos festivos, como ciudad caracterizada por su realeza, en su figuración femenina y postrada a los pies de España, que la ha de levantar de sus ruinas para rescatarla y engrandecerla:

> A los pies tenía muchos despojos de edificios arruinados y el mote decía:
>   *Delia suscitas de pulvere populum:*
>   *Et de cinere eregis Patrem.*

---

4   Para un estudio dedicado al análisis de este arco, véase Durán Montero (1990).

Que quiere decir, pidiendo la levantase de su caída: con tu venida levantas esta ciudad de su polvo y caída; y junto con esto refrescas las cenizas y memorias gloriosas de tu padre muerto. (317)

A renglón seguido sabremos que el capitán que está levantando a Lima representa al virrey, configurado de este modo como el salvador de la ciudad, que había quedado arruinada tras el gran terremoto y maremoto de 1586. Esta mitificación del virrey se completará con su representación en el arco como Eneas, "caminando por medio de la mar con una espada desnuda por báculo" (318), y con un mote que decía: "Ni la muchedumbre de las aguas que había de por medio, ni la distancia del lugar, fueron bastantes para causar en mí algún olvido de este reino, al cual he llegado por el valor de mi brazo y virtud" (318). El texto reiterará después esta imagen del virrey que con su llegada ha traído "el sol claro" (319) y el regocijo de la ciudad, que según el texto vería en García Hurtado de Mendoza la esperanza de su renacer.

Interesa asimismo subrayar el momento en el que el relator se refiere a la evolución física de la ciudad, puesto que a pesar del poder destructor de la naturaleza, a finales del siglo XVI ya tenía su estatura urbana de capital virreinal, engrandecida por el relator: "Admírase D. García de ver la grandeza de esta ciudad, que en otro tiempo eran rancherías, y ahora está tan ilustre y opulenta" (320). Mateo de León se refiere así a los orígenes de la ciudad, cuando por los años de 1540 fue un poblado con casas de una sola planta alrededor de la plaza, más las casas del gobernador, el cabildo, la iglesia Mayor y los primeros templos y conventos, con acequias, huertos y jardines. En las últimas décadas del siglo XVI el damero de Pizarro ya habría quedado insuficiente, y sus límites fueron ensanchándose con nuevas calles y edificios, iglesias y monasterios (cfr. Burneo, 2017), tal y como refiere el texto.

El resto de la relación describe el desfile de todos los sectores de la sociedad, empezando por los indios, "que eran muchos, todos vestidos de diferentes colores, de seda y oro", seguidos por la infantería de la ciudad, la caballería de vecinos y gente ilustre, la Universidad, la Real Audiencia y alcaldes de corte, los pajes del virrey, etc. En tal desfile, la ciudad es enfocada en su grandeza física, con un mecanismo narrativo que enlaza la imagen de muchedumbre ("innumerable suma de gentes", 324) con la de amplitud urbana. Una visión que se traza a continuación desde abajo hacia arriba, en la verticalidad del espacio arquitectónico: "[...] con ser tanta distancia de calles, excedía el acompañamiento, dejando pobladas y llenas tanta suma de ventanas, balcones y terrados, que parecía querer venirse abajo con el peso de tantas personas" (324).

Esta ciudad atestada en todos sus niveles aparece después engalanada con todo tipo de ornamentos que la convierten en espacio exaltador de los sentidos, remarcados por la comparación con "la felice Arabia" (324), recubierta de adornos en los arcos y transformada por arquitecturas efímeras como un castillo y una galera con fuegos artificiales. El desfile del virrey marcará además la geografía simbólica del poder: la iglesia Mayor, el rodeo por la plaza como corazón de dicho poder concentrado en las casas reales de la misma, las casas del cabildo, el palacio Real. En suma, un trazado de Lima en fiesta sumamente significativo para la construcción de la cartografía simbólica que veremos desarrollarse y expandirse en los textos seleccionados de los siglos XVII y XVIII.

La ciudad, Dorado de la fábula: la relación de Carvajal y Robles por el nacimiento del príncipe Baltasar Carlos (1632)

Sobre la inserción de la fiesta en la esfera política, en su obra *L'Espagne de Charles Quint* Pierre Chaunu escribió lo siguiente acerca del fenómeno festivo en relación con el poder: "La fiesta fue la relación pública privilegiada de la monarquía. De ahí que desempeñe un papel capital en la construcción del Estado. La fiesta tiene un lugar especial en la gran historia" (cit. en Paz 199). Estas líneas resultan idóneas para fijar el punto de partida desde el que abordar la ciudad de Lima en la relación de Rodrigo de Carvajal y Robles de 1632, que lleva por título *Fiestas que celebró la Ciudad de los Reyes del Pirú, al nacimiento del Serenísimo Príncipe Don Baltasar Carlos de Austria nuestro señor*, desde el punto de vista de la concentración en su espacio de fiesta, poder, visión del mundo, nación e historia.

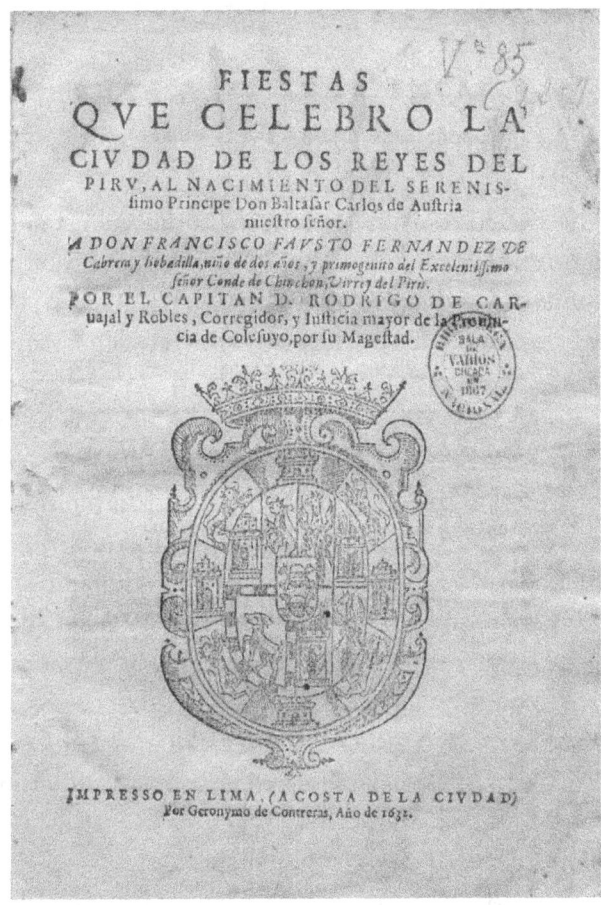

Figure 1.1. Portada de Rodrigo de Carvajal y Robles, *Fiestas que celebró la ciudad de los Reyes del Pirú, al nacimiento del serenísimo Príncipe Don Baltasar Carlos de Austria nuestro señor...* (1632).

1. Marco contextual y síntesis del texto

Impresa por Jerónimo de Contreras en Lima, en 1632, el título completo reza: *Fiestas que celebró la ciudad de los Reyes del Pirú, al nacimiento del serenísimo Príncipe Don Baltasar Carlos de Austria nuestro señor. A don Francisco Fausto Fernández de Cabrera y Bobadilla, niño de dos años, y primogénito del Excelentísimo señor Conde de Chinchón, Virrey del Pirú. Por el Capitán D. Rodrigo de Carvajal y Robles, Corregidor, y Justicia mayor de la Provincia de Colesuyo, por su Majestad. A la dedicatoria al hijo del virrey siguen dos licencias, que obedecen a las dos autoridades, civil y eclesiástica, la primera por el virrey y por Feliciano de Vega, la segunda por el Obispo de Popayán.* El texto da comienzo con las clásicas "Aprobaciones": las del doctor Bartolomé de Salazar, "Relator de esta Real Audiencia", y de Lucas de Mendoza, "Catedrático de Escritura en la Real Universidad de esta ciudad de los Reyes", así como con un texto laudatorio a Carvajal y Robles del "doctor Fray don Fulgencio Maldonado, capellán de su Majestad, y Chantre de la catedral de Arequipa". Tal pórtico nos sitúa en el centro mismo de la "ciudad letrada", que nos da el acceso a la ciudad de la ficción festiva.

La extensa relación de Carvajal y Robles –autor que figura entre los poetas laureados por Lope de Vega en *El Laurel de Apolo* (1630)– ocupa noventa y siete folios y se configura como un texto netamente literario en tanto que está escrito en verso. Considerada como una de las más raras de la bibliografía americana del siglo XVII, y una de las más ambiciosas entre las relaciones de fiestas –Menéndez Pelayo la consideró "de los mejores o más tolerables de su género" (108)– en ella el relator, a través de la silva, da noticia pormenorizada de las fiestas celebradas a fines de 1630 con el motivo indicado en el título del texto, el nacimiento de Baltasar Carlos de Austria. Pero además, sobre el contenido del texto, hay que tener en cuenta lo apuntado por García Morales: la silva "ayuda a una narración donde lo descriptivo suele ocupar el primer plano, y permite el desarrollo de la 'amplificatio' y la digresión erudita" (146). Por su relevancia, el texto fue reeditado por Francisco López Estrada en 1950, con un estudio sobre los problemas bibliográficos y una síntesis del contenido del poema.

Para conocer a Carvajal y Robles, autor antequerano afincado en Perú ya en su madurez, hay que acudir tanto a la obra de José Toribio Medina *Escritores hispanoamericanos celebrados por Lope de Vega en el Laurel de Apolo* (1922), que contiene un capítulo a él dedicado, como al mencionado estudio preliminar de López Estrada a la reedición del texto (1950) y al documento del Archivo de Indias por él transcrito y publicado en el *Anuario de Estudios Americanos* bajo el título "Datos para la biografía de Rodrigo de Carvajal y Robles" (1952), así como al *Cancionero Antequerano* de Ignacio de Toledo y Godoy (1950). Alfonso García Morales dedicó un iluminador artículo a esta relación, en el que sintetizó estos datos biográficos que conviene traer a colación:

Rodrigo de Carvajal y Robles nació en Antequera entre 1560 y 1580 y pasó a Indias a finales de siglo. Vivió en el Perú y participó en la defensa de sus costas contra los ataques de corsarios holandeses. Fue depositario general de Arequipa y corregidor de Moquegua. Se casó con doña Juana de la Torre, nieta de uno de los trece de la isla del Gallo; y, a su muerte, con doña Isabel de Vera, hija del licenciado don García de la Vera. Escribió poesías líricas y de circunstancias, junto con dos obras fundamentales: el *Poema heroico del asalto y conquista de Antequera*, impreso en Lima por Jerónimo de Contreras el año 1627, y la que será objeto de nuestro estudio. (141)

En las aludidas "aprobaciones" del libro, Bartolomé de Salazar se fija en una de las características fundamentales de las relaciones de fiestas, la que nos sitúa en la perspectiva adoptada en este libro sobre el estudio específico del texto dedicado a la fiesta, y, en concreto, a las claves que contiene para adentrarnos en la Lima virreinal, que tiene en la fiesta un momento de desarrollo principal y, tras ella, a los artífices que conforman la "ciudad letrada": leer el texto, nos dice, es como volver a ver las fiestas "por segunda vez", "por la propiedad que guarda; con mayor utilidad por la erudición". El tópico *ut pictura poiesis* tiene en este momento una manifestación paradigmática en esta tipología textual que lo que pretende es copiar la historia, o pintar con palabras la fiesta. A la postre, crear un artificio sobre otro artificio: una obra que aspira a ser literaria sobre un espectáculo que, como acierta a ver García Morales, va un paso más allá de la ficción del arte: "En las *Fiestas* se describe no ya el arte, de por sí ilusorio, sino meras imitaciones: fachadas, estatuas y arcos de triunfo falsos" (31). O dicho en otras palabras: la fiesta crea dos capas de ficción: la del arte, y la de la imitación del arte, esencia de lo que denominamos el arte efímero.

Pero la frase de Salazar no se queda en la idea de esa pintura cifrada en su capacidad de hacer ver la fiesta por segunda vez, sino que apostilla algo que es crucial cuando abordamos las relaciones de fiestas y que señalo a lo largo de este libro: "[...] con mayor utilidad por la erudición", escribe. Es decir, que la utilidad de la relación va más allá del mero recuerdo de la fiesta al detalle. Su utilidad mayor está, a decir de

Salazar, en la erudición que el relator añade y que, como veremos, será la clave de la significación de estos textos que abren exponencialmente el abanico de voces, miradas, perspectivas en el corpus textual colonial. Sobre esta riqueza de los textos objeto de análisis, vistos desde esta perspectiva amplificadora de la fiesta, volveré en las páginas de este libro.

La segunda aprobación, de Lucas de Mendoza, insiste en el sentido mitificador de la relación con respecto al suceso que transmite, o sea, a la fiesta "relatada": "Grandes fueron las fiestas, más nunca tan del todo grandes, como en la relación de don Rodrigo de Carvajal y Robles, que son por extremo dichosos en crecer los asuntos, que este caballero cría al calor de sus manos"[5]. Idea que aparece completada al comienzo de la "Silva 1" cuando el autor señala la importancia de la relación para la perpetuidad de los hechos en tanto que al "copiar historia", "eterniza por ella la triunfante / fiesta; que agradecida ostentó esta ciudad esclarecida / al nacimiento del Hispano Infante" [fol. 2][6]. Copiar la historia equivaldrá a copiar la ciudad en fiesta, verbo con el que el autor trata de transmitir la idea de fidelidad exhaustiva de los hechos narrados. Los textos, sin embargo, como constructos del relator, estarán impregnados de su subjetividad, sus afanes, sus objetivos sociales, en definitiva, de su ser entero como sujeto escritural.

Formada la relación por dieciséis silvas, estas van recogiendo los diferentes festejos que tuvieron lugar en Lima entre el 3 de noviembre de 1630 y el 17 de enero de 1631. Estas fiestas se desarrollan en la capital virreinal con representaciones de comedias, juegos de cañas y de toros, torneos, desfiles de figuras alegóricas y mitológicas, fuegos artificiales y banquetes. Los protagonistas son los diferentes gremios de la ciudad, las autoridades civiles y militares, la Iglesia (los "Regios Alcaldes Ordinarios", los regidores "brillando resplandores", el arzobispo,

---

5   Las "aprobaciones" son previas al inicio de la foliación, por lo que no tienen enumeración de página.

6   Cito la primera edición, consignando el folio de la misma en adelante. El ejemplar se encuentra en la Biblioteca Nacional de España (BNE R.MICRO/31154 / Reproducción de VE/92/7). Versión digital en la Biblioteca Digital Hispánica: http://bdh-rd. bne.es/viewer.vm?id=0000264481&page=1

la Universidad, y en general todo el pueblo que participa, alborozado, llenando las calles de sonido, color y movimiento.

2. La mitificación de Lima: una "corte de reyes" en el paraíso terrenal

El texto se inscribe en la tradición de las *laudes civitatis* en tanto que al tiempo que pormenoriza la fiesta, realiza un canto encomiástico a Lima como esa Corte de Reyes que apela a su nombre, la Ciudad de los Reyes. Así se inicia la "Silva 1", con una invocación, a su vez, a la heroicidad de su fundador, Francisco Pizarro (ejemplo de la función de la fiesta como espacio de memoria histórica) y a la centralidad de Lima como "reina del nuevo mundo":

> Fiestas de la ciudad, Corte de Reyes,
> Reina del nuevo mundo, que escondido
> halló el afán sufrido
> del gallardo extremeño
> que violando del mar temidas leyes,
> fio de un flaco leño. [fol. 1 r]

Reparemos en que el último verso da entrada al tópico literario que vincula el viaje en barco con la codicia desde los clásicos y que se reeditó con el descubrimiento de las Indias. Unos versos más abajo la loa a la ciudad sigue construyéndose con el mismo afán laudatorio, en esta ocasión a través del tópico de la América paradisíaca concentrada y sintetizada en la Ciudad de los Reyes: "Le descubrió el ameno paraíso / de esta ciudad ...". La mitificación se realiza asimismo a través del clásico mecanismo, en los textos americanos de la Colonia, con el que se equiparan constantemente las ciudades del Nuevo Mundo con las más destacadas del Viejo Mundo. Así, la "regia Lima" es comparada con Roma: "[...] que la ciudad se ardía / en fuego tan hermoso / que no fuera cruel sino piadoso, / Nerón ..." [fol. 11 v]. La capital virreinal aparece de este modo, a lo largo de todo el poema, como escenario convertido en espacio mítico, centro de ese "Pirú" que fue el Dorado de la fábula, cuyos montes dan tanta riqueza, cifrada en "plata, azogue y oro":

> [...] y la ciudad de Lima,
> en forma de una dama puesta encima,
> adornada de perlas, y collares,
> con otras infinitas piedras bellas,
> que al no ser ella, sol, fueron estrellas,
> con un cofre de plata allí delante,
> abierto que ofrecía
> cuantos metales en sus minas cría
> a la humana deidad del nuevo infante,
> para que al Turco haga viva guerra,
> con los ricos tesoros de su tierra ("Silva VII"). [fol. 33 r]

Esta representación de Lima con figura de mujer (engalanada de las riquezas americanas), que ya hemos visto en el texto del siglo XVI por la entrada del virrey García Hurtado de Mendoza en 1590, será la habitual en las fiestas. Como lo será también el sentido de ofrenda de Lima a España que los versos contienen y que ha sido sabiamente destacado y comentado por Karine Périssat como tema recurrente de la época:

> [...] interesan las representaciones no solo por su grafismo, sino también por la actitud de Lima en las composiciones, siendo la más común la de la ofrenda. Este gesto de ofrenda y de sacrificio de una tierra que le entrega al León español los frutos de sus entrañas, fue uno de los temas más desarrollados en los relatos criollos desde el principio del siglo XVII. (Périssat, 2000a, 32)

Esta ofrenda la vamos a ver reiterada en adelante en los textos objeto de análisis del presente libro, y para su significación sigo a Périssat en la explicación sobre la especificidad peruana de dicha ofrenda en el contexto general de la América virreinal:

> [...] la particularidad peruana de las representaciones de la monarquía española soportando la Fe Católica, reside en que las alegorías que vemos descritas en las relaciones de fiestas proponen al Perú como verdadero defensor de la Cristiandad y edifican una especie de composición piramidal en que la fe católica descansa en la monarquía, la cual a su vez descansa en el Perú y sus minas. Esta idea se acerca a los conceptos providencialistas sobre el descubrimiento de América: la divina providencia quiso reservar al emperador y a sus descendientes el Nuevo Mundo y al mismo tiempo otorgar al Perú un

papel fundamental en la edificación de un mundo universalmente cristiano. (2000a, 38)

Siguiendo con el análisis del texto de Carvajal y Robles, tras la presentación inicial mitificadora de Lima y el Perú, tanto desde el punto de vista de su naturaleza privilegiada como en lo relativo a sus heroicos orígenes, el texto se configura como una crónica social. En este sentido, desde la aludida dimensión de la fiesta como discurso del poder, resplandece en la ciudad la "nobleza ilustre" cuando hacen su entrada triunfal en la "regia plaza" los "Capitanes bizarros, y galanes": una larga lista de nombres acompañados de su correspondiente descripción heroica, empezando por "Don Antonio de Ulloa y Contreras, / en cuyo pecho cría, / su ilustre sangre heroica valentía" [fol. 6 r]. La aparición de la sangre ilustre criando heroicidad y valentía transmite la idea de expansión de tales pretendidas virtudes en suelo americano. Siguen así otros tantos caballeros, presentados en la misma dirección: por ejemplo "Don Diego Mexía de la Cerda, / que con su sangre, su valor concuerda; / pero no hay quien concuerde con su gala" [fol. 6 r], etc. Es de destacar que cada uno de ellos representa un lugar de España: Jerez de la Frontera, Vizcaya, Galicia, Extremadura, Valencia, etc., de modo que tal nobleza viene a representar el poder en América de España entera. En definitiva, es la nobleza "que a esta ciudad da claro lustre", caracterizada por una serie de valores morales que se reiteran a lo largo de los versos: prudencia, talento, nobleza, perfección, generosidad, cualidades todas ellas que son trasplantadas a Lima, de modo que esta se ensalza, se lustra, como espacio para el desarrollo pleno de tales virtudes.

La construcción de la ciudad como *theatrum publicum*, o sea, como espacio para el escrutinio público y gran escenario para transmitir el poder, tiene en este primer texto un acusado protagonismo en todo su desarrollo; espacio presidido por la imagen de la ciudad "tapada", de adornos y gentío, con los balcones y ventanas engalanados y "poblados" de "las generosas damas" y espectadores copartícipes en la ebullición urbana de los festejos:

> Corría por las calles tanta gente
> de la que una con otra se embaraza,

que en olas de empellones y raudales,
hasta desembarcar la corba puente,
de los arcos triunfales,
que en todas las entradas de la plaza,
daban estrecho paso a la corriente. [fol. 12 r]

Un escenario descrito a través de un campo semántico dominado por la luz y el colorido: reverberaban, tornasoles, relucía, resplandecía, luminarias, oro, cohetes, sol ardiente, fulgor... Desde este punto de vista, el texto resulta paradigmático de esa exhibición, propia de las relaciones de fiestas, de un engolamiento verbal cargado de adjetivos superlativos, hipérboles, frases de elogio, y de una prolijidad descriptiva abrumadora, cuya finalidad no era sino la de convencer al lector de que nadie antes había presenciado un acontecimiento tan magno como el relatado: "Grandes fueron, más nunca tan del todo grandes" como en su relación textual. El texto sublima por tanto el acontecimiento.

Por todo ello nos encontramos ante un ejemplo paradigmático de esta tipología textual que se define por su carácter descriptivo, por la voluntad de no omitir detalle alguno y por tanto de realizar una "relación" lo más completa posible: se describen siempre con minuciosidad el vestuario, los instrumentos utilizados para la música, las dramatizaciones en escena, las letras pronunciadas por sus protagonistas, etc. En este sentido, Dalmacio Rodríguez, en su estudio sobre las relaciones de fiestas en México, hace referencia al símil entre el poeta y el pintor –el aludido tópico *ut pictura poiesis* que alcanzó su máxima difusión en el Barroco– y apunta que estos textos "pretendían revivir a través de la palabra todo el fasto; más que enumerar los sucesos, querían pintarlos, y lo más próximo a ello eran las dilatadas descripciones". Es más, "la poesía podía hacer visible, 'poner ante los ojos', cualquier referencia icónica; con las palabras hacía imágenes que el lector recreaba mentalmente. [...] Este hecho fue sin duda el que motivó que nuestras relaciones se autonombraran –o por lo menos pretendieran ser– 'copia fiel' del festejo"; es decir, se trataba de "pintarlo más que narrarlo" (Rodríguez, 1998, 164). Ahora bien, como ya hemos advertido, los condicionantes del autor y sus objetivos dotarían en muchos casos de un sesgo ideológico a los textos, normalmente expresado en digresiones, reflexiones, amplificaciones que van más allá de la mera descripción de la fiesta.

3. La ciudad "fuera de costumbre": Lima, escenario del poder

La ciudad, o el damero limeño "fuera de costumbre" (aquella Lima cuadrada de Pizarro que terminaría siendo cercada por las antiguas murallas construidas a finales del siglo XVII) se traza en el texto de Carvajal y Robles como centro del poder. Trazo del que cabe entresacar algunos momentos que resultan fundamentales. Así, por ejemplo, cuando tiene lugar la fiesta de los mercaderes menores, organizada por el "gremio de los tratantes", estos representan una selva en la plaza mayor: "[...] admiraba / ver fuera de costumbre / su máquina pomposa" que "por arte pareció de encantamiento" [fol. 17 v]. Fijémonos en que las palabras utilizadas por Carvajal, que aquí llevan la impronta de la herencia medieval de los libros de caballería ("pareció de encantamiento"), hacen visible y engrandecen el artificio de la plaza transmutada en selva, que será poblada por fieras y monstruos, como reminiscencia clara de los bestiarios medievales: "Con diferentes rostros, / y tanto retratado personaje, / que en sus estatuas pudo la memoria, / aprehender lo raro de su historia" [fol. 17 v]. La aparición en ese escenario de una serie de figuras de la mitología clásica como Perseo, Cibeles, Eneas, etc., redondea la configuración occidental de la fiesta.

Con todo ello, el discurso del poder y la filtración de su doctrina a través del espacio festivo y su capital simbólico –y de la relación escrita que lo inmortaliza y lo difunde– halla de este modo su instrumento idóneo en la capacidad de los mecanismos pictóricos –empleados tanto en la fiesta como en el texto que la "pinta"– para deleitar, mover los ánimos y enseñar; en suma, para penetrar y dominar. Así, el autor consigue que el lector vea y escuche ese escenario urbano destellante y luminoso, su musicalidad, su colorido inigualable:

> Mormollo, los tambores,
> relinchos los clarines,
> bramidos las trompetas,

chillidos, las cornetas,
voces los sacabuches,
gritos las chirimías,
y las tiorbas dulces alegrías,
las harpas alaridos,
las cítaras, suave sostenidos,
y las guitarras con alegre prisa,
carcajadas de risa,
dejando la memoria,
alborotada de confusa gloria. [fol. 10 v]

Más adelante, el clima se mantiene en ese estupor: "las trompas zumbadoras", "los golpeados atabales", los fuegos de artificio, la habitual quema de figuras alegóricas y mitológicas henchidas de pólvora. En suma, se trata de una fiesta barroca en toda su dimensión, cuyo objetivo es la alabanza al poder hispánico, presente a lo largo de todo el poema, y en momentos especiales como los reiterados vítores:

Viva Baltasar Carlos, viva, viva
viva para que imite,
a su rebisabuelo,
en el cristiano celo,
pues ha sido, heredero de su nombre,
para que al Turco asombre,
y degüelle su acero
la perniciosa cisma de Lutero
y la pérfida secta de Mahoma,
porque en el infierno de una vez las coma [fol. 16 r - 16 v]

Es importante advertir cómo Carvajal y Robles establece el vínculo entre el príncipe Baltasar Carlos con Carlos V (el "rebisabuelo") a través del nombre compartido, con el fin de glorificar los orígenes de la conquista y de establecer la genealogía que a través de la historia daría continuidad posteriormente a la empresa de consolidación del poder implantado a comienzos del siglo XVI, remarcando de nuevo, al mismo tiempo, la persistente idea de la lucha contra el infiel musulmán. Sobre ello se insiste a lo largo del texto, y en general es, obviamente, un motivo recurrente en muchas de las relaciones de fiestas del mundo hispánico. Así, más adelante leemos: "Viva para que mate / al común adversario" [fol. 16 r – 17 v]. En suma, toda la propaganda política tiene una imagen principal, la de Carlos V, muy presente en los textos que relatan las fiestas virreinales como veremos. Por ello, en el palacio se fijan las "estampas de lo regio", "la prosapia de Austria verdadera", presidida por el retrato de Carlos V "todo armado", "con la frente serena / de cuando el Turco le huyó en Viena" [fol. 19 r], junto a Felipe II, Felipe IV y toda la estirpe de los Austrias. La genealogía hispánica queda sellada en esta imponente imagen que obedece al programa de propaganda política. Esta idea de genealogía nos reaparecerá en algunos textos con desarrollos de especial trascendencia en su lectura en clave criollista, y es fundamental para analizar la evolución de la aparición de las dinastías, que más adelante incluirán a la inca.

En otro orden de cosas, hay una cuestión reseñable de esta relación: el tono irónico y crítico de Carvajal con los gremios que ha sabido notar García Morales: "Carvajal, siempre solemne y encomiástico con las autoridades, se muestra irónico, y hasta burlesco, con los gremios y el vulgo. De aquellos salió el dinero para sufragar gran parte de los festejos" (152), cuestión admitida por todos según Carvajal, y dispuesta así por el virrey, "cuando lo cierto es que las fiestas, cada vez más frecuentes y costosas, eran una carga que nadie deseaba". "Carvajal –concluye García Morales– alude con frecuencia a los gastos de las corporaciones en el tono ligeramente burlón que utiliza siempre para referirse a los oficios, pálido reflejo de la sátira social del Barroco hispánico" (153). Sabemos que de tales gastos los gremios siempre trataron de sacar algún rédito, un comportamiento codicioso que Carvajal critica en la línea de la poesía satírica y moral de la época[7] y que es un claro ejemplo de la idea de la fiesta como espacio de negociación social. Paralelamente, es ejemplo también de amplificación del concepto de "ciudad letrada", que con el paso del tiempo se va ensanchando hacia sectores diversos de la sociedad que organizarán y proyectarán su participación en las

---

7   Sobre este tema profundiza García Morales en su artículo, en el apartado "Jerarquía y gastos" (1987, 150–157).

celebraciones. Dicha crítica tiene un momento explícito cuando el poeta se refiere al gremio de los comerciantes en estos versos posteriores al momento en que se puso "incendio a las estatuas" [fol. 21]:

> En fin todas ardieron,
> las estatuas costosas [...]
> si bien, que no faltaron
> algunos emulantes,
> que el gasto mormuraron,
> teniendo por acción dificultosa
> que gente de tal fuero
> quemase su dinero.
> Y no faltó quien dijo
> que a costa de mirones
> de aqueste regocijo
> habían de suplir todo el desquite
> sin perder un ardite [fol. 22 r]

La *civitas* de Lima se va configurando así en su entramado profundo, con sus tensiones y sus conflictos, en este caso desde la pluma de un poeta español afincado en Lima. Un nuevo exponente peninsular de la veta literaria crítica y satírica que en la historia de la literatura del Perú tiene su raíz en Mateo Rosas de Oquendo a finales del siglo XVI, y se desarrolla plenamente con otros andaluces como Juan del Valle y Caviedes a finales del siglo XVII y Esteban Terralla y Landa en las postrimerías del XVIII.

Pero sigamos con la fiesta relatada. Esta dura varios días: la silva VII la protagoniza el gremio de los confiteros, seguida por el de los pulperos (que representan dos comedias), el de los sastres, los zapateros, plateros, etc. Es en la fiesta de estos últimos, los plateros, o sea, uno de los gremios más ricos de la ciudad, donde encontramos el dato más significativo: la primera aparición del "indio" en el texto, que se produce en una escena muy ilustrativa de todo lo expuesto hasta aquí. Seis carros aparecen en el festejo de los plateros, representando el primero de ellos el triunfo de la Fama engalanada ante la imagen de Baltasar Carlos, el "príncipe dueño de esta fiesta / que por su cofradía /

sobre un mundo redondo le ofrecía". Así aparece la figura del indio en el carro que sucede al de la Fama:

> [...] el segundo llevaba una figura,
> de un indio, que al Pirú significaba,
> desnudo por la fe de lealtad pura,
> con que al Príncipe daba,
> con tanta reverencia,
> de aquel nuestro mundo la obediencia. [fol. 32 v]

Preciso es detenerse en estos versos por la especial significación de las ideas que transmite esta representación alegórica del Perú, en la que un indio, anónimo, aparece representado según la iconografía de la época: desnudo, como en las alegorías de América, y significando "al Pirú". Efectivamente, hay que recordar con Víctor Mínguez que este tipo de representación fue un elemento iconográfico muy recurrente de las fiestas y sus decoraciones efímeras, tanto la personificación de América, como la de la Nueva España, la del Perú o la de sus capitales:

> [...] cabe decir que este tipo de representación pertenecía al imaginario simbólico europeo y se configuró bajo los parámetros de la cultura simbólica renacentista y el mundo alegórico plasmado en la *Iconología* de Cesare Ripa. Lo indígena se presentaba en las personificaciones de territorios americanos a través de los elementos exóticos de vestimentas, adornos plumarios y plantas y animales autóctonos. La presencia de estas personificaciones fue especialmente frecuente en las entradas de los virreyes en la ciudad de México, de Lima o en las ciudades que recorrían en su periplo hacia las capitales. En ocasiones eran personificaciones en vivo, es decir, alguna muchacha vestida de indígena que recibía al virrey y le hacía entrega de las llaves de la ciudad; muchas otras veces formaban parte de los adornos de los arcos con carácter escultórico o pictórico. (2012, 151)

En este caso la personificación del Perú se realiza a través del indio en el carro –representación masculina habitual en las relaciones de fiestas, siendo la femenina la que identifica normalmente a Lima, acentuada por la palabra "significaba" ("un Indio / que al Perú significaba"). Así pues, el "significado" del Perú es, en resumidas cuentas, lo indígena, estableciendo con ello una relación de simbiosis entre Perú y sus antiguos habitantes a través de esta palabra, que será utilizada de forma generalizada en las relaciones de fiestas.

A continuación, se remarca la fidelidad de los indígenas al nuevo poder establecido en sus tierras a través de la locución "lealtad pura" y de las palabras "reverencia" y "obediencia" al príncipe. Se subraya así la aceptación pacífica de ese poder y se traslada con ello el mensaje político de integración ya señalado en el texto sobre la entrada del virrey García Hurtado de Mendoza, que se reiterará sistemáticamente en las relaciones de fiestas cuando aparece la comunidad indígena. Es más, el último verso incorpora el posesivo "nuestro" ("aquel nuestro mundo") para referirse a aquel mundo, en una operación semántica intensamente significativa: si bien el indio significa el Perú, como elemento nativo, aquel mundo es, a la vista del relator español, "nuestro", e incluye las tierras y a sus habitantes oriundos. Sobre este sentido de pertenencia, resulta significativo contrastar el texto de Carvajal con el *Diario de Lima (1629–1634)* de Juan Antonio Suardo, donde se describe pormenorizadamente esta misma fiesta. En esta obra encontramos otra aparición del indio americano en el desfile, en concreto en la fiesta de los mercaderes, que sacan una pieza de artillería tirada de dos unicornios y encima un gran caimán, escoltado por una guardia formada por indios "con camisetas blancas y sus mascarillas y cada uno llevaba una hacha contrahecha en la mano, con que iban encadenados unos a otros" (105–106). Una imagen de encadenamiento que evidentemente transmitía la idea de esclavitud y de pertenencia a los españoles.

Tras esta aparición de la figura del indio americano, resulta fundamental destacar el quinto carro para la representación de Lima que se está construyendo en este texto y que he citado más arriba para referirme al sentido de ofrenda:

> El quinto iba adornado de pilares
> dorados, sustentando la techumbre,
> de una dorada cumbre
> y la ciudad de Lima,
> en forma de una dama puesta encima [fol. 33 r]

Lima sintetiza aquí la imagen de América, femenina, opulenta, situada en la cima del cerro dorado (se adivina que tal cerro representa la imagen de Potosí) que ofrece sus riquezas al rey de España para seguir llevando por el mundo su eterna cruzada a través de la referencia al Turco. Así pues, este fragmento contiene las alegorías del Perú y de Lima que veremos reiterarse en su figuración masculina y femenina respectivamente en otros textos del presente libro, y la aludida funcionalidad de la riqueza peruana para afianzar la empresa religiosa[8].

A continuación sigue la fiesta de los herreros, "los negros" (etíopes), "los mulatos", los carpinteros, los mercaderes, la aparición de los carros de Eolo y de Marte, de Apolo, de Juno, cien "salvajes", todo ello presidido por el carro principal, el que lleva al "alto rey de las Españas" en una escena que, de pronto, se ve interrumpida por una sacudida imprevista, ahora sí, de la naturaleza real: un terremoto que Carvajal y Robles describe sin dejar pasar la ocasión para señalar en este suceso una lección de desengaño:

> [...] en un momento
> se trocó en confusión todo el contento.
> Sobresaltó la fiesta un alboroto
> que sacudió tan fiero un terremoto
> [...]
> Que la tierra le abría,
> y el aire la mecía,
> con violencia tan brava,
> que los huesos más duros le quebraba [fol. 33 v – 34 r]

Este es sin duda uno de los puntos culminantes del poema, en el que vida y muerte se solapan, del mismo modo que se funden los fuegos de artificio con las cenizas, y los vítores y algarabía con los gritos del espanto. Tal terremoto está descrito también por Juan Antonio Suardo en su mencionado *Diario de Lima (1629–1634)*:

> Este día, a las ocho y media del día en punto, hubo en esta ciudad un temblor de los más grandes que ha habido, desde cincuenta años a esta parte, que

---

8   Véase Zugasti, 2004.

duró más de un miserere y medio y si como vino por alto hubiera venido por
bajo de tierra es sin duda que quedaba asolada toda esta república. (98)

Momento cumbre del poema es también el pasaje en el que aparece don Quijote en una de las escenas cómicas de las que está salpi-
cada toda la relación, muestra de la combinación de las dimensiones
solemne y burlesca que era medular en la fiesta. La alusión a don Quijote se encuentra en la Silva VI, donde se describen los lances a un toro
de don Francisco López Gutiérrez:

> Mas con airoso brío
> ostenta al animal su desafío
> en un caballo triste
> que llevaba los ojos
> tapados con antojos,
> si bien juzgaron todos de su empeño
> que más tapados los llevó su dueño,
> pues no vio por desdicha de sus hados
> al toro, que le embiste,
> y el toro a ojos cerrados
> le acertó de manera
> que no le defendió la talanquera
> de su cuadrupedante,
> porque de solo un bote
> dio en tierra con el triste rocinante,
> y revolcó al segundo don Quijote.
> El vulgo su caída celebrada
> con fisgadoras voces,
> y el rocín asombrado respingaba
> dando vueltas en coro,
> siendo allí más temido por sus coces,
> que por sus cuernos el rebelde toro.
> Y el joven aturdido,
> se levantó corrido,
> y no sé yo por qué, si la desgracia
> de su caída a todos cayó en gracia,

y con su aporreada valentía
regocijó la fiesta de este día. [fol. 29 r]

Tal vez sea esta la primera vez en la que el escenario americano enfocaba el lado profundo de don Quijote, al hacerlo aparecer como el gran fracasado, que tan solo cuenta con la compañía de un caballo triste, y con una valentía y arrojo que son respondidas no solo por la embestida del toro, y por tanto con la derrota, sino también por la risa de un público que el poeta antequerano no logra comprender en los últimos versos citados ("y no sé yo por qué"). Precisamente es en esa incomprensión de Rodrigo de Carvajal ante la gracia y el regocijo que provocó la desgracia del caballero, donde se encuentra la importancia de esta alusión al personaje cervantino. Porque dicha incomprensión introduce un nuevo sentido que trasciende la mera figuración cómica, ridícula o burlesca con que usualmente se representaba al protagonista de Cervantes en este tipo de festejos. En el fragmento citado, la iluminación de don Quijote en su "aporreada valentía" implica una nueva lectura de la obra por parte del poeta, quien supo ver y transmitir la magnitud del antihéroe por excelencia creado por el genio de Cervantes.

Por otro lado, además de las fiestas de los gremios, se describen en el texto las de "los negros" y las de "los mulatos", de las que cabe destacar esta estampa en la que el mestizaje aparece a través de la mirada de Carvajal en versos tan llenos de prejuicio racial histórico:

Aunque lo vario sea
de una especie hermosa, y otra fea
como en esta se vio
que lo feo en lo hermoso confundido
y lo hermoso en lo feo
aumenta su recreo
de ver conglutinado
lo que fue blanco y negro, en noguerado [fol. 45 v].

Pero la crítica más corrosiva la destina Carvajal sobre todo a "los negros", a quienes presenta desde una fealdad estética que construye mediante comparaciones con cocodrilos, alacranes, tiburones, etc. En medio de este escenario urbano de confluencia de todos los segmentos de la población, aparecen carros que simulan navíos para la representación de la guerra de Troya, que culmina una vez más con la victoria del Rey de las Españas:

> De todos los arqueros, al triunfante
> carro, del alto Rey de las Españas,
> que con el referido lucimiento
> de su acompañamiento,
> lo pusieron delante
> de la tela, a que viese las hazañas,
> que en gloria de sus triunfos soberanos,
> le ofrecían los griegos y troyanos. [fol. 49 r]

Todo ello dado a través de una "bella tramoya", en la que comparecen los héroes clásicos, recurso mitificador fundamental del espacio indiano: Aquiles, Elena y Paris, Príamo, Héctor, Aquiles, la imagen de Felipe, Ulises, Agamenón, Menelao ...[9].

Por otra parte, la fiesta pone en escena, en la Silva X, otras arquitecturas efímeras, que como es habitual terminan en llamas: "metieron en la plaza una serpiente" [fol. 56 r], "un toro galán", seguido de muchos más y un juego de cañas. Luego "pusieron a la Hidra formidable fuego", "más la Hidra feroz [...] vomitaba por sus siete gargantas fuego vivo" [fol. 58 r -58 v], todo ello amenizado con cohetes: "unos volaban al imperio cielo / y otros se revolcaban por el suelo" [fol. 58 v].

Más adelante, la mitificación del escenario urbano como teatro y espacio ficcional continuará en la fiesta de los carpinteros: "De aquel bello teatro, que pudiera / exceder a la varia primavera de Chipre ..." [fol. 59 v]; y en la de los mercaderes, que "plantaron dos castillos eminentes / de almenas coronados" (fol. 61 r), sacaron un carro "que en su

---

9   A este episodio se refiere Stastny en su estudio sobre los temas clásicos en el arte colonial hispanoamericano, y en concreto en el apartado que dedica a este tema en los festejos mitológicos en honor del príncipe Baltasar: "Merece destacarse la guerra de Troya representada en varios capítulos por mulatos. Figuraron no sólo Elena y Paris, Ulises, los célebres guerreros. Héctor y Aquiles, y los reyes Agamenón y Menelao" (231–232).

cima llevaba un cocodrilo / que más confusa grima / daba (por más feroz) que los del Nilo" [fol. 61 r], y "otro, que remolcando / llevaban dos fingidos elefantes / y acompañaban varios mareantes" [fol. 61 v], que además traían también una ballena, a la que sucede otro carro tirado por dos dragones. Todo finalmente es quemado: los castillos, la ballena, la hidra... En medio de tan alucinante escena aparece el componente político: la referencia al "embustero" Lutero y al "verdugo" Mahoma [fol. 62 v], etc. En definitiva, la escena construye, en su conjunto, una Lima heterogénea, abigarrada de culturas y de historia en la que se entremezclan el viejo y el nuevo mundo.

Esta aglomeración urbana contiene también a los habituales "salvajes" "vestidos de yedra", todo ello escenificado delante de los poderes de la ciudad: el conde, la condesa, los tribunales, los ministros reales, el Cabildo de Lima, el arzobispo egregio. Y más carros que ensanchan la superposición de mundos y la fusión de historia y mito, y de personajes y figuras literarias e históricas: aparecen, mezclados, los dioses Eolo, Marte, Apolo, Juno; los protagonistas de la conquista, tales como Colón, Moctezuma, Cortés, Pizarro; o la alusión al Reino de Chile "indomable", "que tanta sangre de españoles cuesta", con referencias intercaladas a figuras literarias como Ercilla, Lucano, Góngora, Pegaso y Rocinante. Cabe destacar que entre los carros de los griegos aparece nuevamente el cerro de Potosí, que en las relaciones de fiestas limeñas es imagen recurrente para simbolizar las riquezas del Perú, tirado por dos grifos. Tal carro portaba en la cúspide la alegoría de las cuatro partes del mundo, y en lo alto el ave fénix rematada con una imagen del propio príncipe.

En suma, un conglomerado de figuras mitológicas, históricas y literarias que se dan cita en el escenario de la capital virreinal significando el Nuevo Mundo mestizo, en el que las figuras de la mitología clásica aparecen junto a Colón o a los protagonistas de las guerras de la conquista, sin faltar el componente literario del mundo clásico (Lucano) y del Siglo de Oro, del que Carvajal elige a Góngora y a Cervantes a través de su Rocinante. Así, las tres esferas de lo mitológico, lo histórico y lo literario, que implican además Viejo y Nuevo Mundo, se sintetizan en esa imagen que se está presentando en las calles de la capital virreinal peruana. La funcionalidad de tal conglomerado es, a la postre, la mitificación del Perú y de su capital, tal y como ya hemos visto que explica Périssat en líneas que cabe retomar: con "las imágenes tópicas de la literatura antigua, reactualizada por el Renacimiento, los criollos intentaron establecer paralelismos entre el Antiguo y el Nuevo Mundo, paralelismos que conducían a plantear la igualdad y muchas veces la superioridad de este" (2000a, 29).

Preciso es destacar también la Silva XV, en la que se relatan las fiestas reales de la ciudad, de toros y de cañas: "vistieron de belleza / la plaza con las galas" [fol. 82 v], "a cortina esmaltada con flores de la China" [fol. 2 v], las "fingidas flores / de suerte que ventanas y tablados / parecieron frescos prados" [fol. 83 r]. Y entre los juegos, aparecen los toros y la llamativa referencia al Minotauro, filtrada a través de Góngora, que, junto a Lope, aparece en el poema:

> Mas el gallardo, el Carvajal valiente
> don Luis, que al Minotauro
> acometer pudiera,
> sin engañarlo con el pan de cera
> y a fuerza de valor ganar el lauro,
> se opone cara a cara a la fiera impaciente ... [fol. 84 r]

El final de la relación sella la alabanza de Lima a Felipe IV y a "los de vuestro linaje esclarecido":

> Para que a vuestro aliento
> deba el mundo el acento
> de mi suave canto;
> y las fiestas, que tanto
> celebrar supo en tan remoto clima
> al Príncipe Español, la Regia Lima. [fol. 88 v]

Desde la remota Lima, siempre regia, llegaría así el suave canto de Carvajal y Robles hasta España en la forma de esta relación en verso que sin duda es una de las más relevantes en el corpus textual del virreinato del Perú. Su extensión y riqueza para la visión de la construcción cultural de la Lima virreinal la convierte en un documento de primer orden desde el que ratificar que los códigos ideológicos que se pusieron en funcionamiento a partir de los comienzos del proceso colonizador tuvieron no solo en el teatro, sino también en la fiesta y, por tanto, en el ámbito de lo parateatral, un medio de difusión principal. Ello afectaba tanto a la estructura social como a la maquinaria de un poder que hizo del paréntesis anual de lo festivo ese territorio extraordinario por el que vamos a seguir deambulando en los próximos capítulos. Un territorio que, como hemos visto en versos explícitos sobre los gastos que

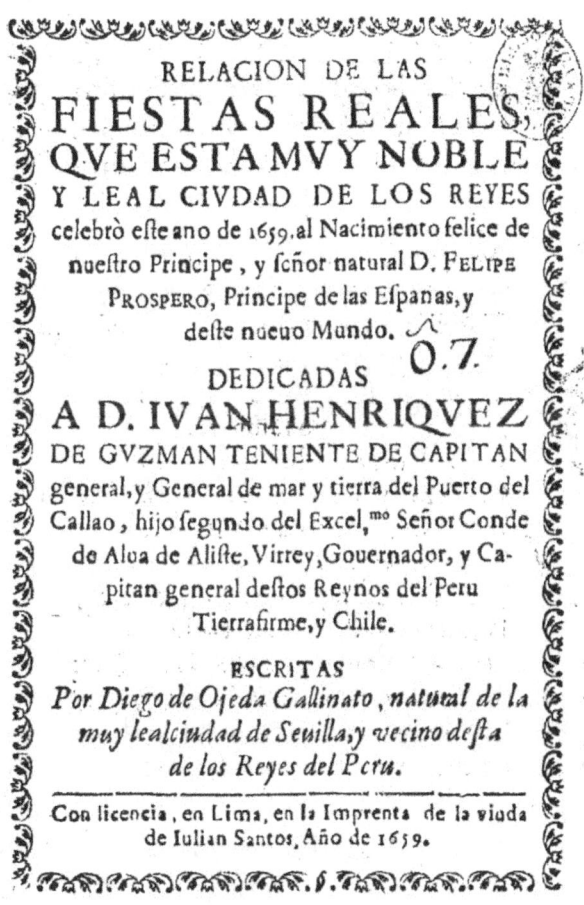

RELACION DE LAS
FIESTAS REALES,
QVE ESTA MVY NOBLE
Y LEAL CIVDAD DE LOS REYES
celebró efte ano de 1659. al Nacimiento felice de
nueftro Principe, y fcñor natural D. FELIPE
PROSPERO, Principe de las Efpañas, y
defte nueuo Mundo.
O.7.
DEDICADAS
A D. IVAN HENRIQVEZ
DE GVZMAN TENIENTE DE CAPITAN
general, y General de mar y tierra del Puerto del
Callao, hijo fegundo del Excel,mo Señor Conde
de Alua de Alifte, Virrey, Gouernador, y Ca-
pitan general deftos Reynos del Peru
Tierrafirme, y Chile.

ESCRITAS
*Por Diego de Ojeda Gallinato, natural de la
muy lealciudad de Seuilla, y vecino defta
de los Reyes del Peru.*

Con licencia, en Lima, en la Imprenta de la viuda
de Iulian Santos, Año de 1659.

Figure 1.2. Portada de Diego de Ojeda, *Relación de las fiestas reales, que esta muy noble y leal Ciudad de los Reyes celebró este año de 1659 al nacimiento feliz de nuestro Príncipe y señor natural C. Felipe Próspero...* (1659).

realizaban los gremios, y comprobaremos en otros textos, se conforma como lugar propicio para la renegociación del estatus social de los sectores más populares, y como espacio de contacto de grupos sociales y étnicos que la fiesta sacaba del supuesto estatismo y ponía en relación y movimiento.

Lima, "patria común de todas las naciones": la relación de Diego de Ojeda Gallinato (1659)

1. Datos históricos y contextuales

En el corpus textual que componen las relaciones de fiestas celebradas con motivo de acontecimientos de la monarquía hispánica durante el siglo XVII, existe un nutrido grupo de textos, relativos a las fiestas celebradas en numerosas ciudades de España, Europa y América, que contiene una especial significación por el momento en que se producen y el hecho que se relata: el nacimiento del príncipe Felipe Próspero, el 28 de noviembre de 1657. Inmortalizado por Velázquez en 1659, fue el tercer hijo y primer varón de Felipe IV y Mariana de Austria, nacido tras el fallecimiento prematuro de sus hermanas.

Este nacimiento daría lugar a los fastos que encontramos varias veces relatados. En el presente libro analizo las relaciones de las fiestas en Lima de Diego de Ojeda y de Agustín de Salas y Valdés, fundamentales ambas para comenzar a visualizar la evolución en el programa ideológico virreinal y su plasmación en el centro espacial en el que este se desarrolla, la ciudad de Lima.

Fechada la primera de ellas en 1659, se trata de un texto de Diego de Ojeda Gallinato titulado *Relación de las fiestas reales, que esta muy noble y leal Ciudad de los Reyes celebró este año de 1659 al nacimiento feliz de nuestro Príncipe y señor natural C. Felipe Próspero, Príncipe de las Españas y de este nuevo Mundo. Dedicadas a D. Iván Henríquez de Guzmán, Teniente de Capitán general, y General de mar y tierra del Puerto del Callao, hijo segundo del Exce.mo Señor Conde de Alva de Aliste, Virrey, Gobernador, y Capitán general de estos Reinos del Perú, Tierra firme, y Chile. Escritas por Diego de Ojeda Gallinato, natural de la muy leal ciudad de Sevilla, y vecino de esta de los Reyes del Perú*. Con licencia, en Lima, en la Imprenta de la viuda de Julián Santos, Año de 1659.

No podía saber el sevillano Ojeda, en el momento de escribir la relación, que la muerte también alcanzaría a Felipe Próspero a muy corta edad, el 1 de noviembre de 1661 (el cuadro de Velázquez sin duda contenía la premonición de muerte pues refleja su naturaleza enfermiza), lo cual no impidió que se le llegara a proclamar príncipe. La ansiada "prosperidad" codificada en su nombre, tras la muerte del príncipe Baltasar Carlos en 1646, dejaba de nuevo al rey Felipe IV, a sus cincuenta y dos años, sin esperanza para la sucesión monárquica. Inmaculada Rodríguez Moya ha contextualizado este momento histórico, la alegría y esperanzas que el mundo hispánico depositó en Felipe Próspero, en un artículo fundamental para adentrarnos en las relaciones de fiestas por este nacimiento:

> Recordemos que desde 1640 Felipe IV había tenido que afrontar las guerras con Portugal y Cataluña, el final de la Guerra de los Treinta Años, las revueltas en Aragón, Valencia, Castilla y Nápoles. De tal modo que los decenios de 1640 y 1650 habían sido de bastantes dificultades políticas y económicas para la monarquía. Como consecuencia, España había perdido su hegemonía en Europa, e incluso se había perdido la castellana en España[10]. (2016, 93)

Ello nos sitúa en un complejo contexto de crisis del que es preciso partir para comprender el relevante significado que tuvo el nacimiento de Felipe Próspero, y los motivos por los que tantas ciudades del imperio celebraron su llegada con grandes festejos para expresar el deseo de que el nuevo príncipe trajera la paz[11]. Entre dichas ciudades, Lima destaca en la fiesta relatada por Diego de Ojeda Gallinato en un amplio volumen, de ciento ochenta y un folios, del que me ocupo en este capítulo. El objetivo de desentrañar los códigos ideológicos y simbólicos

10 Inmaculada Rodríguez aporta las fuentes en las que se encuentra el corpus textual de relaciones de fiestas por el nacimiento de Felipe Próspero: Clare, 1988. También se encuentran en Alenda y Mira, 1903, "quien recogió una treintena de impresos, pero, sin duda, fueron más los que se publicaron". Rodríguez, 2016, 93–94 (notas 3 y 4).

11 "También provocó la publicación de un importante repertorio de los llamados *pronósticos*, es decir, apologías en las que cualquier cifra relacionada con la fecha del nacimiento o cualquier circunstancia ofrecían la certeza de que el príncipe acabaría con los males del imperio". Rodríguez Moya, 2016, 94.

de la propaganda imperial, que se repiten en las relaciones de fiestas de la monarquía hispánica, nos devuelve al espacio en el que dicha propaganda se difunde, la ciudad de Lima[12]. La relación de Ojeda es especialmente significativa en este sentido y nos sitúa, para comenzar a adentrarnos en el texto, ante lo que en el capítulo introductorio hemos visto que Juan de Torquemada, en su mencionada *Monarquía indiana*, denominó "fiestas súbitas y repentinas", dedicadas a celebrar acontecimientos relacionados con la corona o los mandatarios virreinales, o con la iglesia, cuando se trataba de eventos que quedaban fuera del calendario religioso.

2. La óptica geográfica y urbana

El texto comienza, tras las aprobaciones, con un jugoso proemio. En sus páginas, Ojeda se remonta al "Descubrimiento" desde una óptica geográfica, determinada por la antigua concepción triangular del mundo que obedecía al credo católico y que se concretaba en la existencia de los tres continentes previos a 1492. La polémica sobre el nombre de América en relación con el "descubridor" está también muy presente en este pórtico a la relación:

> Escribiendo los geógrafos antiguos toda la tierra que en el mundo había descubierta hasta su tiempo, juzgaron (como dice Orosio) que estaba situada en triángulo, por lo cual la dividieron en tres partes, en Europa, Asia y África. Los modernos acrecentaron la cuarta parte, que después se descubrió en el año de 1492, a la cual llamaron América, por respecto de Américo Vespucio, natural del Genovesado. Aunque otros quieren haya sido florentín, que según Apiano la descubrió. Pero si con atención leemos a Antonio de Herrera, y a Solórzano, veremos que descubierto el engaño de Américo, atribuyen la gloria de este descubrimiento a Cristóbal Colombo (que nosotros llamamos Colón) que le halló por los años de 1497 en la tercera navegación que hizo

---

12 Inmaculada Rodríguez analiza los puntos en común del "lenguaje simbólico e ideológico" y "la cultura visual festiva" que comparten los textos que componen el corpus textual por el nacimiento del príncipe Felipe Próspero, en ciudades tan distantes como Nápoles y Lima (2016).

por orden de los Serenísimos, y Catolicísimos Reyes Don Fernando y Doña Isabel[13].

Inmediatamente, Ojeda pasa a realizar una defensa del protagonismo español en el "descubrimiento", remitiendo a fuentes como las crónicas de José de Acosta y del Inca Garcilaso de la Vega:

> Verdad sea que el doctor Bernardo Alderete dice que llaman impropiamente a este Nuevo Mundo América, por la vana presunción de los que quieren privar a nuestra España de lo que se le debe, siendo cierto, que el primero que dio noticia a Cristóbal Colón de este nuevo Mundo, fue Alonso Sánchez de Huelva, marinero, natural de la villa de Huelva, que con gran tormento pasó el Océano. Hizo memoria de esto el Padre José de Acosta, aunque no puso su nombre, pero díselo el Inga Lazo de la Vega.

A continuación, el despliegue de conocimientos geográficos sigue siendo el hilo conductor que desembocará en el tópico de la grandeza y las riquezas del Nuevo Mundo, de las que el autor se enorgullece:

> Esta parte del Mundo la cerca en contorno del mar del sur, y de las otras tres partes la divide el mar del Norte. Y de la parte del sur la divide de la tierra Austral incógnita por el estrecho de Magallanes. Es esta América mayor que las otras tres partes del mundo juntas: y así la llamaron los autores Mundo nuevo, por la inmensidad de su grandeza, y también, por la diversidad de sus costumbres, y ritos de sus habitadores, por la grande variedad de animales, árboles y riquezas, y demás cosas nunca vistas, por lo cual la dividieron en otras tres partes, que llamaron mexicana, peruana, y magallánica.

Toda esta configuración mitificadora de América, basada en su extensión y riquezas, pero también determinada por el halo extraordinario que le confiere lo novedoso (esas cosas nunca vistas que se repiten en los textos coloniales) se desplaza de inmediato al Perú y a su capital. Así pues, la apelación a continuación a los orígenes del Imperio a través de la figura de Carlos V (el "heroico emperador") deviene de inmediato en alabanza a la ciudad de Lima, en la tradición de las *laudes*

---

13 Cito la edición original que se encuentra en la Biblioteca Nacional de España (BNE R.MICRO/1034 / Reproducción de R/5743). Reproducción digital en la Biblioteca Digital Hispánica: http://bdh-rd.bne.es/viewer.vm?id=0000115662&page=1 . Carece de foliación, por lo que no se indica el número de folio en las citas.

civitatis; un encomio iniciado desde el punto de vista político y geográfico pero también toponímico e histórico: "[...] grande ciudad de los Reyes, metrópoli y cabeza de estos extendidos Reinos del Perú, cuyo antiguo nombre desde la opulenta monarquía de los Reyes Ingas fue Rímac, y corrupto el nombre Lima, está situada, como queda advertido, en la cuarta parte del mundo, y como dicen otros, en la parte incógnita y austral del globo". Lima aparece así en su cualidad de gran metrópoli surgida de una encrucijada histórica, la del mundo inca y el español, y envuelta de un aura misteriosa por su ubicación en esa parte de la tierra que a mediados del siglo XVII sigue siendo considerada por "otros" incógnita, remota, lejana. El matiz, "como dicen otros", es significativo sobre la conciencia de ese desconocimiento sobre América que la lejanía produce en esos "otros" que, obviamente, no son los habitantes de esa "cuarta parte del mundo" a la que Ojeda se refiere.

3. La mitificación y escenificación de la Lima hispánica

Tras una minuciosa explicación geográfica, que da cuenta de la importancia que tenían en la época las referencias espaciales en medio de lo desconocido, sigue la construcción de Lima en sus orígenes, para la cual Ojeda utiliza el recurso habitual de los cronistas: la comparación con los referentes conocidos (grandes ciudades como Venecia, Sevilla, Lisboa) que sirven a su tiempo para enaltecer los orígenes de la ciudad como gran enclave "de España", pero también "de este nuevo mundo", en el que ha florecido lo mejor de su sangre. Sellaba así Ojeda el carácter central de la ciudad en el marco del imperio, su encumbramiento como espacio privilegiado del mundo hispánico y su distinción entre las ciudades del nuevo mundo:

> No fue Lima en sus principios grande población, como ni lo fueron, Venecia, Sevilla, ni Lisboa, pero valga por uno de sus argumentos de la bondad de su sitio, y comodidad de su habitación [...] iba aumentando, hasta llegar a levantar cabeza, entre las más ilustres ciudades de España, y este nuevo mundo, no solo por su fundación, sino mucho más por su autoridad, y nobleza, que son muchos los caballeros que hay en ella, de ilustres, y antiguas casas de España, que se congratulan, viendo que su sangre, y antiguos troncos castellanos, han florecido y producido en este mundo nuevo, siendo los nobles, y la nobleza

los calificados en sangre, por su antigüedad y hazañas de sus progenitores en una república y monarquía...

Ojeda construye, como vemos, una perspectiva laudatoria de la ciudad con base en su dimensión y configuración española que ha florecido en América, como colonia que ha potenciado lo mejor de dicha herencia cifrada en la sangre, sugiriendo con ello esa conciencia de una hispanidad americana.

El proemio relata después los preparativos de las fiestas celebradas por el nacimiento del príncipe, que más adelante tendrán su despliegue pormenorizado en las siguientes partes del volumen: la relación propiamente dicha, seguida de los festejos celebrados por los diferentes gremios de la ciudad en las llamadas fiestas de plaza. Iniciada la fiesta el 11 de junio de 1658 en la Ciudad de los Reyes, la relación describe cómo la ciudad engalanada tiene en el acto festivo su momento álgido para la construcción mitificadora, ante lo superlativo que la fiesta implica en cuanto a despliegue de luz, color, sonido, tal y como hemos visto que ocurre en la relación de Carvajal: "[...] infinitas luminarias, o artificiales Soles, con cuyo ardor nuestra Lima quedó asombrada de luces". Este escenario se contrapone en el texto con los problemas que asolaban periódicamente la ciudad, como lo fue la piratería que amenazaba todas las costas americanas, desde el Atlántico hasta el Pacífico:

[...] cuando temió verse inundada de sombras, ya de voladores piratas, que forzado el diáfano golfo de los aires, inquietaron sus regiones, ya de otros, que por más rateros, se contentaron con asustar las terrestres providencias: tanta fue la diferencia de cohetes, fuegos, y luminarias, que un nuevo día se le añadió al año tan flamante.

La ciudad convertida en escenario, sacada de su rutina, cobra los tintes de la transmutación que implica el disfraz como elemento esencial de la fiesta:

Todo fue regocijo, todo fiesta, y entretenimiento todo. Mucho repique de campanas, y asistencia de ministriles en divididos coros continuó el festejo, que de poner tristezas, y solicitar alegrías en ocasiones semejantes, aunque parece que excede lo común, no toca los umbrales de lo profano, que a lo bien hecho no le falta pregonero, como a lo mal hecho fiscal.

Diego de Ojeda relata los festejos celebrados en lo sucesivo el 21 de junio, el 5 y el 16 de julio, en los cuales comienza la fiesta solemne y las élites gobernantes desfilan por las calles: los alcaldes, regimiento y caballeros, "el Embajador, que trajo las felices nuevas del nacimiento del Príncipe nuestro señor"; desfile seguido por corridas de toros y el nombramiento de comisarios para las fiestas que se celebrarán en lo sucesivo.

En otro orden de cosas, el final del proemio es profundamente significativo sobre la vida cotidiana de los virreinatos y los problemas inherentes a la lejanía de la corte: "Con que concluida esta facción quedó su Excelencia muy reconocido, y agradecido a este tan ilustre Cabildo: y el haberse detenido las fiestas, ha sido a falta de ropa, por la que han hecho tan grande los Galeones, que en cuatro años no han visto los puertos de las Indias". Finalmente, el proemio concluye con unas líneas fundamentales para completar la idea mitificadora tanto de la ciudad, que se desarrollará profusamente a lo largo de todo el volumen, como de la propia relación de fiesta, sobre la que Ojeda reflexiona a lo largo del texto desde el punto de vista de las particularidades del género, situándola ahora en un plano superior a las historias antiguas: "[…] este ilustre Cabildo sirve de espejo en que se mira toda España, cuyas fiestas prosigo, pues son tan grandiosas que aunque presumo que no caben en la misma dilatada imaginación, no ha de haber ejemplar que las iguale en las historias antiguas"[14]. La grandeza del género va de la mano de

---

14 La reflexión sobre las características y la problemática que suscitan estos textos era planteada frecuentemente por sus propios autores, como por ejemplo por Lope de Vega, en el prólogo a su *Relación de las fiestas que la insigne villa de Madrid hizo en la canonización de su bienaventurado hijo, y patrón San Isidro*: "Entre las diferencias de la historia tienen tan ínfimo lugar las relaciones de fiestas, que aunque por algunos graves accidentes pudiera entrar en los Anales, más les podía convenir por opinión de Aselio el nombre de Efemérides, o Diarios […] *parece que aquello que no se remite a leyes precisas carece de arte.* No se deben pues leer tales relaciones con más ánimo, que la diferencia humilde que se les permite, como un cuerpo simple, a quien falta el alma de las sentencias, y del ejemplo dos cosas por donde la historia pertenece a la vida, las sentencias al entendimiento, y el ejemplo a la erudición moral, y Ética" (la cursiva es mía). Lope de Vega, *Relación de las fiestas que la insigne villa de Madrid hizo en la canonización de su bienaventurado hijo, y patrón San Isidro, con las comedias que se representaron, y los Versos que en la Justa Poética se escribieron*, por la viuda de Alonso Martín, 1622. Prólogo, sin foliación.

la grandeza de las fiestas, redundando en la otra grandeza, la de Lima, que de forma implícita se configura en estas líneas al aparecer como espejo en el que se mira España entera. El ideal de la copia o reproducción del viejo mundo en el nuevo cobra así tintes superlativos en la fiesta limeña.

Por último, la mitificación de la ciudad se intensifica nuevamente a través de la equiparación con Roma, que nos remite al reiterado procedimiento desarrollado, entre otros cronistas y poetas, por el Inca Garcilaso de la Vega en sus *Comentarios reales* para el enaltecimiento del Cuzco ("que fue otra Roma en su imperio"), con el objetivo idealizador de la civilización incaica. En este texto, como en otros textos analizados en el presente libro, hallamos pues el mismo procedimiento para el caso de Lima, que además no solo se compara con Roma, sino también con Grecia, completando, con esta apelación a las grandes ciudades de la Antigüedad, el recurso mitificador. Con todo ello, este texto pasa a engrosar las páginas que construyeron la idealización de la ciudad de Lima desde su fundación en las crónicas de Indias y en poemas heroicos ya mencionados.

4. La relación de la fiesta en el escenario de la "imperial ciudad de los Reyes"

Tras el proemio sigue la relación propiamente dicha, que comienza retomando la problemática de la lejanía de la Corte para poder conocer las noticias que en ella sucedían, y subrayando las confusiones habituales debidas a la falta del clásico "testigo de vista". Con ello, el autor lanza su particular *captatio benevolentiae*, "dificultosa empresa intenta mi débil pluma", por la que pide perdón refiriéndose a ella como "temeraria", y calificándola con el tópico de "los borrones", que darán entrada a lo superlativo del hecho relatado: "Grande fiesta pretendo reducir a lo corto de un limado lenguaje, queriendo con el tosco pincel de mi ingenio copiar del Sol, y las Estrellas los resplandores, como si se concedieran examinar la humana vista". La fiesta equiparada con el sol y el resplandor de las estrellas aparece así como idea inicial del relato de la misma, determinando desde el inicio su esplendor.

Para empezar con su desarrollo, nos situamos en el mes de agosto, cuando dan comienzo los hechos relatados: "Amaneció a Lima un día grande por sí mismo que fue 25 de agosto, día de San Luis Rey de Francia …". Los toros abren la fiesta en el seno de la ciudad engalanada con "tafetanes y paños de corte, y en el medio el sitial para su Excelencia ricamente adornado, y al lado derecho de él sentados los señores Oidores, y Alcaldes de Corte, incorruptos censores, con que se dice su adorno. Al lado siniestro las señoras Oidoras, y remataba el Cabildo los capitulares… ", la "Autoridad Sagrada del Cabildo Eclesiástico" y los señores inquisidores para ver la fiesta "de que estuvo poblada toda la plaza", que, como sabemos, es el centro de la escenificación en el que se ubican los representantes del poder y que Ojeda describe "vallada de tablados por haber concurrido gran séquito de gente de todas partes". En este escenario urbano, las ineludibles chirimías darán comienzo a los toros, y tras ello se inicia la "Entrada" de su Excelencia y caballeros, o sea, la fiesta oficial.

Bajo el título de "Entrada" da comienzo la descripción de la misma, encabezada por un carro triunfal "muy bien adornado, esparciendo flores alrededor de toda la plaza, en que iban dentro las chirimías y clarines … ", todo ello acompañado de las "loas en alabanza de nuestro príncipe", unidas a la exaltación de la "ilustre ciudad" y al ensalzamiento de "la antigua grandeza de los españoles", representada por "D. García de Ijar y Mendoza, Caballero de la Orden de Santiago, Alguacil mayor de la Santa Inquisición, y Do[n] Luis de Carvajal Marroquí", entre otros, todos engalanados. Juegos de cañas, toros, torneos, desfiles de las cuadrillas son relatados en el estilo hiperbólico propio de las relaciones de fiestas: "La luz de este día, a todas luces grande […] ninguna pluma por más que vuele alcanzara a comprehender su inmensidad y circunstancias ni tampoco siquiera a darle a conocer en noticias o dibujos, pues faltaría la curiosidad de los ojos, y de los oídos…".

A continuación aparecen las cuadrillas que, como reflejo de la estratificación social, incluyen elementos como la aparición de enanos o de lacayos acompañando a los caballeros principales, entre los que se encuentran la élite mandataria, formada por personajes como "D. Gabriel de Castilla, regidor de esta Ciudad, D. Alonso Lazo de la Vega, Regidor de Lima", etc., y algunos descendientes directos de los conquistadores, como "Don Antonio Bravo de Laguna, Alcalde Ordinario y Capitán de caballos [...] y nieto de los Conquistadores de este Reino", o D. Nicolas de Torres, también "nieto de conquistadores de este Reyno, y el de Chile, y Encomendero". De este modo, el pasado heroico de la conquista que se pretendía ensalzar en el desfile tiene como actores a los propios descendientes directos de sus protagonistas, criollos que desfilan en imitación de sus abuelos en el escenario festivo. Su corazón, la plaza, se enfoca en estas líneas como espacio desde el que realzar la grandeza del acontecimiento, en este caso estableciendo un contraste entre su tamaño y la opulencia de la fiesta:

> Discurrieron por la plaza, que con ser buena era breve para un átomo de tanta grandeza. No tengo que advertir el aparato, pues fue todo en cuanto hubo lugar como en la Corte: llevaba el virrey los ojos de todos tanto que atendieron pocos a la fiesta, por no apartarlos de su Excelencia...

El tratamiento del espacio urbano se convierte así en instrumento para el objetivo del relator de enaltecer al máximo el fasto descrito, del mismo modo que lo hemos visto funcionar en la relación de la fiesta por la entrada del virrey Hurtado de Mendoza en el enfoque de la ciudad desde las calles hasta los balcones y ventanas. Pero reparemos en la diferencia sustancial entre ambos tratamientos espaciales. Si en aquella relación se resaltaba la magnitud del plano urbano para intensificar la imagen de la muchedumbre y de la grandeza festiva, en este caso el autor emplea el contraste: la plaza parece pequeña, "breve" como un átomo, ante tanta magnificencia. Sea como fuere, vemos cómo las perspectivas urbanas y espaciales empleadas por los autores funcionan como mecanismo narrativo esencial para la construcción textual del fasto.

Más adelante sigue nuevamente la glorificación de la ciudad –leitmotiv principal de esta fiesta–, ahora a través de la estrategia recurrente en las crónicas sobre la incapacidad de dar cuenta de tanta magnificencia a través de la escritura, metaforizada en la imposible pintura:

> Grande fue este día, y si en alguno se pudo sondar lo que es esta gran ciudad de Lima, fue este, porque se vieron tantas cosas, y tan grandes todas, que individuarlas es imposible, porque fue tan superior en todo, que el más diestro pincel puede bosquejarle, sí; pero pintarle, no.

La imposibilidad de la pintura, copia o reproducción es la estrategia discursiva que redunda, obviamente, en el encumbramiento que se pretende magnificar. Exaltación que se manifiesta de forma especial en lo que respecta a los habitantes de la ciudad. Así veremos cómo aparecen después otros caballeros, como el alcalde ordinario o el comisario del Cabildo, con numerosos criados, y por "lo precioso y rico de sus galas y libreas", "más pareció resurrección de la antigua grandeza de los españoles, que sucesión de sus afectos", remachando así los mismos sentidos propagandísticos.

Por lo demás, termina el primer festejo con una nueva referencia al propio acto de escribir la relación (como el que acabamos de leer al final de la última cita), reflexión a la que Ojeda acude a lo largo de todo el texto, siempre con el objetivo de transmitir lo superlativo de la fiesta relatada: "[…] entre tanta confusión, no me pude hacer capaz de todo por extenso, deslumbraba de una parte a otra la más perspicaz vista, la gran cantidad de diamantes, oro, plata, y perlas, tanto que se equivocan los ojos […] El concurso de la gente en todas partes, el aplauso, la admiración, el gozo fue singular para todos".

El segundo festejo nos adentra ya en el mes de septiembre. Preside los actos el virrey: "[…] el excelentísimo Señor Conde de Alva de Aliste, Virrey de estos extendidos Reinos del Perú, en una hermosa galería cubierta toda de ricos tapices", en la que se sitúan nuevamente los señores oidores, alcaldes de corte y resto de tribunales, además de otros balcones "poblados de caballeros, y damas de rara hermosura". Tras los toros desfilan una serie de caballeros seguidos siempre de sus lacayos. Este segundo festejo incluye una "Carrera", cuyos participantes llevan tal lujo de vestimentas "que elevaba la vista, y suspendía las atenciones, más que los que nos pintan los antiguos de los campos Elíseos, y países de Tefalia". La fiesta se despide con la apelación de nuevo a la "Imperial ciudad de los Reyes" y con estas líneas laudatorias hacia las autoridades peninsulares, con las que se hacía llegar a la corte la reverencia que la ciudad y el virreinato profesaban al rey con la mayor magnificencia posible:

Estas han sido las demostraciones de alegría con que hasta hoy ha celebrado esta ciudad, y sus caballeros, la alegre nueva del nacimiento del Príncipe nuestro señor, quedando con ánimo de continuarlas siempre que se ofrezca servir a su Majestad, y a nuestro Príncipe, cuya vida prospere el cielo, con la de nuestro Católico Monarca, con la felicidad y victorias que ha menester la cristiandad.

Tras el obligado "Fin" se cierra el texto con un poema (en concreto, una décima) de alabanza al texto en sí, que apela a su naturaleza y por tanto al ya mencionado tópico *ut pictura poiesis* con el que se contradice, a través de una segunda voz distinta a la del autor, la idea reiterada por este sobre la imposibilidad de "pintar" todo lo acaecido mediante la escritura. Esa voz alternativa sirve de refrendo externo sobre el objetivo finalmente cumplido:

> Cuando vuestras fiestas leo
> Gallinato, echo de ver,
> que no han dejado que ver
> cosa ninguna al deseo:
> porque la gala y aseo
> con que las tenéis dispuestas,
> al que de Lima faltó
> le harán creer que las vio,
> si leyere vuestras fiestas.

El volumen no concluye con esta décima, sino que incluye a continuación, tras un extenso romance, la descripción pormenorizada de las fiestas que realizaron los gremios: la primera, "los escribanos, y demás gremios de la pluma"; la segunda, "los bodegueros, y mercaderes de esquina"; la tercera, los de las "Artes liberales, Arquitectura, Pintura, y Escultura"; la cuarta y última, los "dueños de panadería, gorreros, plateros y otros gremios agregados".

5. La actuación de los gremios de la "festiva Lima"

Comencemos por la fiesta de los escribanos y demás gremios de la pluma, o sea, por la escenificación de este segmento fundamental de la sociedad que conforma la "ciudad letrada". Esta profesión, que nos especifica Ojeda "no es oficio, sino arte liberal" y que ejercita "la gente noble" y escribanos reales, o sea, el reducido grupo letrado al que se refiere Ángel Rama, es descrita en el texto en todas sus particularidades, entre las cuales se encuentra la espinosa ley por la que "se requieren sean cristianos viejos, y de buena fama", si bien "también lo son muy grandes hijosdalgo, y tengo por cosa cierta, que es digno de que lo sean, y usen semejantes personas, así por ser gente noble, y de quien se ha de tener tan gran confianza". Por consiguiente, sea alta o baja nobleza, la cuestión es que la "ciudad letrada" se erige, en su origen, sobre la cuestión racial.

Pero vayamos al desarrollo de la fiesta. En esta ocasión, la "festiva Lima", nuevamente engalanada de luces y "fuegos arrojadizos", se transforma a través de "una pieza al lado de los Escribanos, que significaba un monte, y encima de él un águila imperial, y en las cuatro esquinas del monte, cuatro gigantes armados de variedad de fuegos". Reparemos en esta aparición del águila, que simbolizaba a la monarquía hispánica y a los Habsburgo, y que es un elemento recurrente en las relaciones de fiestas. Al otro lado, aparece "una sirena sobre aguas de la mar", y hacia la iglesia Mayor, "una boca de infierno, de donde salieron doce demonios"; una escenificación que saca a relucir todos los elementos de la propaganda imperial en toda su magnificencia, así como el infierno ante la Iglesia, significando el escenario del mal e infundiendo el necesario miedo a quienes no se ajustaran al orden y a los dictámenes eclesiásticos.

A continuación sucede el festejo de los bodegueros y mercaderes de esquina, en el que se reitera la concurrencia de gente, luces, carrozas, por lo que, apostilla Ojeda, "no parecía la plaza". En este espacio real transformado aparecen otras novedades, designadas en el texto como "nuevas admiraciones", tales como una fuente de vino, "con varios caños surtidores", alrededor de la cual va creciendo "la bulla de la plebe" "que habiendo entrado con juicio, andaban después por toda la plaza sin él", "tan locos tuvo a todos el alborozo, que hasta los más cuerdos, tenían por cordura el no tenerla". A este ambiente enloquecido por la embriaguez se añade la clásica quema final de los carros, de origen medieval, que ya hemos visto en la relación de Carvajal y Robles. Así, vemos en este texto cuatro piezas de fuegos en cuadro cercando el castillo, "quemándose a las siete de la noche, con gran aplauso". Finalmente, aparece "un toro lleno de fuego hasta las puntas de las astas". Por tanto, una sucesión de elementos que hacen de esta relación un texto paradigmático para observar el traslado de costumbres festivas peninsulares al espacio americano dirigidas y orientadas por los descendientes de los españoles.

Esta fiesta se desarrolla en varios días, en uno de los cuales se adornó la plaza emulando la primavera, para crear el espacio ideal en el que hiciera su aparición "su Excelencia al balcón", dando inicio al festejo, "con la entrada de trece turcos", otro de los elementos recurrentes en las fiestas, acompañados de muchachos "vestidos de Moro", y otros "en traje de cautivo, vestidos a lo Moro", en medio de la infantería, que "era española". La escena concluye así: "Fueron navegando a remo (aunque por tierra)" reproduciendo una batalla con los turcos a través de "fuegos arrojadizos". Con ello, la propaganda imperial frente al infiel se desarrolla en el espacio americano en el que se había proseguido, desde 1492, el espíritu de la llamada y debatida "reconquista", ahora ante los nuevos "infieles" que habitaban aquella cuarta parte del mundo:

> Y aunque la resistencia fue grande, mayor fue el valor de los españoles, que consiguieron la victoria, echando por tierra el estandarte del turco, y arbolando el del Rey nuestro señor, con sus reales armas. Abrieron las puertas, y por ellas embarcaron la presa de los turcos, dejándolo guarnecido, con que hicieron su viaje, cantando victoria lo bélico de los instrumentos de guerra.

Con esta visualización de la heroicidad de los españoles que el espacio festivo consigue llevar a las calles para enseñanza y propaganda en la capital virreinal, concluye el festejo de los bodegueros y mercaderes de esquina, dando paso a la fiesta de los herreros, que comienza en tan señalada fecha como es la del 12 de octubre. Sin embargo, resulta de mayor interés la siguiente fiesta para profundizar en los planteamientos de fiesta y poder, la organizada por las artes liberales (arquitectura, pintura y escultura) y celebrada justo un mes después de la anterior: el 12 de noviembre.

Este festejo se desarrolla con la salida de cuatro carros "que significaban los cuatro elementos": la tierra, a través de "un jardín, adornado al natural"; el agua, en carro con "diversidad de animales marítimos, vivos, y pintados en lo crespo de las olas", tirada por dos delfines "sobre que iban sentadas dos sirenas que la gobernaban"; el aire, portando un artilugio "en forma de nube, que movía el viento" y "una figura del viento"; y el fuego, cuarto carro cuya configuración intensifica la simbología imperial y el sentido de memoria histórica de las fiestas y sus relaciones:

> [...] en los faldones iba pintado el Rey Don Fernando el Católico, sentado en un rico trono, a cuyos pies Colón, con la una mano en globos, agujas, y cartas de marear, daba noticia del descubrimiento de este Nuevo Mundo, y con la otra, cartas de creencia, y algunas llaves, en significación de los nuevos reinos, que a su real dominio se ofrecía. A las espaldas de Colón dos figuras, de Hércules, y Baco, que por haber sido celebrados de la antigüedad, como conquistadores de nuevas tierras, y provincias, admiraban con su afecto aquellas felicidades, despreciando tantos afanes suyos, a la vista vencidos, de los instrumentos ingeniosos, que por remotos, y no conocidos rumbos encaminaron, con seguir tan dichosas y siempre admiradas empresas.

La imagen del "descubridor" colocando el orbe en manos del rey de España y recorriendo las calles de Lima es una de las principales del texto en lo referente a la propaganda imperial, con la que se trataba de glorificar y mitificar el hecho histórico del "descubrimiento" y de la conquista para refrendar y solidificar las bases del orden virreinal, enraizadas además en el mundo occidental y sus mitos fundacionales, representados por las divinidades de Hércules y Baco. Recordemos, a través de la explicación de Francisco Stastny, que "los trabajos de Hércules fueron uno de los pocos temas clásicos adoptados sin reservas por el arte español. Los reyes de España asumieron desde la época de Carlos V la figura del héroe como su prototipo y utilizaron el *motto* 'Plus Ultra', con las columnas de Gibraltar, para simbolizar la conquista americana" (230)[15]. Así pues, con estas imágenes –los carros simbolizando los cuatro elementos y la escena de Fernando el Católico con Colón–, y la aparición de Hércules, se termina de sellar la idea del dominio hispánico sobre el orbe, incluidos sus "elementos" (Rodríguez, 2016, 101).

La fiesta discurre a continuación con una máscara, uno de los instrumentos principales para transmitir el contenido doctrinal con

---

15 Para la investigación sobre los elementos de la mitología y los temas clásicos en la fiesta véase el trabajo de Stastny en Hampe (1999).

mucha mayor efectividad a través de los medios visuales que las caracterizan y que, no olvidemos, cumplían además la función de deleitar y entretener[16].

Iniciada por un comisario engalanado, la máscara de este festejo incluye personajes que, para loar al príncipe desde todos los confines de la tierra, representan "las cuatro partes del mundo", comenzando por Asia, "ricamente vestida", con el Rey de Guinea, y concluyendo por Europa: "dio el complemento a esta máscara nuestra Europa, vestida muy galanamente ... con que dio fin a la máscara". Tras él, aparece un apartado titulado "Carro de Gatos, y Pericotes", reflejo de los divertimentos de la época pues salen peleando "que era rato de gusto" – apostilla Ojeda–, y otro apartado titulado "Corro de baile", tras el cual "seguíanse los reyes ingas que tuvo este reino". En este punto, el autor regresa a lo ya expuesto en el proemio, en el que vincula el diluvio con la emergencia del Nuevo Mundo, para encarecerlo como la mejor parte de la tierra, muestra de orgullo patrio:

> [...] secó la tierra, descubriendo entre las otras, la mejor, y más emulada parte del mundo, que conserva la providencia de Dios, por su más liberal, y pródigo atributo en el segundo vientre del occidente del sol dilatada, en estos abundantes y extendidos Reinos del Perú, tan admirable, como rico, desde su antiguo barbarismo, y gentil política, de la opulenta Monarquía de los Reyes Ingas.

En suma, el mito del Paraíso Terrenal hecho realidad en el Perú. Además, con estas últimas líneas Ojeda recuerda que los incas ocupan la etapa histórica de la gentilidad, y equipara su gobernanza con lo que significaría una monarquía que, si bien es adjetivada como "opulenta", es, al mismo tiempo, bárbara, recogiendo así nuevamente el tópico con el que se tipificó a los indígenas desde los primeros tiempos de la

---

16 Tal y como señala Díez Borque, la mascarada se convirtió en uno de los espectáculos más recurridos del Barroco: "La mascarada es uno de los elementos imprescindibles de la fiesta barroca: sea con la minuciosa etiqueta y organización de la nobleza; lujo y vestuario ceremonial; del rey; galanteo de damas encumbradas; alcances artísticos; baile de disfraces; sea en formas más populares de zamarrones; mayas y fiestas de San Juan; moros y cristianos; fiestas de locos..." (1985, 25).

conquista. Vayamos al fondo de esta cuestión movediza que se debate en contradicciones y dualismos inevitables.

6. La glorificación del Perú prehispánico para una genealogía mítica del Perú hispánico

Como estamos viendo, el texto no solo relata al pormenor las fiestas sino que incluye, significativamente, infinidad de pasajes referentes a la historia y mitos sobre la aparición del Nuevo Mundo, acerca del Perú prehispánico y sobre el período de la conquista. Así, la referencia a continuación a los "quipos" incaicos resulta de especial relevancia para la visión que Ojeda ofrece del mundo incaico y su cultura, y nos sitúa en las comentadas digresiones que se encuentran en muchas relaciones de fiestas, que rebasan la mera descripción de los hechos y que constituyen una de sus mayores riquezas. Es preciso subrayar, en primer lugar, que Ojeda enaltece el sistema de los quipus al decir "que son lo mismo que las escrituras, y anales", o sea, al hacerlos equivaler a la escritura y la historia occidental. Del mismo modo, encumbra los templos del Cuzco, "Tiahuanaco y Titicaca" y otros enclaves principales del Imperio incaico. Asimismo, hay que señalar que, para la confección de este apartado, como en otros capítulos del volumen en los que incluye pasajes históricos, Ojeda acude a las principales autoridades al respecto, citando a los cronistas Pedro Mártir de Anglería, Gonzalo Fernández de Oviedo, Pedro Cieza de León, Francisco López de Gómara, el Inca Garcilaso de la Vega, entre otros. Desde esas fuentes se refiriere a la historia previa al momento en que "entró en él don Francisco Pizarro".

En esta línea enaltecedora del Incario, a continuación Ojeda relata la sorprendente primera genealogía que aparecerá en el texto: la de toda la dinastía incaica, un verdadero "panegírico del imperio inca" en el que se permite "incluir una reseña biográfica de cada emperador", como señala Inmaculada Rodríguez (2016, 102). Esta primera genealogía es especialmente significativa en tanto que todos los reyes incas desfilan en la fiesta para mostrar pleitesía al príncipe y a la monarquía en un momento crítico de la misma, como ocurre reiteradamente en las relaciones de fiestas cuando hace su aparición el indígena americano en la festividad. Lo sorprendente de tal aparición proviene del hecho de que se trata de la única fiesta del siglo XVII en la que aparecen los emperadores incas en el desfile festivo. Este desfile no se repetirá hasta las fiestas del siglo XVIII, tal y como explica Barbón en su estudio sobre la presencia de los incas en las fiestas del XVIII, en el que la investigadora hace hincapié en que tales desfiles serían prohibidos a partir de la rebelión de Túpac Amaru II, como también se desaconsejarían en la pintura. Por ello, los monarcas incas ya no aparecerían en las fiestas por la entronización de Carlos IV, como veremos en los textos objeto de análisis:

Outside Lima, as, for instance, in the Andean cities of Cuzco and Potosi, such "Inca processions," showcasing pivotal events in the history of the Inca dynasty, had successfully been staged since the late sixteenth century. Lima, on the other hand, had previously witnessed only one such procession: in November 1659, on the occasion of the birth of Prince Philip Prospero, son of Philip IV, "Incas" had for the first time paraded through the streets of the colonial capital and paid homage to the Spanish Crown. However, this event, which had been sponsored by the wealthy guild of the silversmiths and may have been staged without active Amerindian participation, had remained an isolated event that left little mark in coeval sources. By contrast, the 1723 processions sponsored and performed by the nación indica (Indian nation) were hailed as a great success, and indigenous festivities, including Inca processions, became from then on a fixture in the proclamation ceremonies for Louis I (1724–25), Ferdinand VI (1748), and Charles III (1760). In fact, by 1760 the fiestas de los naturales (festivals of the natives), as the indigenous festivities were called, were no longer perceived as a novelty but already considered a "custom" (costumbre) (*Lima gozosa*, fol. [178v]). Indigenous celebrations likewise took place in 1790 after the news of Charles IV's ascension to the throne reached the City of the Kings. However, staging a royal procession of Incas had by then become impossible. (2019, 77)

Con tal desfile de la dinastía inca en las fiestas por Felipe Próspero se transmitía el aludido mensaje de integración política y acatamiento del poder imperial por parte de la población nativa representada por la genealogía incaica. Esta da comienzo con Manco Cápac, "en andas en brazos de indios… con muchas joyas de diamantes, y preseas de oro, y barras de plata a los pies y de inga a inga 50 indios delante, vestidos, conforme la usanza de su naturaleza, y conquista, que cada inga hizo, como se referirá"[17].

Cada inca aparece por tanto descrito con sus atributos. A este respecto, cabe señalar algunos datos importantes en determinadas representaciones, como la del "Inga Roca": "[...] llamáronle el arrogante y hablador, por el sonido de su voz (la misma dicen que tuvo Alejandro Magno)". La equiparación con héroes del mundo clásico vuelve así a surgir para el ensalzamiento ahora del mundo incaico[18]. Asimismo, es destacable cómo se describe a "Viracocha Inga", comparado con uno de los grandes filósofos de la antigüedad clásica: "[...] fue blanco, y gentilhombre, de corazón, blando y afable: tuvo gran entendimiento", logrando "de la filosofía la mayor gloria, y soberanía que alcanzó Aristóteles". Es decir, no solo es "blanco" sino que es comparado con Aristóteles e igualado con su grandeza. Ahora bien, en todo momento estos emperadores aparecerán con la tacha de adorar a los "falsos dioses", en un resumen histórico que conduce al momento de la conquista en 1533, cuando los incas aparecen como "bárbaros" con la entrada en escena de Pizarro: "[...] conquistó todo el Perú, del poder de estos bárbaros, para el Rey y Emperador Don Carlos Quinto el Máximo, nuestro señor... siendo el primer monarca católico que lo asignó a la corona de Castilla".

Esta descripción pormenorizada de cada uno de los incas –ausente, como veremos, en el siguiente texto que relata el mismo acontecimiento– es un buen ejemplo de la certera apreciación de Álvarez Santaló sobre las relaciones de fiestas:

> Quienes dan por sentado que las descripciones festivas sólo contienen puras relaciones de "lo que pasó" podrán sorprenderse mucho al encontrar

17 Esta representación de los incas en las fiestas por el nacimiento de Felipe Próspero remite a la forma en la que la historia inca se representaba en Lima y en otras partes de Perú durante la época colonial por parte de los propios indígenas, tal y como ilustra el libro de Carolyn Dean, *Inca Bodies and Body of Christ* (1999). En este estudio la autora investiga los múltiples significados de la fiesta católica romana del Corpus Christi tal y como se realizaba en la ciudad andina de Cuzco después de la conquista española. En esta celebración, los participantes andinos más notables fueron aquellos que aparecían disfrazados como los vencidos reyes incas del pasado pagano del Perú.

18 Véase al respecto el libro de Santiago Sebastián, 1992, en concreto el capítulo III: "La imagen del indio bajo la influencia de los modelos clásicos".

intercaladas digresiones, a veces muy extensas, con panegíricos y críticas específicas, que constituyen, como veremos, verdaderos fragmentos de discursos epidícticos (miniaturas dentro de miniaturas) con la más cuidadosa y estudiada técnica en la utilización de los *topoi* retóricos. (Álvarez Santaló, 2001, 57)

Así las cosas, el hecho de no poder pintar la fiesta expresado por algunos autores, como estrategia para magnificar tanta grandeza, nos conduce a la idea de la relación de la fiesta como texto que, en el fondo, habitualmente va mucho más allá de esa pintura, en tanto que el autor la amplifica con esas digresiones que resultan ser sustanciales para observar al sujeto escritural en toda su dimensión, es decir, para conocer el pensamiento más profundo sobre la historia de la ciudad, del Perú y del Nuevo Mundo que queda tras la mera copia de la fiesta. Esta, interesante en sí misma, se ve así amplificada, profundizada, redimensionada cuando es pasada por el tamiz mental y escritural del relator.

Detrás de los incas sucede una carroza en representación del sol, que sirve de bisagra para iniciar la nueva genealogía que encontramos en el texto, con la aparición de Carlos V (el rey del imperio en cuyas fronteras nunca se ponía el sol), de modo que el mensaje de continuidad dinástica tiene una trabazón perfecta en el desfile y sirve para enaltecer el periodo incaico como etapa previa necesaria a la llegada de los españoles y el cristianismo, o sea, como etapa equivalente a la antigua gentilidad griega y romana, en la línea providencialista planteada por el Inca Garcilaso de la Vega en sus *Comentarios reales*. Con Carlos V comienza el desfile de los Austrias, por orden cronológico de reinado, empezando por "Don Felipe primero de este nombre en el Perú, y segundo en Castilla" y así sucesivamente, Felipe II, III y IV de Castilla, con referencias al descubrimiento de América desde la perspectiva del providencialismo mesiánico: América descubierta por la divinidad encarnada en los españoles para bien de "tan fieras, bárbaras, e incultas lenguas, y naciones (que tantos siglos adoraron al demonio) reducidas a la luz del evangelio, y a la Iglesia", con el fin último de hacer "resonar las voces del evangelio, hasta los últimos fines de la tierra", y que "conozcan, que no sin causa, el León de España, trae el Cordero de Austria en el pecho, sino para mostrar al mundo que si tiene las garras de león, para enemigos de la fe católica, tiene también entrañas de cordero para todos sus reinos, y vasallos".

Esta sucesión de genealogías sirve para plasmar la idea de la *traslatio imperii*, el traslado del poder de los incas a los españoles de forma legítima, así como la idea de continuidad de la monarquía que está en la base misma de la fiesta por el nacimiento del Felipe Próspero, y a la postre para presentar una descendencia imperial que mostraba en las calles de la Ciudad de los Reyes el mantenimiento del dominio universal, ya maltrecho en el momento de la fiesta[19].

Ahora bien, de la presentación mitificadora del imperio incaico Ojeda pasará, como vamos a ver en el siguiente apartado, a la arquetípica visión deshumanizadora del indígena americano –fiero, bárbaro, inculto–, que permite la plena justificación de la conquista. Construye su autor con ello una visión dual del indígena americano que, recordemos, había tenido en *La Araucana* de Alonso de Ercilla el ejemplo principal, si bien en este caso nos encontramos ante un dualismo en diacronía: la dinastía incaica del pasado enfrentada al indígena de un presente que nos sitúa en plena Colonia, pauperizado y despojado de toda su grandeza. Ercilla, sin embargo, había creado una visión dual que basculaba entre el araucano heroico y el bárbaro fiero en la sincronía del momento de la conquista, y que alternaba también con la imagen del buen salvaje que, como veremos, estará presente en el texto de Ojeda.

En todo caso, conviene remarcar la diferencia que este texto implica con respecto a la puesta en escena de una genealogía ilustre de mandatarios, en comparación con el texto de Carvajal y Robles, puesto que en la relación de Ojeda se hace desfilar a todos los reyes incas seguidos de los españoles, incorporando de este modo al Incario de forma contundente y visible en la sucesión dinástica. Una incorporación que veremos repetirse en textos del siglo XVIII y que permitía a los organizadores dotar al Perú de un origen mítico, que redundara en el engrandecimiento del virreinato. Sin embargo, en los textos de Carvajal y el

---

19 Como explica Víctor Mínguez, esta representación de los incas y su continuidad dinástica con los reyes hispanos será habitual en el siglo XVIII también en la pintura: "[...] en el Virreinato del Perú asistimos en el siglo XVIII a una reivindicación plástica de la realeza prehispánica, por medio, en este caso, de las series dinásticas de los reyes incas pintadas por manos anónimas y conservadas principalmente en colecciones privadas y templos de toda Sudamérica. En ellas contemplamos cómo las efigies de los emperadores indios enlazan sin ruptura con los monarcas hispanos" (2021, 115).

dedicado a Carlos II que se analizará más adelante, tal idea de sucesión de reyes, de los incas a los españoles, es inexistente, y se limita a los Austrias. Tan solo aparece en tales casos un indígena anónimo o el inca alegorizando al Perú en las fiestas, cuya funcionalidad se circunscribe a la aquiescencia con el nuevo poder y, por ende, a la solidificación del sojuzgamiento en el nuevo orden colonial.

7. El carro que "significaba el Perú"

Siguiendo el recorrido por el texto, en la fiesta de los pintores, tras los clásicos carros que representan los cuatro elementos (agua, tierra, aire y fuego) y el desfile de los incas en la "máscara", aparece el denominado, significativamente, "Carro del Perú".

Las líneas que dan comienzo a este apartado subrayan, nuevamente, la idea de la "significación" de los elementos de la fiesta, y por tanto su carácter alegórico: "Seguíase detrás un carro, que significaba el Perú". La escena es profundamente relevante y representativa de la configuración letrada del mensaje político. Así pues, portando "las armas de esta ciudad", el carro se describe en sus partes llevando un cerro grande, dividido en dos: uno significando Potosí (y por tanto la riqueza del Perú) y el otro la imperial ciudad de Lima, con un hermoso león representando "al Rey nuestro Señor, a los pies del cual venía el monte Atlante, cuya cima ocupaba un hombre robusto". Este cargaba sobre sus hombros la esfera celeste, en imitación del "infatigable Señor Emperador Carlos Quinto", situado en posición de entregar el mundo a Felipe II. Con ello, la escena previa de Colón entregando el mundo a Carlos V se reedita y apunta de nuevo a la idea de continuidad de la monarquía católica universal. En el siguiente capítulo, al analizar la descripción de este mismo carro por parte de Salas y Valdés, nos detendremos en la interpretación de Périssat sobre la relevancia de este carro y la significación de las referencias a la tradición greco-latina en dicho texto. Por ahora, constatemos que el carro que representa al Perú lanzaba el mensaje de ofrenda –que estamos subrayando desde el análisis del texto de Carvajal y Robles– a los concurrentes a la fiesta, pues en él Potosí es el símbolo de las riquezas del Perú que se ofrecen a Carlos V.

Sobre este sentido de ofrenda, entrados ya en la segunda mitad del siglo XVII, hay que tener en cuenta, siguiendo la explicación de Périssat

(2007), que tal sentido estaría basado en la necesidad de reemplazar la idea del Perú necesitado de evangelización por la de su potencial económico para defender la cristiandad, y por tanto sería una estrategia para la reivindicación de su centralidad, aunque sus míticas riquezas fueran menguando hacia la segunda mitad del siglo XVII:

> Ces images sont intéressantes en ce sens qu'elles traduisent le désir des créoles de compenser l'impossibilité dans laquelle se trouvait le Pérou d'engager militairement ses hommes dans les guerres espagnoles, par l'offrande de ses richesses minières. Par ailleurs, ces représentations offrent l'image d'une nature américaine bienfaitrice, bénie des dieux, au sous-sol inestimable, une nature qui trouve sa place dans son sacrifice, participe à la grandeur de la Couronne et prouve ainsi sa loyauté. Le désir d'exaltation de la terre américaine est donc évident, d'autant plus que ces représentations iconographiques s'accompagnent de la volonté de rompre avec l'image d'une terre à évangéliser. Le Pérou ne doit plus être vu comme une terre où s'applique l'évangélisation, mais comme une terre qui a une fonction économique fondamentale dans la politique de défense de la Chrétienté. Remarquons cependant que ces images ne correspondent pas à la situation historique du Pérou. Les campagnes d'extirpation de l'idolâtrie se poursuivent pendant tout le XVIIe siècle contre les Indiens de la région de Lima et, par ailleurs, depuis la deuxième décennie du XVIIe siècle, les mines du Pérou ont cessé de tenir un rôle fondamental dans l'enrichissement des caisses royales, progressivement remplacées par les richesses mexicaines. Mais la fête est un moment privilégié où peuvent se concrétiser et être visualisées des notions créolistes "politiques". (Périssat, 2007, en línea)

Resta en el desfile una tercera genealogía, fundamental para que estén todas las partes representadas: todos y cada uno de los virreyes que tuvo el Perú hasta el momento. El desfile de los virreyes, que sigue al de los reyes y a su vez al de los incas, termina de reforzar la idea de sucesión dinástica y de dominio sobre los virreinatos (Rodríguez, 2016, 102), así como la defensa de la identidad de una hispanidad americana de la que vamos viendo trazas cada vez más definidas a lo largo de los textos. Con este desfile el texto prosigue el repaso completo a la historia iniciada antes con los incas, aportando ahora datos sobre la procedencia de cada uno de los virreyes, así como sobre las obras acometidas durante sus respectivos mandatos, descritas nuevamente con el orgullo de quien está fortaleciendo el sentimiento de pertenencia a la ciudad, a pesar de ser un sevillano desplazado a Lima.

Tras el carro del Perú aparece el carro en que iba el homenajeado, es decir, una simulación del príncipe (un niño sentado en un trono), que representa la fusión del poder político y religioso a través de las pinturas y jeroglifos y la alegoría de la Fe: una "urna, en que iba una figura, que era la Fe… con sus insignias, cruz, cáliz, y tiara". El niño de cuatro años aparece con las armas reales, flanqueado por "dos ángeles parados, ricamente vestidos, que significaban la Justicia, y fortaleza". Se reitera a continuación la imagen del poder universal de la monarquía: "[…] sobre el pedestal una urna de arquitectura, con una figura esférica, que representaba el mundo de cuatro varas de diámetro, y sobre esta, una corona imperial de oro", así como un estandarte con las armas del emperador. Tres niños, representando a las artes de la arquitectura, la pintura y la escultura, van hincados de rodillas "mirando a su Alteza, y con un hombro, sustentando el Mundo", y ofreciendo al príncipe sus instrumentos de trabajo. Este mundo "estaba delineado en cuatro partes", encarnadas por otros niños vestidos a la usanza de las cuatro partes del mundo, al modo de la alegoría clásica: Asia, Europa, África y América, todos festejando al nuevo príncipe y rindiéndole pleitesía. Desde este carro se lanzaba así un mensaje de paz y prosperidad y de dominio universal (Rodríguez, 2016, 94). El carro da vuelta a la plaza durante tres horas causando gran admiración por "tan grande fábrica" y la fiesta con toros da fin a la función.

La relación de la fiesta de los "dueños de Panadería, Gorreros Plateros y otros gremios agregados" sucede a continuación en el volumen de Ojeda. Y contiene una representación esencial para la interpretación del texto: un "Carro que representaba este nuevo mundo peruano". A los elementos habituales de la fiesta, esta añade la "Entrada del festejo Real", para escenificar el capítulo sobre la conquista del Perú, a través de galeras y carros, lógicamente protagonizado por "Don Francisco Pizarro, en traje militar", "armado de punta en blanco", "significando la entrada en este Reino, y conquista de él". Por ello a continuación aparecerá dicho "carro que representaba este *nuevo* mundo peruano", es decir, el posterior a la conquista. Ojeda describe este carro con forma de ave, decorado con "plumas naturales de variedad de colores", y con gran protagonismo de la plata en su confección general. El carro tiene unas columnas sobre las cuales hay "una corona imperial" y "una cartela en la parte posterior" con estos versos: "Las columnas coronadas / señal de aqueste hemisferio / estaban siempre a tu Imperio / tan firmes como postradas". Nueva metáfora de orgullo americano ambivalente, firme y a la vez postrado. En medio de las columnas "se fingieron unas olas de algodón" y sobre ellas un navío de plata –un nuevo carro– que porta las armas de Castilla y todo lujo de detalles. Es este carro el que presenta una especial significación en este texto, pues más adelante Ojeda llega en su prolija descripción a su punto central, cuando aparece, sobre un cojín "sentado un inga":

> Iba vestido, con camigeta [sic] y calzón de tela carmesí, bordado todo de diamantes y boquinganas[20] de lo mismo, y guarnecido de puntas de oro de Milán al aire, que su valor era veinte mil pesos. Por tusón pendiente del cuello un grifo, del tamaño de cuatro dedos, siendo el cuerpo de una esmeralda, y la cabeza, y pies de oro esmaltado, en los brazos que llevaba descubiertos, de la sangradera abajo, llevaba a trechos, brazaletes de perlas gruesas, y otros de corales hasta las manos, no llevaba cetro en la mano, por significar la prisión de Atahualpa, Emperador que fue de este nuevo mundo, a quien prendió don Francisco Pizarro el año 533 en la batalla que tuvo con él en Cajamarca.

La aparición del inca en este carro que representa el nuevo mundo peruano va ligada así al capítulo histórico de Cajamarca, que daría nacimiento a dicho mundo. Y sigue la descripción: "En la cabeza llevaba un llauto de plata redondo, que la ceñía, que significaba la corona imperial que ellos usaban, toda llena de diamantes, y en la medianía de la frente, una María también de ellos, y en lo superior de ella, tres plumas de oro, que servían de penachos". A los lados lo acompañan dos "muchachos indios", "ricamente vestidos en su traje".

La imagen por tanto es la del inca engalanado en el carro que, recordemos, tiene forma de pájaro, en cuya proa aparece a continuación, de nuevo, "el opulento cerro de Potosí", "con todas sus vetas y socavones, señalados con fajas de plata para sustentar a su Rey, y Monarca, y para

---

20 Peruanismo: cintillo, collar o adorno de pedrería. Véase Vargas Ugarte, 1946 (157).

que mejor se vea, diga Potosí lo que ha dado en 115 años, que hace este de 1660 que se descubrió, por aquel indio guanca de Jauja"[21]. Ojeda nos sitúa así en la perspectiva temporal de esta fiesta, celebrada pasado un siglo desde el inicio de la explotación del cerro, que aparece en el mismo carro en el que va el inca, significando con ello que las riquezas del Perú son suyas y se las ofrece a España. De este modo Perú se configura como la mejor de las colonias. Un proceso histórico que Ojeda relata a través de la tópica visión de la conquista marcada por la divina providencia y por la crucial ecuación entre objetivo económico y finalidad religiosa: "Guanca de Jauja, que avisó a su amo Villarroel, haciéndose el primer registro, y manifestación de sus minas a veintiún días del mes de abril del año de 1545, ordenándolo así la divina providencia, para felicidad de España". De modo que el destino del descubrimiento de las minas de Potosí es España y, una vez más, la religión tiene la función de justificar la explotación minera y humana. El cerro aparece coronado por una cruz valiosísima, a la que acompañan estos versos:

El Perú soy, y este día
al gran Príncipe, que adora
le ofrece lo que atesora
mi cuerpo la platería:
sin duda en el alegría
vence a todas esta grey.
Pues con grande afecto y ley
puede dar más que ninguna,
pues veis que cuando se aúna
le ofrece un Perú a su Rey.

Nuevamente vemos reiterada la ofrenda, que se convierte progresivamente en un tópico principal de las relaciones de fiestas en Lima, y que refuerza la idea de construcción de la mejor colonia para el imperio, ligada al criollismo. Así, hermosura, riqueza y religión se ensalzan al máximo para describir este carro con el fin de encarecer "la opulencia

---

21 Huancas: grupo étnico preincaico del Valle del Mantaro que apoyó la empresa de la conquista.

de este nuevo mundo, y provincias poderosas de él". Entre estas últimas sobresale el Perú, cuyas minas "conceden liberales lo que la tierra en sus entrañas oculta", palabras que veremos repetirse en otras relaciones de fiestas hacia finales del siglo XVIII.

En suma, el Perú y toda su riqueza se representa en este carro ligado a los incas y sus riquezas, las cuales, pasado siglo y medio de la conquista, seguían siendo presentadas como el gran tesoro que solo los incas, sus descendientes, podían ofrecer al rey. Para ello, el sudor de los indios, su tremendo sacrificio, sería el capital que se ofrece al monarca, y por este motivo esta sección del texto concluye rematando la descripción del opulento carro del inca como sigue: "Y porque la oposición creciese con la variedad, la estimación de los objetos, a este precioso aliño, de piedras y metales, siguió también el precioso desaliño de riscos y peñas, dando a entender que no está menos admirable oculta la riqueza bruta, que arrancada a la prolija experiencia de crisoles, y buriles".

8. El final de la fiesta: la propaganda imperial, los "pobres indios" y "el buen salvaje"

Siguen los carros que "significaban" Portugal ("quizá para mostrar que, a pesar de que ya estaba perdido, no renunciarían a él, puesto que un águila con corona imperial agarraba un orbe y aludía a que el reino nunca escaparía a las garras del ave", apunta Inmaculada Rodríguez, 2016, 103), Reino de Granada, Aragón, Jerusalén (carro en el que aparece un turco arrodillado frente al príncipe, en señal de sumisión), el Reino de León, el Reino de Castilla (en que iba el príncipe), previo este último al "Carro en que iba el Rey nuestro señor Don Felipe IV. El grande", padre del príncipe festejado, representado en un retrato, como viva imagen del "rey ausente". Tal retrato se acompaña de un simulacro "del príncipe sentado en el trono, al que se le ofrecía un árbol cuajado de piezas de plata, sin duda en alusión a la riqueza del virreinato por las minas del Potosí" (Rodríguez, 2016, 103). Los versos que cierran el carro del reino son especialmente significativos: "Castilla soy de púrpura vestida / porque un Príncipe Augusto me corona / ríndome a su poder, pues me ocasiona / ser la reina del orbe esclarecida".

El relato sobre el carro que porta a Felipe IV en un retrato hace explícita la vocación del "engaño a los ojos" propia del Barroco: "[...] no se contentó con que fuese parecido, sino que juzgaban estar con alma". Con toros "cesó la fiesta, con que se dieron fin a todas las de españoles, cerrándolas los plateros", si bien el volumen concluye con el "Festejo que hicieron los indios", intensamente significativo por el gasto que hicieron para festejar al príncipe:

> No faltaron al festejo de nuestro Príncipe, los indios de esta ciudad por el amor tan grande que tienen al Rey nuestro señor Felipe cuarto el Grande, manifestándolo en esta ocasión, con la fiesta que hicieron, no digo que fue de las mayores, empero diré, que igualó en la suntuosidad de galas, joyas, y cadenas, y demás aparatos, con la que más relevante pareciere en este escrito, pues solo el gasto de que salieron vestidos en sus trajes, monto más de 14 mil pesos, por ser más de 500 los que salieron a la plaza.

La relación continúa en estas líneas en las que la hipérbole aparece también para dejar constancia de la reverencia y obediencia o vasallaje de los indígenas a la autoridad española que se reitera en las relaciones de fiestas. En las siguientes líneas se remacha la aceptación agradecida, y sin ningún tipo de fisuras, a tal autoridad, expresada hiperbólicamente como el amor que los indígenas profesan al monarca. El tono paternalista ante "los pobres indios" en las líneas sucesivas reaparece para mostrar, de nuevo, al tópico del "buen salvaje" que parte de los textos de Colón y la conquista:

> Vuélvome a estos *pobres indios*, y digo que es tan recíproco el amor que tienen que les abrasa el corazón, tanto, que pondrán por él sus vidas, por conocer que vuestra majestad es el Hércules cristiano, y verdadero, en cuyos hombros estriba el peso de esta república, y defensa de ellos, y el punto de su mayor reputación y crédito, como es el confesar y mantener en justicia y religión católica, innumerables pueblos, grandes reinos, ricas y opulentísimas provincias, de este Mundo nuevo, habitado de infinitas gentes *miserables, inocentes, descuidadas, desnudas, flacas, desarmadas, y medrosas, sin arte, ni alguna práctica. Las más humildes, dóciles, fáciles, tratables, sencillas, simples, quietas, obedientes, fieles, reconocidas y gratas gentes* ... Que tan fácilmente se redujeron a nuestra santa ley, y *recibieron el bautismo, franqueando sus tesoros, minas, tierras y ganados, al servicio de V. Majestad*, y toda España. (La cursiva es mía)

Merece la pena señalar las aparentes contradicciones y ambigüedades del texto recordando que, si con anterioridad los quipus han sido equiparados a la escritura, ahora se presenta a unos indígenas "sin arte, ni alguna práctica", absolutamente indefensos e ignorantes. De todo ello bien podemos inferir que el Incario se estaba enalteciendo como mecanismo que potenciaba la mitificación del Nuevo Mundo, mientras que los indios reales del momento histórico se presentaban como súbditos y según la tipología del "buen salvaje" que interesaba para el mismo efecto mitificador, en tanto que se presentaban como la mano de obra necesaria e idónea para el engrandecimiento del imperio. Reforzando esta visión, el texto contiene también el enaltecimiento de la bondad de las Leyes de Indias para con el indio americano, amén de los parabienes de la conquista y evangelización:

> [...] y así estos pobres Indios, conocen a V. Majestad por su *Non plus ultra*, por epílogo y centro, donde amparado, y se juntan todas estas líneas, y virtudes de oro, que salieron de la circunferencia y corona de Castilla[...]... e infinitas cédulas, y leyes que defienden y amparan a los indios, y las traen sus cronistas, para consuelo suyo ... Es cosa clara, que en ninguna de las tres partes del orbe, se ha practicado con mayor admiración, y gloria, que en estas Indias. Como descubren y pregonan tantas, *tan fieras, bárbaras, incultas lenguas, y naciones (que tantos siglos adoraron al demonio)* y en amparo de la Iglesia, y aumento seguro de ambos, vaya, venza, y triunfe muchos años. (La cursiva es mía)

Concluye el texto, nuevamente, con la exaltación de Lima en aras de la glorificación de la corona de Castilla frente a todos sus enemigos: "Y tú dulce Lima, patria común de todas las naciones [...] vive para la corona de Castilla, para nuestro Príncipe, y sucesores. Vive para rebenque del Turco. Para envidia del Moro. Para Temblor de Flandes. Terror de Inglaterra, y exaltación de la Fe Católica, envidia de otras naciones, y gloria la nuestra". Es decir, el autor exhorta a Lima –ciudad que congrega a diversas naciones, incluida la india– para que todo su objetivo sea servir a la corona y a sus mandatarios, es más, para que sirva como una especie de joya de la corona que refulja frente al enemigo histórico musulmán y al adversario de Flandes e Inglaterra y, al fin, para gloria de la monarquía hispánica en el orbe.

Concluyamos que este panegírico de la monarquía católica desde la capital virreinal es denominador común en las relaciones de fiestas americanas, y en este texto tiene un momento principal en lo referente a la idea de continuidad imperial, construida con un lenguaje visual, simbólico y alegórico que dejaba entrever el orgullo de los criollos que participaban en la fiesta (algunos, nietos de los conquistadores) por pertenecer a esa cuarta parte del mundo surgida como tierra prometida o Paraíso terrenal. Al tiempo, las relaciones reflejaban las grietas por las que las contradicciones sobre la visión del mundo incaico se infiltraban. Ellas son muestra palmaria de la relevancia de estos textos que querían captar para la posteridad la realidad de los hechos en tanto que *relatio* de los mismos, y que en ese proceso introdujeron su pensamiento, determinado por su identidad o posición social.

Con todo ello, vamos comprobando cómo estos textos se erigen en complemento esencial de las obras estrictamente literarias para el estudio del inagotable panorama social, cultural, literario e histórico de los virreinatos americanos, como documentos que absorbían la vida y al tiempo volcaban, en la voz del relator, las tensiones y problemáticas de la sociedad colonial y su relación con la metrópoli, generadas por un sistema de dominación y explotación que afectaba a la interacción entre los diversos sectores étnicos de la sociedad. Las fiestas, en suma, consagraban, sancionaban y fortificaban dicho sistema. Y sus relatores, al fin, elevaron exponencialmente la complejidad de dichos procesos al decidir "copiarlas" a través de la escritura e ir más allá, o sea, al trascender la copia con la plasmación del pensamiento sobre lo relatado.

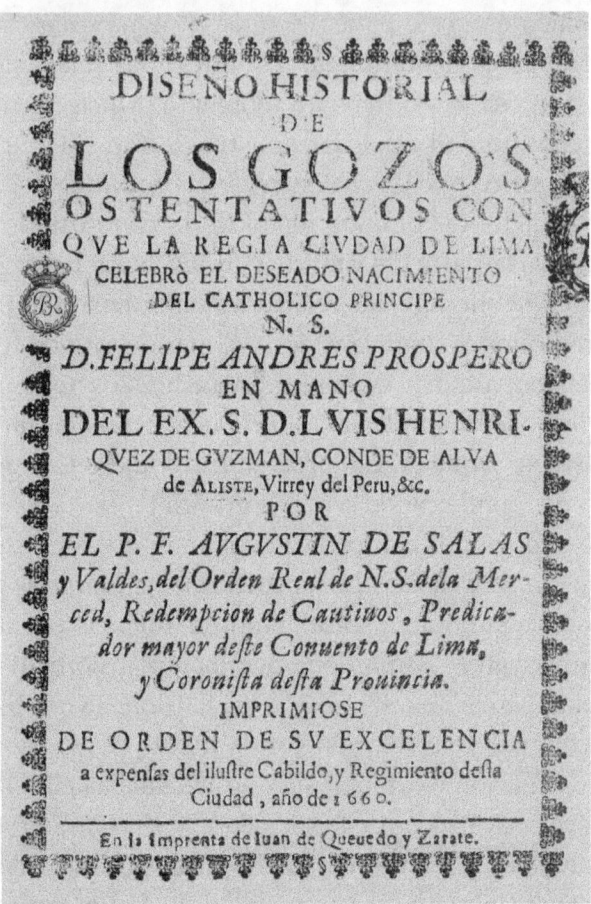

Figure 1.3. Portada de Agustín de Salas y Valdés, *Diseño historial de los gozos ostentativos con que la regia ciudad de Lima celebró el deseado nacimiento del católico Príncipe N. S. Don Felipe Andrés Próspero...* (1660).

Los gozos ostentativos de Lima en la relación de Agustín de Salas y Valdés (1660)

1. Introducción al texto

Sobre el mismo acontecimiento festejado en el texto anterior encontramos la relación titulada: *Diseño historial de los gozos ostentativos con que la regia ciudad de Lima celebró el deseado nacimiento del católico Príncipe N. S. Don Felipe Andrés Próspero en mano del Ex. S. D. Luis Henríquez de*

Guzmán, Conde de Alva de Aliste, Virrey del Perú. Por el P. F. *Agustín de Salas y Valdés, del Orden Real de N. S. de la Merced, Redención de Cautivos, Predicador mayor de este Convento de Lima y Cronista de esta Provincia. Imprimiose de orden de su excelencia, a expensas del ilustre Cabildo, y Regimiento de esta Ciudad, año de 1660.* En la Imprenta de Juan de Quevedo y Zárate. Un ejemplar del texto se encuentra, como el de Ojeda, en la Biblioteca Nacional de España, que utilizo para la citación[22].

Se trata de una relación encargada por el virrey a Agustín de Salas y Valdés, quien, como hemos visto en el título de la cubierta, fue otro miembro de la "ciudad letrada", cronista de la corte y predicador en el Convento de Lima. Ocupa ciento veinte folios y se estructura como sigue: las aprobaciones, el soneto introductorio de don Francisco de Avendaño Figueroa, el romance dedicado al virrey, el conde de Alva, por don Eugenio del Castillo de Herrera, "Procurador general de esta Ciudad de los Reyes", otro soneto del mismo dedicado al autor, la dedicatoria al rey con la explicación del motivo de las fiestas en su honor y la relación propiamente dicha, estructurada en el relato de lo acontecido en el primer y segundo día, seguido de las fiestas de los gremios que hemos recorrido en la relación anterior –la de Ojeda– dedicada a la misma fiesta.

Hay que tener presente, en la aprobación de Juan de Montalvo, la reflexión explícita sobre la calidad literaria de esta relación, que pone en evidencia los límites del género y su definición con respecto a la literatura propiamente dicha: "[...] por este título demás se le debe la imprenta; para que los que se pican de escritores imiten (si pudieren) esta relación, o se retiren modestos, no hallándose bastantes a su imitación" [prólogo sin foliación]. Con estas líneas, su autor encumbra este texto por su calidad literaria, afirmando con ello el componente estético del mismo como mérito indiscutible.

2. Lima, Heliópolis de América

La relación comienza con una reflexión sobre la dependencia de los reinos con respecto a sus monarcas, tema que se reitera a lo largo del texto,

---

22 Cito el ejemplar que se encuentra en la Biblioteca Nacional de España: BNE DGMI-CRO/1216 / Reproducción de 3/25666. En este caso, la obra no se encuentra en la Biblioteca Digital Hispánica.

por ejemplo en el folio 50 v: "Bien sabe el entendido, que los Reinos, y Provincias están persuadidos a que sus prosperidades, o desgracias, y aun los casos fortuitos, les provienen del buen o mal proceder de los que los gobiernan". Sigue la alusión al Imperio español como garante de la felicidad de América, y en este caso del Perú, cifrado en "este clima antártico" y presidido por "esta regia ciudad".

El protagonismo de la ciudad viene destacado desde los mismos títulos con que se subdivide la relación, así, por ejemplo: "Segundo día de las fiestas de la ciudad" [fol. 18 r]. El primer folio ya contiene la consabida mitificación de Lima, "que en sus riquezas, como corazón de preciosa sangre, envía espíritus vitales a todo el cuerpo del mundo", líneas con las que la capital es situada como ese *axis mundi* planteado por Mazzotti en su *Lima fundida* en su reflexión sobre los textos de Peralta y Barnuevo (158). Una ciudad que recibe la nueva del nacimiento del príncipe desde Buenos Aires, en carta de su gobernador, y más tarde en carta desde España, que llega felizmente a este "reino", y en concreto "a su corazón (a Lima digo)", concretando así la importancia de Lima como centro vital del Perú. Tras la gran noticia, el texto enfoca la alegría en los espacios urbanos: las "galerías que coronan la plaza", la catedral, "las calles y plazas en torrente orgulloso" [fol. 2 r], y el primer recorrido del séquito festejante discurre por toda la ciudad hasta el "sitio que goza de los términos urbanos, y de la libertad del campo" [fol. 3 r]. Es decir, una fiesta que dibuja en sus recorridos el plano de la ciudad hasta sus extramuros.

Por otra parte, de nuevo la fiesta transforma el espacio urbano, mutación que se refleja en el texto en expresiones como las "luces que se apoderaron de la ciudad" [fol. 3 r], o con la identificación de la urbe con "tan copioso teatro" [fol. 6 r], con "los balcones y tablados en toda la plaza" [fol. 15 r], o en la aparición de "la rica selva, y preciosa arboleda de los huertos Hespérides" [fol. 15 v]; dato este último relevante pues recordemos que el país de las Hespérides, en la tradición legendaria, se ubicaba a los pies del monte Atlas que veremos más tarde en el texto, como lo hemos visto en el de Ojeda. Otros espacios urbanos van apareciendo progresivamente en el texto, por ejemplo "el campo más autorizado de la plaza, el cuarto que se comparte con la fuente, las casas del Cabildo y Palacio" [fol. 30 r]. Todo ello descrito con un tono de exaltación citadina y de sus moradores y a través del tópico del engaño a los ojos del arte Barroco, que se explicita en el texto: "Que no sin muchos votos pudiera competir con la verdad de lo natural la mentira de la imitación" [fol. 26 r], o "ayuda a esta mentira de los ojos la fábrica del primero, que con no ser el mayor cuidado de la arquitectura representaba en lo exterior un breve cenador de flores, porque en las cuatro frentes se levantaban unas celosías enrejadas de toda la copia de Vertumno, y de Pomona..." [fol. 25 v].

Estos últimos personajes vuelven a introducir la nota mitológica, que en este texto es especialmente destacable y significativa, como veremos. La elección de estas figuras mitológicas para la decoración de la arquitectura efímera no es baladí, pues recordemos que Pomona es la diosa de la fruta y de los árboles frutales, y Vertumno representa la imagen del perfecto segador, protagonistas los dos de una historia de amor de las *Metamorfosis* de Ovidio, y de un conocido cuadro de Rubens titulado "Vertumno y Pomona", fechado en 1636–1637, o sea, solo unas pocas décadas antes de la fiesta que relata Salas y Valdés. Esta representación mitológica, trasladada al escenario limeño, venía a exaltar la fertilidad de América y los valores del campo, que tanta relevancia tendrían en la literatura hispanoamericana con el transcurrir de los siglos hasta llegar al momento emancipador, con la figura de Andrés Bello como autor central en la poetización de las bondades del campo y la agricultura.

Como viene siendo habitual, la ciudad es equiparada a lo largo de todo el texto con Roma, así por ejemplo en este comienzo de la relación en los folios 5 y 7; una equiparación que se refuerza con las alusiones continuas a grandes figuras del pasado grecorromano, como por ejemplo, en esta primera parte del texto, Demócrito y Anaxágoras [fol. 6 v], o más adelante Alejandro Magno [fol. 51 v], figuras de la mitología clásica como Teseo [fol. 17 r] y Proteo [fol. 36 v], o bien a autores como Heliodoro de Grecia [fol. 32 v] o Boecio [fol. 50 v]. Las vueltas de los carros, que ya hemos visto descritos en el texto anterior, nos conducen de nuevo por los espacios citadinos, con la plaza mayor, identificada como "la más feliz Arcadia" [fol. 9 r] y el Palacio como centros cardinales de la capital virreinal. Esta mitificación tiene un momento principal en este mismo folio, cuando la equiparación se ensancha hacia "Heliópolis, ciudad del Sol" [fol. 9 r], escenario cuya magnificencia coadyuva a la del virrey, que hará entrada en tal espacio único, como lo harán también todos los caballeros que participan en el desfile y cuyas galas son prolijamente descritas por Salas y Valdés. Fijémonos, además, en que el autor, en determinados momentos del texto, vincula esa grandeza, de forma explícita, con la "harmonía criolla" [fol. 25 v], de modo que toda la exaltación de la ciudad propende finalmente a ese objetivo de orgullo identitario que preside el texto.

El paralelismo con Roma se produce a lo largo de toda la relación, en detalles como la identificación del príncipe con el César: "Hacía reverencial y augusta toda esta disposición un retrato cesáreo de nuestro príncipe" [fol. 26 r], la "cesárea alteza" [fol. 51 r], "los Césares austríacos" [fol. 51 r], o la comparación con los lugares de celebración de la antigua Roma, "que no celebraron los anfiteatros romanos temeridad más digna de sus triunfales honras" [fol. 29 r]. Pero tal paralelismo tiene un momento de especial relevancia cuando se va a dar paso a la descripción pormenorizada de las corridas de toros, mucho más extensa que en la relación anterior, y se identifica la plaza con el circo [fol. 14 v], y más adelante a los toreros con gladiadores: "Así se sucedía, porque de aquí y de allí ciega la indignación de los gladiadores, lo estimulaba, ocultando los cuchillos en las señas de paz de los lenzuelos" [fol. 32 v].

El efecto glorificador de la ciudad se realiza también a través de su paralelismo con Madrid: "Ya pues entrado en la plaza en esta forma su Excelencia, se conmovió el afecto y gusto de la ciudad, epilogada en el circo, con tan alborozado orgullo, como si de improviso se viese trasladada en Madrid, o le hubiesen traído la plaza de Madrid a Lima" [fol. 14 v]. El texto sigue utilizando así el principal mecanismo mitificador de América: la comparación, e igualación, con el Viejo Mundo para la descripción de los elementos y acontecimientos de las Indias.

3. *Gente de extraño reino: las ofrendas del Perú*

El sentido de ofrenda que se asienta como contenido fundamental de las relaciones de fiestas, en lo que atañe a la participación indígena en las mismas, también aparece en esta relación con un carácter protagónico, como en la anterior de Diego de Ojeda. Claro está, el acontecimiento relatado es el mismo, pero interesa precisamente observar los diferentes modos en que se desarrolla cada relato y las disquisiciones de los autores.

El texto da entrada a la ofrenda cuando Salas y Valdés señala el capital principal del Perú, que no son solo sus minerales sino, también, los ingenios, "que es el nervio más robusto de la armazón de este Reino" [fol. 35 r]. Comienza así la reivindicación criollista que se está desplegando paulatinamente en los textos analizados. En lo relativo a los minerales, ejemplifica la riqueza en el cerro de Potosí, cuya explotación describe Valdés con la referencia al sistema de las mitas:

> [...] para que fuese fructuoso aquel cerro convino la asignación de los indios metalarios, por turnos y mitas, que tienen despobladas hoy sus reducciones y provincias, y sobre capitular su Majestad Cesárea privilegios y exenciones con sus mineros, y azogueros se permitió levantar las paredes de sus fábricas, e ingenios abrazos, y sudor de los mismos indios [fol. 35 r].

Cifrado como el "Real Tesoro" más adelante, este se plantea de nuevo en el texto como la gran ofrenda surgida de lo más profundo del Perú, cuya sangre identifica significativamente a través de la primera persona del plural: "[...] con estar su Majestad Católica más para servido de nuestra propia sangre, que para tocarle en su real hacienda" [fol. 36 r].

Puesto que ya en la relación de Ojeda he recorrido las fiestas de los gremios que concurren a esta celebración, detengámonos en este texto en lo sustancial, que se encuentra en la fiesta de los plateros y en la de los pintores. Comencemos por la primera en el orden del texto, la de los pintores. Recordemos que en tal fiesta aparece un carro con la representación de la dinastía incaica. Este desfile va precedido de la aparición de un carro "por la esquina de la Catedral" [fol. 48 r], con "unos jardines de alegrísimas matas de yerbas y flores, que epilogaban toda la amenidad del Paraíso" [fol. 49 r]. Perú aparece representado de este modo, en la plaza de Lima, como réplica del paraíso terrenal, haciendo gala de su configuración mítica como dorado de la fábula; una imagen que se construye, precisamente, para dar entrada a los incas en la fiesta. El espacio se configura como un lugar de eterna primavera, y de nuevo se lo vincula con los grandes ríos de la mitología y la antigüedad occidental: "[…] a imitación del Tigris, el Nilo, el Fitón, y el Éufrates" [fol. 48 v]. Todo ello en el carro en cuya "popa"

> iba sentada la madre tierra con semejanza de una Matrona venerable, de cuyo seno se originaban los planteles referidos, pero toda su estatua se componía de yerbas, flores, alcachofados de ramas verdes, y raíces de que eran sus pies y manos […] tirábanle dos sierpes del tamaño de un caballo, y tan vivamente fingidas, que la certeza de que lo eran pudo no ahuyentar la gente para que se lograse la vista de tan bien trabado carro. [fol. 48 v]

América se identifica así con la tierra, con la naturaleza virgen y con la fertilidad. Después aparecen, como ya sabemos, los cuatro elementos en sus respectivos carros: el agua, el aire, el fuego y la tierra. Tras varios fragmentos de adulación a los Austrias, fundamentalmente a Carlos V y a Felipe II, el momento que nos interesa llega con la descripción de la máscara, introducida por una frase suelta en cursiva, "volvió la edad de hierro a la dorada" [fol. 52 r], que nos sitúa, ficticiamente, ante un tiempo equiparable con la Edad de Oro, a la que se refieren "las fábulas pintadas en los faldones de estos carros" [fol. 52 r]. La Edad de Oro, tradicionalmente vinculada con el tiempo incaico, aparece así como marco temporal para el desfile de los incas.

El motivo de la máscara lleva a Salas y Valdés a la reflexión sobre la necesidad del divertimento como componente esencial de la fiesta, complementario a los asuntos serios y el más dificultoso de conseguir: "[…] pasemos adelante con el orden de la máscara, que aunque tuvo tan serios principios, no se olvidó del donaire, que en estas invenciones solemniza la mayor parte de un espectáculo. Más es tan difícil empresa acertar con la risa del pueblo, que cuesta menos ingenio divertirle con lo admirable y portentoso" [fol. 52 r]. La máscara se desarrolla a continuación con letras graciosas que van pronunciando sus participantes, una parte tras la cual se regresa a lo que el autor considera materia seria de la fiesta: "Después de este tan entretenido como misterioso trecho se volvió a anudar el hilo de lo grave y que fue lo más autorizado de los pasados siglos en este Nuevo Mundo [fol. 55 v]", es decir, el pasado prehispánico, en este caso, el pasado de los incas.

El inicio de este fragmento de la fiesta pone en primer plano la perspectiva religiosa con la que Salas y Valdés presenta a los incas, salvados por los españoles de su antigua gentilidad: "Los Reyes de la gentilidad que lo poseía, hasta que la providencia soberana se dignó de desterrar de las tinieblas y sombras de la muerte, por medio del resplandor de las armas Católicas" [fol. 55 v]. El providencialismo mesiánico como base para la identificación de los incas como la antigua gentilidad, equivalente al pasado greco-romano, se afirma en esta presentación que se alinea con la interpretación de la historia realizada unas décadas antes por el Inca Garcilaso de la Vega en sus *Comentarios reales* (1609 y 1617). El relato de Salas y Valdés, que encontramos a continuación, resuelve brevemente la aparición de los mandatarios incas que comienza por Manco Cápac, como "el más antiguo" [fol. 55 v]. Conviene puntualizar que, a diferencia de Ojeda, que equiparaba los quipus a los anales del mundo occidental, Salas y Valdés los califica como los "anales bárbaros" [fol. 55 v]. No obstante, a pesar de este contraste, en términos generales la perspectiva de ambos autores coincide, pues los dos presentan a los incas como un pasado ilustre pero concluido, ya asimilado, a finales del siglo XVII, como historia antigua de un pueblo cristianizado.

Teniendo en cuenta esta cuestión fundamental para comprender el momento histórico en el que se produce esta fiesta y los textos que la describen, analicemos cómo comienza el relato del desfile por parte de Salas y Valdés. Señala el autor que los incas hicieron su aparición "con el aparato de majestad, que era costumbre en ello: venían en ricas andas a hombros de sus vasallos, sentados sobre preciosas tianas... [fol. 55 v]", o sea, sobre los asientos incas que eran el símbolo del estatus. Destacable es también la aparición, en medio de la descripción, de "otra nueva Arabia poblada de estas aves" [fol. 55 v], que genera la comparación tópica del mundo indígena con el musulmán. La descripción obedece, efectivamente, a la misma visión enaltecedora de ese pasado incaico que hemos visto en la relación de Ojeda: "[...] empuñaban cetros relucientes, traían insignias de su inclinación, conquista, suceso, y obra memorable de sus días" [fol. 55 v]. Su estirpe real viene dada también por los trajes, las insignias y, por supuesto, por el acompañamiento de vasallos: "Cincuenta indios por delante cortejaban a cada inga, vestidos a su costumbre de galas de mucho interés, y deleitosa vista" [fol. 56 r].

Justo a continuación Salas y Valdés aporta el dato más sustancial de este texto: "[...] y tanto como si fuese gente de extraño reino hallaba la admiración novedad, que la provocase; porque ya los indios en esta ciudad, ni conservan sus trajes, ni costumbres" [fol. 56 r]. Es decir, que según el autor la representación causaría extrañeza al público, incluidos los indígenas, por presentarse los antiguos mandatarios incas con vestimenta en desuso en Lima, produciéndose con ello la paradoja: lo antiguo es concebido como lo novedoso. En este sentido, y partiendo de este detalle de la relación que nos ocupa, Périssat plantea un paralelismo entre el Renacimiento europeo y el de la dinastía incaica, como pasado aceptado y concluido, cuestión sobre la que volveremos más adelante:

> El segundo punto que nos llevó a hacer esta analogía entre Renacimiento europeo y el de la dinastía inca, es la noción de distancia histórica. Vimos que al contrario de la Edad Media, el Renacimiento consideraba la Antigüedad como período histórico definitivamente terminado. Esta noción aparece en el virreinato del Perú, y sobre todo en la región de Lima, más sometida a la influencia española, a partir de la mitad del XVII. En 1659 cuando los indios tomaron parte en los regocijos por el nacimiento de Felipe Próspero o cuando el gremio de los pintores organizó una mascarada de incas, la distancia histórica era totalmente aceptada, por lo menos por parte de los criollos y españoles de Lima. La prueba es que Salas y Valdés dice que la mascarada de los pintores les ofreció a los espectadores un cuadro exquisito, "y tanto que como si fuese gente de estraño reyno hallaba la admiración novedad, que la provocase; porque ya los indios en esta ciudad, ni conservan sus trajes, ni costumbres". (2000b, 628)[23]

Tras este detalle esencial de la relación, Salas y Valdés resuelve en pocas líneas la aparición de los doce incas, marcando en este punto la diferencia con la relación de Ojeda, quien recordemos realiza una

---

23 Périssat argumenta que la aparición de la dinastía incaica en esta fiesta se produce porque en la Lima de mediados del XVII ya se habría diluido la nostalgia del pasado inca: "La aceptación de la distancia histórica procede esencialmente de la nueva percepción que tienen de los indios los criollos y los españoles, en el campo religioso. A mediados del siglo XVII, cuando tienen lugar estas dos manifestaciones festivas, la extirpación de la idolatría ya se había acabado en Lima. Los evangelizadores habían concluido que los indios de la capital eran cristianos, lo que no sucedía en todo el territorio del virreinato ni en toda la provincia. Esas condiciones religiosas permitieron que la imagen utópica propagada por Garcilaso se manifestara ante todos en las festividades dinásticas. Los españoles y los criollos estaban de acuerdo en pensar que los indios de Lima habían perdido la nostalgia del imperio inca, de sus antiguos monarcas y de su religión" (2000b, 628).

extensa descripción de cada uno de ellos: "Hasta doce fueron estos incas, mejorándose en cada uno el arreo, y aun el gusto de la vista en el que se seguía, y pudiendo sentirse parte de sus términos el primero, por el mucho divertimiento que ofrecía, este la incitaba para examinar el aliño, y riqueza del siguiente, más con cualquiera estaban vistos todos, a cuya causa excuso el singularizar su noticia" [fol. 56 r]. Con esta excusa final, el autor, que antes ha descrito con todo lujo de detalles a los españoles participantes en las fiestas y en los toros, siendo todas las descripciones semejantes unas a otras, liquida de un plumazo la descripción de cada uno de los mandatarios incas, cancelando las diferencias entre ellos. Sin embargo, a continuación dedica un extenso párrafo a la descripción del carro del Perú, situado entre los incas y la siguiente estirpe que protagoniza el desfile: como ya sabemos por el texto de Ojeda, la de los virreyes. Y aquí se encuentra otra diferencia con el texto de Ojeda, puesto que Salas y Valdés añade a la descripción del carro toda una reflexión sobre la alegoría que lo constituye y que merece atención.

Detengámonos primero en la descripción del carro, que ya hemos conocido en la versión de Ojeda, similar en contenido, pero con matices diferenciales. Así lo pormenoriza Salas y Valdés, en un fragmento que inicio en el momento principal de la descripción:

> [...] los faldones se llenaban con unas cabezas grandes de sátiros de color de bronce: colgaban de sus bocas paños de frutas y hojas, y amagaban imitar la vigilante guarda de los pomos de Hesperia. Porque en la superficie de esta fábrica se encumbraban dos montes, el uno caía a la parte de popa, y el otro a la contraria: sus faldas se extendían hasta comunicarse y confundirse. La frente del que nacía en la proa se coronaba de un gallardo penacho, que formaba un limo fértil de hojas, flores, y fruto: digno dosel variado de esmeraldas, estrellas, y soles se ofrecía este árbol a un coronado León, que sobre una alcatifa florida se recostaba a su sombra. De la cumbre del monte frontero asomaba hasta la cintura el bulto de un gigante de color terrestre, que a manifestar toda su proceridad, sería de ocho varas: apoyaban sus hombros al mundo, representado en un globo, que de diámetro tendría cuatro: levantaba los brazos en acción de asegurarle con ellos; más tenía por varias partes rotas sus principales venas, por donde pródigo de sus entrañas, como deshilando el corazón en arroyos de plata, rendía toda su riqueza a las augustas plantas del León. [fol. 56 v]

El estudio de Périssat (2000b) sobre este texto apunta la importancia de las referencias a la tradición grecolatina, señalando la analogía "común entre el Perú y el jardín de las Hespérides" y las riquezas colocadas "al pie de un gigante de tierra, el cual soporta el globo terrestre sobre sus hombros" (40). A lo que la investigadora añade que "solo puede tratarse de una imagen de Potosí-Atlas ya que las leyendas antiguas ubicaron el país de las Hespérides al pie del monte Atlas" (40). Efectivamente, sabemos por el texto de Ojeda que se trata del cerro de Potosí, identificado con el Atlas, aunque la referencia en el texto de Salas no aparezca de forma explícita. Recordemos que en la relación de Ojeda se hacía referencia a un "cerro grande, dividido en dos, que miraba el uno al grandioso Potosí" y

> del otro salía un limo grande, muy copado […] que significaba esta imperial ciudad de Lima, a cuya sombra iba recostado como descansando un león muy hermoso, coronado, con corona de oro, que representaba al rey nuestro señor: a los pies del cual venía el monte Atalante, cuya cima ocupaba un hombre robusto […] despidiendo de las venas unos caños de plata, que remataban en los pies del león, que en movimiento de sustentar un grande peso, cargaba sobre sus hombros, el de la esfera celeste.

Las dos versiones coinciden en lo sustancial en la descripción, si bien con variaciones que incluyen, en el texto de Ojeda, esa referencia explícita al Potosí que Salas y Valdés deja sugerida. Lo sustancial de ambas descripciones lo es también en su interpretación, ya realizada por Périssat:

> Potosí herido deja que corra su sangre para saciar al rey con sus riquezas. Notemos otra vez que ninguna mención se hace de los indios que trabajan en las minas; aquí, es la tierra la que se sacrifica. La montaña derrama su sangre en provecho del erario real, y así puede la cristiandad asegurar su tranquilidad e incluso su desarrollo; sus venas vierten a raudales su oro y su plata al pie del león real que "tan grandemente generoso los dispende en tantos exércitos, que militan por la Fé […]: y ésse es el ingenio, el modo, y valentía de establezer la firmeza del Orbe Católico, y ser el mayor esfuerzo de su arrimo". (2000a, 40)

Muy lúcida resulta también la interpretación de Périssat cuando señala la originalidad de la perspectiva de la alegoría en el texto de Salas y Valdés con respecto a las representaciones al uso del soberano y el monte Atlas; disquisición que me permite avanzar hacia esa dimensión reflexiva que Salas añade a este episodio, ausente en el texto de Ojeda:

> Lo original de esta composición estriba en que se hace descansar el globo terrestre en los hombros del gigante de tierra, el cual representa a Potosí y al Perú, y no en los del león. De ordinario, solía compararse al soberano con Atlas en acción de sostener la bóveda celeste por orden del rey de los dioses, Júpiter, ya que el monarca español era quien constituía, en las mentalidades de la época, la base y los cimientos de la cristiandad. Otras composiciones mostraban al soberano bajo los rasgos de Hércules, en acción de recibir el globo terrestre entregado por Atlas. Estas composiciones eran tradicionales y parece que se inventaron durante el reinado de Carlos V, ya que su papel de emperador hacía posible tales alegorías. La originalidad y osadía de la composición limeña es así justificada por Salas y Valdés: "Mas esto que fue apartarse de la común empressa y alegoría tuvo hondo y bien fundado dictamen: porque ¿quién duda, que todo el peso y ahogos de nuestro Monarca se originan de la ansia de socorrer las armas Católicas? [...] siendo pues ésta la mayor fatiga de nuestro Rey Piadoso, trasladarla el Perú a su filial afecto, y desentrañarse para tan justo socorro, lo mismo es que librarle de tan grave peso, y a fuer de cariñoso criado ponerlo sobre ombros proprios, con gusto de no ver oprimido los de su Dueño". (2000a, 40–41)

La conclusión de Périssat es reveladora:

> La imagen tiene pues doble sentido: mostrar al Perú como servidor leal que alivia a su señor del peso que lo oprime y que, al mismo tiempo, reivindica su papel imprescindible en la estabilidad de la monarquía española. Con esta composición alegórica, Lima, simbolizada en el árbol limero, y el Perú, simbolizado en el gigante, se arrogan el privilegio de ofrecer al soberano paz y descanso a la sombra de su envergadura. (2000a, 41)

Cabe añadir dos fragmentos más del texto que refuerzan esta conclusión de Périssat y la redondean. El primero se encuentra en la continuación de la descripción de los montes en cuya falda se haya el león recibiendo los arroyos de plata de sus entrañas:

> Nunca se vio más cruel el regocijo, pues en vez de agradecer a aquel monte la piedad de *dar fijeza al mundo* a pesar de desperdicios de su propia vida (que consiste en el estimable jugo de las venas) se deleitaban los ojos de su fatiga y

aplaudían el liquidarse en raudales tersos, y preciosos hilos, que argentando el aire corrían de monte a monte, o a tejerle más rica alfombra, o aprisionar de riquezas al severo Monarca de las selvas. [fol. 56 v y 57 r] (La cursiva es mía)

Fijémonos en la configuración simbólica del Perú, representado en el cerro de Potosí, que no solo ofrece prosperidad al soberano, y por tanto a España, sino que da "fijeza al mundo". Su protagonismo como *axis mundi* tiene en este texto una expresión rotunda, desarrollada en clave de sumo sacrificio, llevado al extremo del deleite en el mismo ("se deleitaban los ojos de su fatiga") y de ese aplauso que, a la postre, lo es a una paradójica heroicidad. Esta se encuentra expresada en otro momento clave de esta parte de la relación, cuando se alude al "fecundo tributar estas Indias sus tesoros a las Reales plantas, de quien tan grandemente generoso los dispende en tantos ejércitos, que militan por la Fe [...] que celan la justicia y paz de los vasallos: y ese es el ingenio, el modo, y valentía de establecer la firmeza del Orbe Católico" [fol. 58 r]. Y para sellar ese sentido de *axis mundi*, concluye Salas y Valdés la descripción de lo que denomina jeroglífico, con la declaración de "otro primor de la idea": "[...] haber colocado en la espalda del Perú el mundo" [fol. 58 r].

Por todo ello, Périssat acierta a calificar este texto como "la expresión de una representación del Perú más política" (2000a, 30). Para refrendar esta afirmación, conviene concluir el análisis de la fiesta de los pintores añadiendo a las citas de la investigadora francesa un fragmento cardinal sobre la visión del Perú que el texto de Salas y Valdés nos traslada. En el folio 57, el autor comienza una reflexión sobre el conjunto de la mascarada, compuesta por los mandatarios incas, cuya descripción ha despachado en pocas líneas, y por los virreyes, denominados como "estos ínclitos sustitutos de nuestro Monarca" [fol. 57 v]. En tal reflexión se refiere Salas y Valdés a los ingenios que confeccionaron la fiesta y a las "conjeturas" que surgieron en el proceso, entre las cuales encontramos una de especial relevancia: "[...] y en lo que más encallaba el discurso era en el reparo de sacar de los sepulcros las sombras de aquellos bárbaros a celebrar la ocasión presente de nuestras alegrías" [fol. 57 v]. La explicitación de estas dudas ("el reparo") por parte de los organizadores de la fiesta, relativas a si sería conveniente o no representar el pasado incaico, cuyos antiguos mandatarios ahora (como sucede también en el texto de Ojeda) son calificados como bárbaros, y de quienes solo quedan "las sombras", es de gran significación. Muestra, en suma, los titubeos con que los "hacedores" de la fiesta (o sea, los integrantes de la "ciudad letrada") gestionaban la relación con la población indígena, basculando entre su integración en el ámbito festivo para la solidificación de la estructura social y el temor a sacar a relucir un pasado incaico que pudiera avivar el sentimiento identitario y poner en peligro esa estabilidad que la fiesta quería pregonar. Así pues, la cancelación de la nostalgia del pasado incaico en este momento de la historia, apuntada por Périssat para explicar esta aparición de la dinastía incaica en un texto de mediados del siglo XVII, no parece por tanto tan rotunda ni zanjada. Fijémonos, por último, en que Salas y Valdés se refiere a la participación de los incas con la palabra "sombras", transmitiendo la idea de réplica pálida de un pasado que ya era historia, pero que indudablemente seguía latiendo en la sociedad.

En cualquier caso, esta expresión de duda, y su consiguiente reflejo de las tensiones con que en este momento de la historia se desarrollaba el virreinato peruano, se ve redondeada en la visión global que Salas y Valdés proyecta en las siguientes líneas sobre la alegoría del Perú representada en la fiesta de los pintores: "Más el misterio fue que los Ingas, el carro y los Señores Virreyes representaban este Reino del Perú, y de todo este cuerpo (por emporio, o alma de su gobierno) a esta Nobilísima Ciudad alegorizada en el Limo, como su majestad en la empresa del León" [fol. 57 r]. Limo que, como recuerda Zugasti, remite emblemáticamente a la ciudad de Lima (2004, 301).

Salas y Valdés aporta, con esta reflexión, un fragmento clave para el estudio del devenir del virreinato y de la configuración de la ciudad de Lima en los textos, y lo hace a través de esta visión totalizadora del Perú en su diversidad, formado por incas y españoles, y con ese desplazamiento del Perú a Lima como ciudad capital que, por serlo, acoge también dicha diversidad. Fundamental es también la palabra que encabeza la reflexión: el "misterio" de esa unión en la percepción del autor, apuntando al sentido de lo novedoso, casi incomprensible, pero real.

Toda esta lectura política del texto de Salas y Valdés añade al de Ojeda claves fundamentales para la interpretación de los designios y desarrollo de la fiesta por el nacimiento del príncipe Felipe Próspero. Y, además, tiene otro momento cardinal en la fiesta de los plateros. Recordemos que en el texto de Ojeda aparece en dicha fiesta el "carro que representaba este nuevo mundo peruano" en forma de ave. En la relación de Salas conocemos que se trata en concreto de un avestruz, "cuya forma intentaba un carro de siete varas de largo, y tres de ancho: su pecho, cuello, y cabeza componía la proa con tocado de plumas naturales de mil colores, salpicadas de plata y oro" [fol. 76 v].

Sobre la aparición del avestruz, es fundamental de nuevo la interpretación de Périssat:

> Esta descripción ofrece numerosos elementos iconográficos de indudable interés: la figuración del carro del Perú bajo la forma de un avestruz nos sorprende. [...] Por una parte, el avestruz es visto como alegoría del aspecto heroico del Perú que ofrece sus riquezas a la Corona española y, por otra parte, la imagen remite a la Justicia de que también son símbolos las plumas del avestruz[24]. Se alude aquí no sólo a la Justicia y Misericordia con las que debe gobernar un príncipe cristiano, sino también a la justicia o misericordia que manifiesta el reino del Perú que siempre acoge y ayuda a los desamparados que vienen de España para sacar provecho de las riquezas americanas.

En suma, una representación muy compleja y encriptada sobre cuya dificultosa lectura por parte de los espectadores cabe la explicación de Périssat:

> La comprensión de este jeroglífico sería difícil incluso para espectadores acostumbrados a las alegorías de la época. Si el autor del *Diseño historial* siente la necesidad de explicar a los lectores la elección de esta imagen inhabitual, podemos imaginar que a los espectadores les distribuyeron folletos explicativos como solía hacerse cuando los emblemas resultaban demasiado elaborados. (2000a, 35–36)[25]

---

24 Sobre la elección del avestruz, Zugasti redondea su significación simbólica: "La elección del ave no es casual, pues al ser todas sus plumas iguales se convirtió –desde los tiempos de los Jeroglíficos de Horapolo– en emblema de la Justicia, la cual imperaría en el Nuevo Mundo tras la llegada de España" (2004, 301).
25 Véase también la lectura del texto por Périssat en su trabajo de 2007, "Les représentations iconographiques de Lima et du Pérou et leur place dans l'Empire espagnol colonial".

Siguiendo con la evolución del texto, el autor describe de nuevo con todo detalle el carro, en cuya popa hay dos columnas sosteniendo una corona dorada y las "armas y señas de este Nuevo Mundo", acompañadas por una inscripción titulada "Indias occidentales y reino del Perú" [fol. 76 v], en la que se proclama la firmeza de la postración ante el imperio. De nuevo en el carro aparece un cerro, que ahora sí se nos dice ser el del Potosí, "erario universal del orbe, rayadas sus piedras y peñascos de resplandecientes vetas y venas de plata" [fol. 77 r]. Lo adorna esta inscripción: "Cuanto mis venas han dado / a Filipo, cuyo soy, / con vos me lo paga hoy / oh Próspero deseado" [fol. 77 r].

Y a continuación, en el espacio de este monte, vemos el trono que ya conocemos por la relación de Ojeda, ocupado por un indio representando al inca: "[...] ofrecía los tesoros y opulenta abundancia de este Occidente a nuestro sagrado Príncipe en tarja avivada de lazos y colores que le ocupaba el pecho, como centro de que salía tan loable resignación y decía: 'El Inga soy, y este día / nuevo Sol, postrado adoro, / a quien todo mi tesoro / ofrezco en la Platería'" [fol. 77 r]. Huelga repetir el acatamiento del poder ligado a la ofrenda que tal escena transmite. Lo acompañan infantes arcabuceros españoles "en representación del ínclito Marqués Don Francisco Pizarro", con cuya introducción en el texto Salas y Valdés delinea su visión de la conquista ("refrescaban, a sombra del próspero día de tan deseado nacimiento, el dichoso de la conquista de este Reino, que ha de gozar dueño tan alto" [fol. 77 v]) y de los incas, que se reitera en la misma configuración realizada en la fiesta de los pintores, si bien aquí se acentúa su merecida memoria: "[...] y ajustó bien con tan festiva memoria la que merece eterna el heroico valor de un vasallo, que a expensas de su hacienda y sangre pudo hacer más grande al mayor monarca del mundo" [fol. 77 v]. Por consiguiente, la heroicidad de los incas vuelve a cifrarse en su postración ante la monarquía, ratificada en los versos de la décima que sigue:

> Hoy que se da a conocer
> aqueste reino opulento
> vuelve por tu nacimiento
> mi memoria a renacer
> esto salgo a agradecer,

que aunque te di cuanto vivo
tesoro tan excesivo,
que hizo más grande al mayor
con tal memoria, Señor,
más que te he dado, recibo. [fol. 77 v]

Estos versos introducen un nuevo matiz significativo: el Inca se expresa en los términos con los que la memoria de su pasado renace a través del natalicio del príncipe, dando así un paso más allá en la asimilación del poder español, ya del todo asumido como propio y fundido con el pasado imperial incaico.

En su estudio, Périssat se pregunta "por qué los españoles no intentaron sustituir esta imagen, que podía mantener a los indios en su nostalgia del antiguo imperio". Cuestión sobre la que conjetura una doble explicación:

> Dos razones parecen explicarlo: la primera es que la utilización de una imagen estereotipada y algo transformada del inca contribuía a borrar su carácter personal y afectivo. La imagen representada en este tipo de alegorías es tan general que no se refiere a ningún episodio histórico preciso; su recreación literaria lo priva de su índole indígena; sus atributos pierden su significado y ya no deberían (empleamos el condicional a propósito) representar algo "peligroso" para la población blanca. La segunda razón también es el resultado de una estrategia europea, compartida por españoles y criollos: se trata de la búsqueda de una apariencia de continuidad entre un antes y un después de la Conquista. Para que se aceptara la legitimidad de la colonización española, era necesario colocar el acontecimiento en un marco de continuidad que confiaba a los incas el papel de depositarios de las tierras prometidas hasta la llegada de los beneficiarios destinados por Dios. Intentar borrar por completo la imagen del inca hubiera hecho imposible la conquista de las mentes indias. La imagen de este inca anónimo en las alegorías del Perú dista mucho de ser anodina. (2000a, 36)

Efectivamente la imagen no es anodina ni baladí, pero si bien convengo con Périssat en su iluminadora explicación, hay que tener en cuenta al mismo tiempo la expresión de la duda que tuvieron "los hacedores" de la fiesta, antes destacada, sobre la pertinencia de la inclusión de los mandatarios incas en el desfile. Una duda que finalmente se resolvería en su introducción en la fiesta de los pintores; incas que no eran precisamente anónimos y que representaban un pasado glorioso[26]. Seguramente, a pesar de las dudas, en la fiesta de los pintores se decidió finalmente lanzar esa imagen de un Perú integral, que incluía su pasado prehispánico como parte de la continuidad genealógica de varias realezas, apelando a la fortaleza que estas aportarían, a la postre, al Perú en su historia. Por su parte, los plateros optaron por este inca estereotipado representando la ofrenda en el tono superlativo expresado en la décima citada. Unos y otros se complementarían en el mensaje último que queda patente, un mensaje netamente político que, a pesar de lo aparente, dista de ser simple, pues recoge el pensamiento en formación y evolución de los autores que lo transmiten en estos textos, incluidos

---

26 Esta expresión de las dudas con respecto a la integración de los mandatarios incas en la fiesta viene a refrendar la discusión desarrollada por Barbón frente a los planteamientos de Périssat según los cuales la integración de los indígenas obedecía a la agencia criolla, que con ello construía su programa integral de ensalzamiento del Perú como mejor enclave del imperio. Barbón estudia documentación del siglo XVIII que atestigua las dudas y oposiciones a tal participación indígena. El momento señalado en la relación de Ojeda viene a ser un precedente de lo argumentado por Barbón: "In her study of these Amerindian festivals, Karine Périssat attributes the integration of the indigenous people in the royal celebrations in 1723 to Creole agency. According to her, the Creole elite deliberately opened up the celebrations to the native population as part of their own ongoing effort to craft a distinct American-Creole 'identity' vis-à-vis the Spanish Crown: 'It is due to the rise of that criollismo it [the native population] would conquer the festival space. The praise of the American civilization by the Creoles runs through the acclamation of the deeds of their ancestors but also through that of the Inca civilization, its power and wealth' (c'est avec l'essor du phénomène créole qu'elle va conquerir l'espace festive. L'éloge de la civilization américaine par les créoles passe par l'exaltation de la geste de leurs ancêtres mais aussi par celle de la civilization inca, de sa puissance et de ses richesses) (Périssat, Lima fête ses rois, 245; see also 248, 252, and 298). Unfortunately, Périssat provides no documentation to support her claim. The above-summarized discussions and subsequent negative vote of the municipal council from January 1723, in fact, disprove Périssat's assertion. Not only did the original impulse come from the Amerindians themselves, but unpublished sources that I was able to gather at the Archivo Histórico de la Municipalidad de Lima show that throughout the eighteenth century, Creole authorities continued to feel ambivalent about the native participation in these celebrations and tried repeatedly to interfere in their organization and execution" (2019, 78). Con el voto negativo del cabildo municipal se refiere Barbón a la negativa de algunos de sus miembros en la votación para que los indígenas participaran en la fiesta como grupo aparte, solicitada por los mismos en 1723.

sus balbuceos, y refleja el devenir de la construcción identitaria del Perú a través de los siglos de la Colonia.

Todo ello se transmitió en esta fiesta a lo largo y ancho de las calles de Lima, convertida por actores y espectadores en una comunidad. La ciudad se presenta así como centro de escenificación pública de la encrucijada identitaria que definiría el devenir colonial hasta el momento de la Emancipación, y que tuvo en la fiesta un espacio extraordinario de representación.

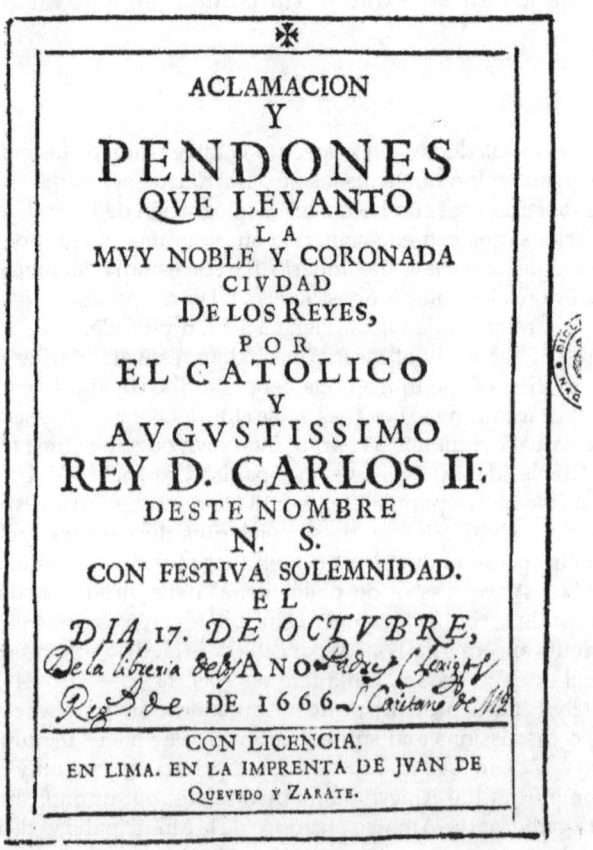

Figure 1.4. Portada de Diego de León Pinelo, *Aclamación y pendones que levantó la muy noble y coronada Ciudad de los Reyes, por el Católico y augustísimo Rey D. Carlos II…* (1666).

Lima, "quicio" del Perú: la "aclamación y pendones" por Carlos II en la relación de Diego de León Pinelo (1666)

Con este texto inicio el análisis de una serie de relaciones destinadas a celebrar la proclamación de reyes, ceremonia que junto con las exequias reales fue una de las más solemnes y pomposas de las organizadas en Lima. Los festejos podían realizarse en dilatados periodos de tiempo, pudiendo llegar a durar un año, y eran la ocasión en que las ciudades demostraban todo su poder, su magnificencia, su riqueza y, por tanto, su potencial para servir a la corona. Tal suntuosidad iba acorde con la expresión superlativa de lealtad que se rendía al rey. La proclamación de Carlos II en 1665 y la relación que describe la fiesta limeña nos da entrada a estos textos dedicados a los reyes recién proclamados, tras haber analizado tres relaciones de fiestas destinadas a los nacimientos de príncipes, además de una jura real y una entrada de virrey en el siglo XVI. Como señala Chiva Beltrán sobre la celebración del último de los Habsburgo, "sin saberlo, los limeños realizaban el último de los momentos ceremoniales en que lloraban la muerte y festejaban la aclamación de un Habsburgo" (104).

1. Introducción al texto: objetivos, partes y contenido

El texto titulado *Aclamación y pendones que levantó la muy noble y coronada Ciudad de los Reyes, por el Católico y augustísimo Rey D. Carlos II. De este nombre N. S. con festiva solemnidad, el día 17 de octubre de 1666* es una relación de ciento once folios publicada en Lima en 1666, en la imprenta de Juan de Quevedo y Zárate[27]. Su belleza estética, su erudición, la intercalación de versos de poetas clásicos y de los Siglos de Oro la convierte en un texto cuya dimensión literaria hace de él una pieza de especial interés en el corpus de las relaciones de fiestas. Cuando conocemos la autoría comprendemos ese sesgo erudito que posee esta relación. Se

---

27 Cito el ejemplar que se encuentra en la Biblioteca Nacional de España (BNE R.MI-CRO/5548 / Reproducción de R/6078). Versión digital en la Biblioteca Digital Hispánica: http://bdh-rd.bne.es/viewer.vm?id=0000115665&page=1

trata de Diego de León Pinelo[28], hermano menor del gran bibliógrafo Antonio de León Pinelo, de quien cabe recordar algunos datos esenciales para ubicarlo en el contexto de la Lima letrada. Educado en Córdoba de Tucumán, donde nació, fue enviado por su padre a estudiar el bachiller en Cánones y Leyes a la Universidad de Salamanca (de lo que se enorgullecía por ser el primero en realizar estudios en España) y tras regresar al Perú se licenció y doctoró en la Real Universidad de San Marcos en 1636, de la que fue profesor de Derecho Canónico. En 1647 obtuvo la cátedra de Prima de Cánones y fue fiscal en la Real Chancillería de los Reyes. Más tarde sería Patrono de los Naturales del Perú[29]. Cuando Diego de León Pinelo escribió esta relación, publicada en 1666, se encontraba en los últimos años de su vida, pues murió en 1671. Ya hacía dos décadas que había escrito su conocido *Hypomnema apologeticum pro Regali Academia Limensi* contra el belga Justo Lipsio (1648), que Antonello Gerbi analizó en 1945 como un antecedente de la disputa del Nuevo Mundo en un estudio esclarecedor para comprender el pensamiento de Pinelo con respecto a América, y para conocer al autor como uno de los grandes exaltadores de la Lima y su cultura. En 1666 publicó el texto que nos ocupa, así como también la relación de las exequias por la muerte de Felipe IV: *Solemnidad fúnebre y exequias a la muerte del Católico Augustísimo Rey D. Felipe Cuarto el Grande N. S. que celebró en la Iglesia Metropolitana la Real Audiencia de Lima* (Lima, en la Imprenta de Juan de Quevedo).

La *Aclamación y pendones* es un texto que resulta especialmente significativo para el tema que abordamos, la construcción textual de la Lima virreinal, y en concreto para completar el análisis sobre la exaltación del orden imperial que se canaliza a través del acto festivo y de la relación que lo describe. El texto se inicia con la justificación de su impresión, solicitada por "el Cabildo, justicia y regimiento de esta insigne y muy noble Ciudad de los Reyes", con el objetivo de poder ser remitido a la reina Doña Mariana de Austria, a quien el texto aparece

---

28 Véase Zugasti, 2004, 300, nota 26.
29 Para un acercamiento a los avatares de su vida, sus relaciones con el padre y hermanos, su obra, el final de su vida y sus huellas en la posteridad, véase Antonello Gerbi, 1945.

dedicado como "gobernadora de toda la monarquía" y "como madre, y tutora del católico y augustísimo rey d. Carlos II", "monarca, y emperador de dos mundos". Sigue a continuación el texto de la "aprobación", en el que se determina el motivo de la impresión de la relación: "[...] hase escrito con puntualidad, erudita y decorosamente" para la comunicación general, "para que se participe a todos", señalando que "no contiene cosa que ofenda las buenas costumbres", como era preceptivo en la época para la impresión de textos en América, según las reales cédulas prohibitivas de circulación de libros de ficción o que contuvieran asuntos profanos o no sujetos a esas "buenas costumbres[30]".

Desde esta dedicatoria comienza la exaltación del orden imperial y sus monarcas, y se sintetiza, para dar inicio al volumen, el motivo de la fiesta: la noble Ciudad de los Reyes "levantó pendones en señal del justo imperio y dominio, que hereda sobre dos mundos antiguo y nuevo, y en manifestación de los aplausos, que con repetidas y altas voces dijeron, viva, viva muchos años y siglos". Nótese el adjetivo que acompaña a imperio y dominio, "justo", que no deja resquicio sobre la legitimidad de la conquista.

Antecede a la relación de la fiesta en sí un "preludio", que se sustancia en una alabanza al rey con todos los elementos laudatorios de la época, como "rey de luces, y monarca de las estrellas" [fol. 1 r]. Interesa en este preludio observar cómo el autor comienza a intercalar versos de diferentes autores de la época, siendo el primero Luis de Góngora. Genera el relator con ello un rico proceso intertextual que cabría analizar con detenimiento en otro trabajo sobre este texto. En todo caso, Francisco López de Zárate, Juan de Mena, Plinio, Lope de Vega, entre

---

30 Las reales cédulas vetaban el paso a Indias de "libros de romance de historias vanas o de profanidad". Así reza la real célula de 4 de abril de 1531. Según José Torre Revello, en su libro *El libro, la imprenta* ..., "la primera ley que conocemos, que prohibe el paso de obras profanas, es del año de 1531 y está dirigida a los oficiales de la Casa de la Contratación; en la misma se les ordena que no permitiesen a persona alguna llevar libros 'de ystorias y cosas profanas saluo tocante a la Religion xpiana e de virtud en que se exerciten y ocupen los dhos yndios e los otros probladores de las dichas yndias'" (1991, p. 210). Lohmann Villena, en su trabajo "Los libros españoles en Indias", recuerda una ordenanza anterior: "[...] la primera resolución conocida sobre la circulación de libros en el Nuevo Mundo data de 1506, cuando el monarca Fernando ordenó que no se consintiese en la Española la venta de aquellos 'profanos, de vanidades ni de materias escandalosas'" (1994, 226).

otros, desfilan por el texto anotados al margen con sus citas y versos, revelando los profundos conocimientos del autor, que insiste en la idea de Carlos II como elegido por dios para ser "rey de dos mundos": "[...] pues tiene a sus plantas / el segundo Carlos / los mayores reinos / en menores años" [fol. 3 r].

A partir del folio 8 encontramos la relación propiamente dicha de la fiesta, que ha sido descrita pormenorizadamente, de forma analítica con respecto a su composición artística, y siguiendo la relación de Pinelo, por Juan Chiva Beltrán (2013). Por tanto, solo me centraré en algunos momentos de la fiesta cardinales para el lineamiento temático del presente libro.

Tras el primer párrafo aparece otra cita de Juan de Mena que viene a remachar la justificación de la impresión: "[...] olvido no priva lo que es memorable". Siguiendo este designio, el texto se imprime "en este corto papel como lo está en los corazones", para que "la aclamación, que con universal afecto dijo: viva Carlos II, se repita cuantas veces se leyere, y sean las letras plumas, con las que vuele su aplauso" [fol. 8 r]. La metáfora sobre el poder de la escritura para la perdurabilidad de los hechos en ese vuelo de la pluma remarca el sesgo literario de este texto, que también va más allá de la mera descripción de los hechos, pues tanto el estilo como las constantes citas de poetas muestran el afán literario de Diego de León Pinelo.

2. La ciudad-teatro, "quicio" del dilatado Perú

De nuevo en este texto Lima aparece como la "ciudad insigne" que va a realizar la loa al rey a través de unas fiestas concretadas, en este caso, en aclamaciones y pendones. La ciudad, descrita como "quicio en que se rodea el gobierno superior de las dilatadas provincias del Perú" [fol. 8 r], se engalana para la ocasión, convirtiéndose en este texto en una de las muestras más sobresalientes de la construcción de la ciudad-escenario teatral en las relaciones de fiestas. No es baladí que el texto comience con el apartado titulado "Adorno de la plaza". El contenido que a continuación encuentra el lector es una detallada descripción de todo ese "adorno" que se cifra en el levantamiento de "un suntuoso teatro", con "balaustres con azul y oro. Faldamento de paños pendientes,

pintados cestones de varias frutas, y en los extremos borlas y campanillas" [fol. 9 r]. Una imagen de la portentosa arquitectura efímera pre-
sentada en esta relación, que el autor comienza a desarrollar con una
pormenorizada descripción en las siguientes páginas: "[...] sobre este se
formó otro teatro de cuarenta y dos pies, y tres escaleras, con doce de
hueco, y ocho gradas, en los ángulos dos hermosas pirámides de a diez
varas en sus pedestales ..." [fol. 9 v]. Así, la descripción nos traslada la
imponente arquitectura efímera creada para la ocasión, en el centro de
una Lima convertida en ese escenario grandioso desde el que se lan-
zará la propaganda imperial.

Entre las relaciones que contienen este tipo de arquitectura gran-
diosa instalada en la plaza Mayor, Ollero Lobato destaca en concreto
este acontecimiento limeño por la proclamación de Carlos II:

> [...] cuando el estrado se hizo escenario con un frente arquitectónico tras él,
> a modo de retablo-templete, que guarecía el retrato del soberano Carlos II,
> acompañado de ángeles y con homenaje de las personificaciones incaicas de
> Lima y Cuzco, de acuerdo con la importancia de la proclamación real para la
> Ciudad de los Reyes, por encima en boato y magnificencia a la propia entrada
> de los virreyes (36).
>
> La situación geométrica de estos estrados era excéntrica en la plaza, colo-
> cándose como adorno de los retratos reales en el caso de Lima, frente a la
> imagen de la monarquía dispuesta en miradores o logias de los cabildos, o al
> lado de la sede que representara en la ciudad el poder del rey. (39)

A lo que cabe añadir la visualización de este mismo escenario que
nos aporta Chiva Beltrán, a modo de arquitectura que efectivamente se
configura como auténtica protagonista de la fiesta:

> [...] el gran protagonista simbólico del festejo, como el túmulo lo era de las
> exequias o el arco triunfal de las entradas e ingresos, será el suntuoso teatro
> efímero que se levantó en el centro de la Plaza Mayor, edificado por el mer-
> cedario Cristóbal Caballero y grabado de nuevo por P.A. Delhom, y que fun-
> cionaba como espacio donde se aclamaba por las autoridades y población al
> nuevo monarca, personificado en el retrato que custodiaba la Real Audiencia.
> Se levantó una enorme estructura de sesenta y dos pies de cuadrado y ocho
> de altura, que mantuvo superposición de dos cuerpos y remate en cúpula,
> pese a ser de tipología parietal, transitable por su interior, pero de visión
> frontal. (98)

Por su parte, Víctor Mínguez explica la imagen de tal teatro que se encuentra publicada en la relación en forma de grabado ("una estampa de P. A. Delhom"), y agrega datos sustanciales:

> Ubicada entre la puerta de Palacio y la esquina de Cabildo alcanzó una altura total de 16,7 metros. El grabado nos permite apreciar cómo un eje vertical iconográfico recorre la estructura de abajo a arriba, a través de cuerpos y cornisas: en el plano inferior descubrimos un trono vacío al que el Inca y la Coya entregan sendas coronas de oro y flores, sobre él se halla un retrato infantil de Carlos II de cuerpo entero, y a su lado, la corona; encima pende el escudo real con el Toisón; más arriba un segundo retrato de Carlos II con armadura, escudo y espada desenvainada que esgrime con la mano derecha, entre angelotes que sostienen las insignias del poder; finalmente, en lo más alto de la arquitectura contemplamos a la Fama alada, haciendo sonar su clarín. Seis alegorías de virtudes del monarca se vislumbran sobre las cornisas. (2016b, 288)

Como vemos, se trata de una imagen arquitectónica abarrotada y profusamente descrita a lo largo de toda la relación, con momentos en los que la superposición de escenarios es especialmente visible:

> [...] tenía su crucero catorce pies, y el grueso de los pedestales vara y media, y cuatro de entre calles, y todo el ancho del pórtico los cuarenta y ocho pies de sobreteatro. En este cuerpo se cargó un sotabanco de vara y tercia atado solo por los lados, respeto de estar más alto el arco principal, y el tablero y frontispicio de las armas nueve pies más subido ... [fol. 12 r][31].

Todo ello presidido por la figura de la Fama, como es habitual, y las armas de la Ciudad: "[...] y era todo el alto de veinte varas del plan del teatro arriba" [fol. 13 r]. El autor de la obra es, efectivamente, el Padre fray Cristóbal Caballero, de quien se nos dice ser "insigne en arquitectura y escultura"[32] [fol. 13 r]. Aderezada de versos, como los de Garcilaso de la Vega para referirse a la primavera [fol. 13 r], la relación avanza

31 Sobre los arcos triunfales en la época de Carlos II, véase el trabajo de Dalmacio Rodríguez, en Farré Vidal (coord.), 2007, 267–285.
32 Se trata de un arquitecto, ensamblador y escultor criollo, integrante de la generación fundadora de la escuela arquitectónica limeña junto con Asensio de Salas. Se tienen noticias de sus contratos para la realización de retablos mayores que están desaparecidos —como los de la Santísima Trinidad (1671–1673) y el Sagrario (1681)—. Asimismo, gracias a las relaciones de sucesos, se sabe que participó en importantes

para darnos también noticia sobre el público que va a ir ocupando los lugares principales, tales como los ministros togados de la Real Audiencia y contadores del Tribunal de Cuentas, y los integrantes del Cabildo.

Más allá de la extraordinaria arquitectura efímera, una escena del desarrollo nocturno de las celebraciones relatadas resulta especialmente significativa en lo que toca a la conversión de la ciudad en teatro, no ya físico sino como espacio para la representación de carácter mitológica:

> Hubo veintiséis piezas de extraordinarias invenciones. Ya se abrasaba una Fénix, por hallar nueva vida en sus cenizas: allí un volcán vomitó en sus entrañas, y arrojó fuego por sus poros. El caballo troyano lamiendo llamas despidió truenos, que serían de salva al contento de la gente. Llenose el aire de relámpagos, y en artillados castillos sonaban atacadas combas, y los que fulminaban rayos derramando estrellas subían como de la tierra luceros, y volvieron Ícaros despeñados. [fol. 23 r]

Un final protagonizado por Ícaro que Pinelo sazona con el verso de Quevedo, mostrando los hilos intertextuales de su vasta cultura: "Que no siempre quien sube llega al Cielo" [fol. 23 r]. Y culmina en la grandilocuencia sensorial de la escena: "Fue todo junto un globo entretejidas en su hueco saetas, y ruedas gigantes, y piras, penachos ardiendo, y ramilletes de luces" [fol. 23 r y v]. Por último, concluye este día de los festejos con un párrafo sobre la ciudad presidida por una imagen poética que remata con unos versos cuya autoría no consigna el relator:

> Las calles con muchas hogueras, y estuvo la Ciudad desde la siete de la noche hasta las nueve tan clara, que toda la lanza del sol pareció que la asistía, y hasta amanecer de diversas partes, y barrios, compitieron los cometas,
> y haciendo al día la salva,
> robaron el sueño al alba
> los clarines, y trompetas [fol. 23 v]

Los espacios de la ciudad en los que se desarrollan las celebraciones son, como es habitual, las Casas del Cabildo, el Palacio, la Real

---

labores de arquitectura efímera, de las que han quedado láminas grabadas insertas en relaciones impresas de la época. Es el caso del monumento erigido en honor de la proclamación del rey Carlos II en 1666.

Audiencia, la Iglesia Catedral, "que con el aliño, y olores era glorioso empleo de los sentidos" [fol. 24 r]. La celebración en la iglesia repite la escena de éxtasis sensorial que ya hemos visto en los exteriores, con un especial protagonismo, en este escenario, de la música: "Es la música reina de los sentidos, tiene también sus tropos, y cuando habla quiere que todos callen" [fol. 24 v].

Entre los espectadores, el autor del texto señala también a los caballeros encomenderos y de las órdenes militares, "y demás nobleza, todos de gala con plumajes, cadenas, y joyas", de quienes especifica una larga lista de nombres (como hiciera en su relación Carvajal y Robles), algunos de los cuales protagonizan la bajada del dosel del retrato del rey y su traslado. Finalmente, aparecen "los caballeros y demás nobleza, que concurrieron, ilustre porción de que se compone lo lucido y grande de esta ciudad" [fol. 33 r]. De modo que la grandeza de la ciudad lo es por lo ilustre de sus ciudadanos nobles que configuran esa "ilustre porción" que engrandece la ciudad.

Al final de la relación es fundamental apreciar que la ciudad adquiere todo el protagonismo, cuando el oidor más antiguo declama su "razonamiento" dirigido a la capital. Consignado en cursiva en la edición de la relación, además de señalar la presencia de "las tres coronas por cabeza de estos reinos, y dilatadas provincias", en referencia a la tres veces coronada Ciudad de los Reyes, realiza la exhortación laudatoria: "Ciudad coronada, la que aseguras junto al tesoro, que tributan los minerales, y conducen las armadas al propugnáculo de nuestra santa fe católica, y religión cristiana (a nuestro monarca digo)" [fol. 39 v]. Así, vemos cómo una vez más, en el corpus textual virreinal, se conjugan en una misma visión urbana la dimensión económica (los minerales) y la religiosa, hermanadas sin ambages en el texto, así como la ya comentada función de ofrenda de Perú a España con el tribuno de sus entrañas. Todo para concluir con la idea reiterada de la ciudad como "una de las más insignes ciudades del orbe" [fol. 39 v], y con nuevos vítores en los que se produce la prosopopeya última: "Y la ciudad respondió, viva, viva, viva" [fol. 40 r]. A los vítores suceden unos versos cuyo autor es "un poeta español de este índico hemisferio", remachando con ello la identidad española de los españoles americanos, los que son del índico hemisferio.

3. El Inca "preciosamente desnudo"

Como ha descrito Mínguez en el fragmento citado arriba, en la parte inferior del teatro hay un trono vacío sobre el cual se encuentra un retrato infantil de Carlos II, flanqueado por el Inca y la coya, que entregan las coronas de oro y flores. El Inca aparece engalanado con sus prendas imperiales, mostrando esa conformidad integradora con respecto al poder español que se repite en las relaciones de fiestas: "[…] arrimados al arco del crucero el Inca, en su antiguo traje, en la cabeza llauto de oro, fiado al aire un terno de plumillas: la mascaypacha de seda, insignia real: el cabello por delante más corto: en el pecho por corazón un sol, descubiertos los brazos en carnes, y los pulsos guarnecidos de perlas, piernas sin aliño, y los pies con ojotas de seda" [fol. 11 r]. Así pues, vemos que el Inca viste su traje antiguo, que el poder español le permite lucir, y que incluye los elementos básicos de la imagen del mandatario inca: el llauto, turbante de colores del Tahuantinsuyo que llevaban los gobernantes incas; la *maskaypacha* (palabra quechua que tiene un bellísimo origen: *Mask'aq*, buscar, y *Pacha*, tierra y tiempo), que era el único símbolo de poder que otorgaba al sapa inca los títulos de gobernador del Cuzco e inca del Tahuantinsuyu, a modo de corona; y el sol en el corazón, remitiendo a la deidad patrona de los incas, Inti. A continuación, sigue el texto que incluye una cita de "Iosef de Pellicer" en cursiva: "Y como dice un erudito, *preciosamente desnudo*, ofreciendo una corona de oro en las manos, y otra de flores la coya que usaba de no menor grandeza: así la llama Augusta el más bien oído en sus soledades, *Hace de Augusta Coya Peruana*, con acso[33], lliclla[34], chumbe[35] ajedrezado, y topos de plata" [fol. 11 v].

---

33 Hábito de las indias principales y de linaje, las mamaconas. Atestiguado en textos de la época (con flucturación entre acso y acxo), como en la *Historia general del Perú, origen y descendencia de los Incas*, de fray Martín de Murúa: "Tras de éstas, en segundo horden, eran las Mamaconas que significa yndias prinsipales y de linaje. El abito que conmunmente traían era vn acso lindísimo, con grandes pinturas de pájaros, mariposas, flores y una lliclla de lo mismo y, ensima del hombro, una ñañaca" (1961, p. 2, 75). Fuente: CORDE: https://www.rae.es/banco-de-datos/corde

34 Manteleta indígena, vistosa, de color distinto al de la falda, con que las mujeres se cubren los hombros y la espalda (DRAE).

35 Del quechua *chumpi* "faja": ceñidor (DRAE).

Otro momento interesante del texto en lo relativo a la presencia de elementos autóctonos americanos se produce con la aparición en la plaza de don Miguel Lozano de las Cuevas, teniente capitán general de la Artillería, "vestido de tela amusga, y plata, mangas bordadas, banda roja, con puntas de Milán, y plumas celestes: en un caballo rucio rodeado con cintas, y rosas carmesíes, librea de paño inglés, color de vicuña, cabos de verde, y plata" [fol. 25 r]. Nótese que el relator hace alusión a un color muy determinado para el que necesita referirse a la vicuña, confiriéndole así un carácter único, solo visualizable a través de uno de los animales más identificativos del altiplano andino.

4. Llevar "las estrellas en carne" hacia el trono

En el folio 16 del texto se incluye la "Copia de la cédula real citada en el auto" (con fecha de 24 de octubre de 1665) de la reina gobernadora. En ella, la reina se dirige a los ciudadanos de las "provincias de las Indias", les da noticia de la "grave enfermedad" contraída por el rey (Felipe IV) y su fallecimiento, e informa del hecho de quedar ella como gobernadora de todos sus reinos, así como de la sucesión de su hijo Carlos II, al que recordemos se llamó "el hechizado" por sus problemas físicos. En la cédula la reina encarga y manda los pendones en su nombre y las solemnidades correspondientes, costumbre que –nos explica el texto– se retrotrae a 1407 [fol. 18 r].

De especial relevancia es el "Acompañamiento al pregón", en el que desfilan los alcaldes ordinarios, "los Regidores, Caballeros, y demás nobleza de esta Ciudad" con todas las galas de atuendo caballeresco, "con abotonaduras, y cadenas de oro, y plata, cintillos de diamantes, joyas, plumas y bordados, que no los inventaron tan ricos los de Frigia, manifestando todos en lo lucido del traje lo verdadero del gusto: en caballos con cintas de tan diferentes colores, que parecía selva portátil, y prado movedizo" [fol. 20]. La impresión visual y el sentido de ficción que se transmite con la idea de falsa naturaleza (parecía selva portátil) tiene aquí un momento álgido de desarrollo a través de esta puesta en escena de un desfile de mandatarios a caballo, símbolo de poder, con toda la pompa de la ocasión llevada a su extremo en el espacio de la capital: "Siempre es costoso en esta insigne ciudad el empeño de acciones públicas, y de reputación: pero esta vez se excedió en la grandeza, porque las galas fueron más preciosas, cuanto más ajustadas al día" [fol. 21 r].

El impacto visual de la escena lo es también sonoro, y Pinelo se afana en transmitir y reflejar esa eclosión sensorial que había de funcionar para mover el sentimiento de un público arrebatado y, por ende, entregado al mensaje imperial que se estaba difundiendo en los espacios más ilustres de la ciudad:

> Llegaron a la puerta principal de las Casas Reales, que da vista a toda la plaza, y allí se dio el primer pregón, avivando más el deseo, con que estaba la ciudad de publicar a voces sus afectos, y consecutivamente en filas de a dos se prosiguió el acompañamiento por las calles colgadas de diversas sedas, que caían de los balcones, y tremolándolas a un tiempo el aire hizo plausibles regocijos al pregón, que prevenían delante atabales, clarines y chirimías [fol. 21 v].

El desarrollo de las celebraciones tiene en general este mismo tono y características. "Pompa" y "ostentación" son las dos palabras que se repiten y que sintetizan el sesgo de la fiesta, diurna y nocturna, esta última idónea para el impacto a los ojos del artificio que preside como concepto todas las manifestaciones visuales que se suceden: "Viéronse en toda la Ciudad luminarias, y en las Casas Reales, Arzobispales, y del Ayuntamiento hachas encendidas de cera blanca, todo retrataba en su cénit al Sol. Las Torres montes de luces despedían artificiosos rayos [...] compitiendo sobre cuál se acercaba más a las estrellas, lámparas de la noche" [fol. 22 v, 23 r]. La bellísima metáfora de ciudad encendida nos mantiene siempre en la dimensión literaria del texto.

Otro momento fundamental en lo relativo a la propaganda imperial se produce con la aparición de un carro de municiones que llevaba las armas reales, "y por adorno en los lados de buena pintura el cerco de Ostende[36], y de Breda[37], que hizo tan gloriosas las armas de España. Y

36 El sitio de Ostende fue un asedio de más de tres años (1601–1604) de duración en el que los tercios del Imperio español cercaron y conquistaron la ciudad de Ostende (actual Bélgica), defendida por las fuerzas de las Provincias Unidas de los Países Bajos con el apoyo de tropas inglesas; sitio desarrollado en el contexto de la guerra de Flandes.
37 El asedio de Breda tuvo lugar en 1625, durante el transcurso de la guerra europea de los Treinta Años y de la guerra de los Ochenta Años en Flandes, que enfrentaba a

esparcido por el aire estandarte de damasco carmesí, de una parte con las armas reales, y a la otra la gloriosa Santa Bárbara, patrona de la Artillería" [fol. 25 r y 25 v]. Esta inserción de dos pinturas sobre los sitios de Ostense y de Breda en Flandes, acaecidos unas décadas antes de la fiesta que nos ocupa (por tanto, relativamente cercanos en el tiempo), y en los que los ejércitos españoles salieron gloriosos, es obviamente un efectivo mecanismo de difusión de las grandezas de España, que no solo se remontarían a los tiempos de la conquista y al espacio de las Indias, sino que se dilatan a lo largo del tiempo y del espacio, con victorias a comienzos del siglo XVII en Europa como las incluidas en la relación.

Asimismo, cuando el retrato del rey trasladado por los nobles llega al "teatro" y se coloca para admiración del público, Pinelo nos sitúa ante la escena de esa contemplación: "[...] mirábale dulcemente el amor de sus vasallos. Representaba majestad, imperio, y dominio, como sol de las Españas, y de las Indias, y rendíale veneraciones la fidelidad, y el respeto" [fol. 36 r]. Ese momento álgido de la relación en lo concerniente al objetivo principal, la exaltación de la propaganda imperial, llega a su punto álgido con el recuerdo de esta metáfora: "Llevó tras sí las estrellas en carne, que así llama San Ambrosio a los ojos" [fol. 36 r]. De nuevo vemos la focalización de los ojos como entrada principal de la representación barroca en el espectador, que en este caso y en este momento de la relación corresponde al alzamiento final de los pendones.

Pero no concluye en este momento la relación que describe la fiesta. Resta todavía el apartado titulado "Ceremonias de la aclamación en el teatro", teatro que no es sino la plaza principal con toda la arquitectura efímera y sus galas, flanqueada por los reyes de armas no menos engalanados. En este punto incluye el relator un paréntesis en el que informa que tal oficio lo introdujo Julio César y lo perfeccionó Carlo Magno, y aporta al margen la fuente de dicha información: "Rodrigo

los tercios españoles del ejército de Flandes con las fuerzas de las Provincias Unidas de los Países Bajos; la ciudad fortaleza de Breda, bajo el gobierno de Justino de Nassau, fue sitiada y finalmente conquistada por los ejércitos españoles bajo el mando de Ambrosio Spínola en 1625.

Méndez de Silva en el catálogo real"[38], muestra de la base documental de la que hace gala Diego de León Pinelo [fol. 37 r]. Vemos luego a "los del Ayuntamiento" subir al "teatro" "haciendo cada cual tres reverencias al retrato" y a todos los mandatarios que van ascendiendo después para la imagen de clímax final, con los consabidos vítores al rey Carlos II, que se aliñan con los versos de "don Juan de Solor en sus emblemas" (dice la cita al margen): "Levantó la muchedumbre / un apacible ruido / fijando todos los ojos / en el trono peregrino. / Engrandecen a su rey, aclamarle el regocijo / del pueblo, prorrumpe aplausos / con bien sonantes cariños" [fol. 38 r]. La cita es de otro miembro ilustre de la "ciudad letrada", Juan de Solórzano, autor fundamental de la emblemática política del siglo XVII, jurista, historiador madrileño que llegó a ser oidor de la Real Audiencia de Lima, cargo que ocupó con el cometido de recopilar material de derecho indiano[39].

Tras ese momento, Pinelo nos refiere la salida de unos rayos de sol, de nuevo desde un punto de vista literario, que parecen hacer real la presencia del rey:

> [...] penetrando las nubes despertaron al sol, que casi recogido a su ocaso, sin haberse dejado ver su crencha de oro en lo antecedente del día, salió de repente, y bañó de luces el rostro del rey, circunstancia advertida de todos, y que sacó calientes lágrimas a los ojos, que encendían más el calor de las voluntades (nunca fueron las lágrimas aguas mudas, pues descubren y publican el dolor, o el placer con parleras corrientes, son espejo en que se miran los ánimos). [fol. 38 v y 39 r]

El final del texto contiene también un detalle que cabe resaltar con el fin de vincularlo después con lo que veremos en otros textos en relación con la fijación de genealogías ilustres, que en este caso son exclusivamente occidentales, como sucedía en el texto de Carvajal y Robles: "[...]

---

38 Historiador, genealogista y geógrafo hispano-portugués de origen judeoconverso, "coronista general de España, y ministro del supremo Consejo de Castilla". Véase J. A. Guillén Berrendero, 2014.

39 En su regreso a la península fue fiscal del Supremo Consejo de Castilla, publicó la *Política indiana* y los *Emblemas regio políticos*. Juan de Solórzano Pereira (1653): *Emblemata Centum Regio Politica*, Madrid, 1779r. (Trad. castellana de Lorenzo Matheu y Sanz bajo el título *Décadas de los emblemas*, Valencia, 1658). Véase J. M. González de Zárate, 1987.

las Españas, y las Indias ejercitan su mayor cuidado, imitando al Grande Filipo IV, cuya austriaca sangre derivada de aquel Hércules invicto, que dio muerte a los tres geriones, o laminios, es claro manantial que corre perpetuo, y siempre augusto, que dejó en ellos vinculada su memoria, y sucesión" [fol. 42 r].

Por último, el autor se despide con la clásica expresión superlativa acerca de la fiesta celebrada: "Días fueron los más célebres, y de mayor concurso de gente, y aplausos, que esta ciudad ha visto" [fol. 43 r]. Para dejar testimonio del último aplauso a Carlos II, el texto sella su carácter literario con la cita de dos versos de Lope de Vega para referirse al rey: "[...] cuyo nombre a los siglos extendido / se olvide de olvidar al olvido" [fol. 43 r]. En último lugar, Pinelo aprovecha para remachar la propaganda política del imperio hispánico con una alusión al número que identifica a este nuevo rey Carlos: "Carlos, no tanto segundo de este nombre, cuanto porque lo ha de ser en las hazañas de aquel invicto César, que mereció ser primero en el templo de la fama. Llámenle pues Carlos Quinto Segundo, *incline a sus reales pies la frente del orbe*" [fol. 43 v]. Así, el recuerdo de Carlos V se repite en esta relación de fiestas para exaltar el pretendido origen glorioso de la conquista, que se replicaría en un nuevo Carlos, profundizando, a través de la repetición del nombre, en la idea de continuidad.

Los versos del príncipe de Esquilache (Francisco de Borja y Aragón) ponen punto final al texto, con el componente económico consubstancial al tópico de América como tierra de la abundancia iniciado por Colón: "Y empiecen a brotar por nuevas venas, plata los montes, y oro las arenas" [fol. 43 v]. Finalmente, y sellando la idea de la genealogía hispánica como línea sucesoria exclusiva en la historia del Nuevo Mundo, cierran el texto los versos de Esquilache:

Vivan las edades todas
de los Filipos, y Carlos,
que de todos las proezas
ha de imitar con los años.
Y ha de ser en los dos Mundos
que le aclaman con aplausos
otro Filipo Prudente,
y como el Tercer Santo.
Y para mayor defensa

de sus Reinos, y vasallos.
En el valor Carlos Quinto
y en piedad Filipo Cuarto. [fol. 43 v]

Los versos de Esquilache concluyen la mitificación de la dinastía de los Austrias, aclamada en los dos Mundos, tal y como la relación de fiesta describe para constancia de la veneración a los monarcas, visibilizada en el espacio de la gran capital virreinal que trataba de acercarse a esas "lámparas de la noche" del cielo estrellado, o de atrapar "las estrellas en carne" en la magnífica imagen del soberano.

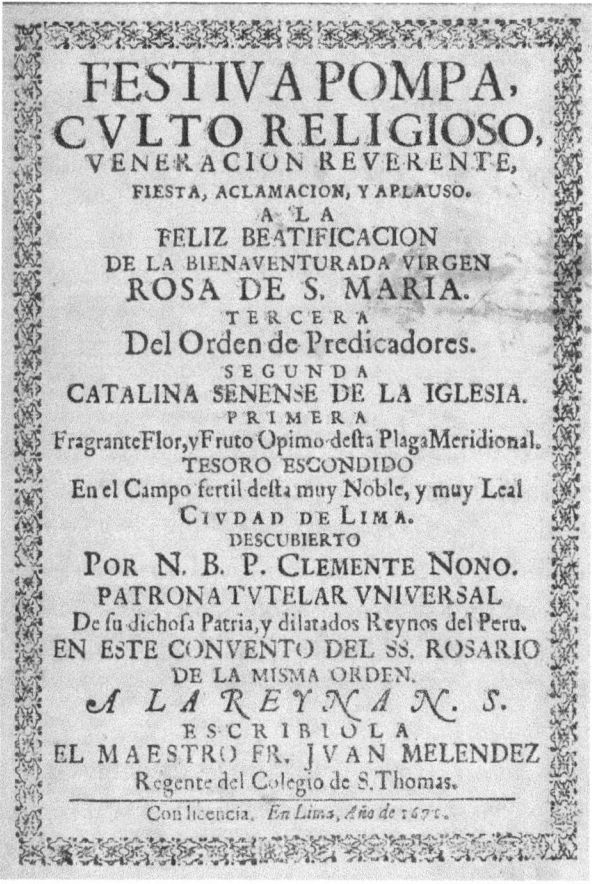

Figure 1.5. Portada de Juan Meléndez, *Festiva pompa, culto religioso, veneración reverente, fiesta, aclamación, y aplauso: a la feliz beatificación de la bienaventurada virgen Rosa de S. María...* (1671).

Santa Rosa festejada: la *Festiva pompa* de Juan Meléndez (1671)

Si sabemos que más allá de dar prolija noticia de los sucesos acaecidos en las ciudades y pueblos de España y América durante los siglos de la Colonia, las relaciones de fiestas contribuyeron a la conformación de la identidad de dichos pueblos, los textos que dejaron testimonio de los festejos por la beatificación de la Santa Rosa de Lima son paradigmáticos y muy reveladores en esta dirección. El motivo se encuentra, obviamente, en el carácter representativo de la identidad hispanoamericana que se ha asignado a Santa Rosa. Entre tantos autores que han reflexionado sobre este símbolo identitario, recojo aquí el de Waldo Ross en su trabajo "Santa Rosa de Lima y la formación del espíritu hispanoamericano":

> Así como el espíritu español comenzó a gestarse en torno a la personalidad de Santiago de Compostela y culminó en la caballería a lo divino de los grandes santos del Siglo de Oro, así como el alma rusa inicia su marcha en San Alexander Nevski y se plasma en San Sergio, así el alma americana nace de la confluencia de indios, conquistadores y misioneros –nace en choque y transculturación– y adquiere su perfil definitivo en el barroco de Indias bajo el signo de la Santa peruana. (1971, 122)

Conviene recordar, antes de entrar en el texto, que Rosa de Lima fue la primera nacida en América beatificada, el 12 de febrero de 1668, primera santa de las Indias –una santa criolla–. Al año siguiente, en 1669, sería nombrada Patrona de Lima y del reino del Perú; en 1670, de las Indias y Filipinas; y sería canonizada en 1671[40]. De los textos que relataron las fiestas por tales acontecimientos he seleccionado el de Juan Meléndez, *Festiva pompa, culto religioso, veneración reverente, fiesta, aclamación, y aplauso: a la feliz beatificación de la bienaventurada virgen Rosa de S. María. Tercera del Orden de Predicadores. Segunda Catalina Senense de la Iglesia. Primera Fragrante Flor, y Fruto opimo de esta*

---

40 Desde la década de 1990 se han sucedido los estudios sobre la figura de Rosa de Lima. Véase Iwasaki, 1993, Millones, 1993, Hampe, 1998, Mujica Pinilla, 2005, Millar Carvacho, 2003, Folquer, 2010 y Báez, 2012.

plaga[41] *meridional. Tesoro escondido en el Campo fértil de esta muy noble, y muy Leal Ciudad de Lima. Descubierto por N. B. P. Clemente Nono. Patrona tutelar universal de su dichosa Patria, y dilatados Reinos del Perú. En este Convento del SS. Rosario de la misma orden* (Lima, 1671). Como vamos a ver, Meléndez realiza en este volumen de doscientos sesenta y cuatro folios una rotunda reivindicación americanista que convierte esta relación en un texto fundamental para el análisis de la evolución del criollismo a fines del siglo XVII[42]. Pero también para constatar, una vez más, la funcionalidad de las relaciones de fiestas en la transmisión de una propaganda ideológica.

Para su análisis parto de los trabajos que en los últimos años han proliferado sobre los fastos por la beatificación de Rosa de Lima: Arias Cuba (2013), Farré (2012), Pérez (2015), Zugasti (2013) (unas décadas antes Vargas Lugo 1983 y 1988). Sobre el proceso de beatificación de Santa Rosa da pormenorizada noticia e información Miguel Zugasti en su trabajo "Santa Rosa de Lima, una santa del pueblo con sus fiestas y comedias para el pueblo" (2013), donde plantea que el fervor por Santa Rosa "era una demostración palpable del arraigo de la cristiandad en el Nuevo Mundo y, sobre todo, del orgullo criollo" (4). En su trabajo, el investigador recorre las comedias dedicadas a santa Rosa que tuvieron lugar en Lima, México, Manila, Madrid y Sevilla. Y compila en apéndice final una relación de impresos antiguos sobre santa Rosa (bulas apostólicas, sermones, hagiografías, relaciones de festejos, certámenes poéticos…) que, siguiendo un orden cronológico, resulta especialmente útil para la conformación de este corpus textual: desde la primera hagiografía en 1659, de fray Juan de Vargas Machuca, "hasta los más lejanos ecos de su canonización emitidos en Manila en 1677" (Zugasti, 2013, 17).

En lo relativo a los fastos celebrados en Lima en honor de la beatificación, tenemos tres textos: el que me ocupa en este capítulo, el de Diego de León Pinelo (*Celebridad y fiestas*, Lima, 1670[43]) y una relación

---

41 Del latín *plăga-ae* (clima, región) (*Diccionario latín-español* de Miguel y de Morante, 707).
42 He desarrollado una lectura de este texto desde la perspectiva del criollismo en *Lexis* (2019).
43 *Celebridad, y fiestas, con que la insigne, y nobilíssima Ciudad de los Reyes solemnizó la beatificación de la Bienaventurada Rosa de S. María, su Patrona, y de todos los Reynos, y Provincias del Perú. En Lima, año 1670.*

escrita por Gonzalo Andrés de Meneses y Arce, *Ilustración de la Rosa del Perú* (Lima, 1670). Las tres aprovechan el motivo de la beatificación para el enaltecimiento de Lima y de la patria criolla, elegida por Dios para que allí naciera santa Rosa, de modo que Lima aparece como centro de la civilización y punto neurálgico de la cristiandad. En definitiva, Lima se construye como espacio privilegiado dentro del imperio, idea que la canonización final de santa Rosa sellaría.

1. Meléndez y la reivindicación criollista

Conocido por ser el autor de *Tesoros verdaderos de las Indias* (1681), Juan Meléndez estuvo a cargo de la relación de fiestas con que el Cabildo de Lima, el virrey y la Orden de Santo Domingo, así como diversas instancias, celebraron la beatificación de Rosa de Lima. Por tanto, fue el encargado de realizar el informe oficial. El volumen –relato de ciento veintiuna páginas– contiene la relación de los fastos, así como, al final, diversas composiciones poéticas en honor de la entonces primera beata de América, los mismos que formaron parte de las diversas celebraciones. Asimismo, incluye los poemas en distintos metros y estilos del certamen poético organizado por esta orden de predicadores. Dichos poemas, impresos en grandes pliegos, fueron recopilados por Meléndez como colofón de su extensa relación[44].

Pero antes de entrar en el análisis del texto es necesario reparar en el autor, fray Juan Meléndez, sobre todo en su perfil ideológico, determinante de la reivindicación criollista que vamos a encontrar en *Festiva Pompa*. José Antonio Mazzotti, en *Lima fundida. Épica y nación criolla en el Perú* (2016), dedica un capítulo al autor especialmente revelador para comprender la dimensión mitificadora de Lima y sus habitantes presente en el texto. Titulado "Meléndez y la superioridad moral criolla" (2016, 155–158), en sus páginas Mazzotti delinea la dimensión de este dominico criollo nacido en Lima, perteneciente a la alta jerarquía de la iglesia, que "esgrimió una de las más elocuentes defensas de los criollos

---

44 Cito el texto en su reproducción digital en John Carter Brown Library: https://arch ive.org/details/festiuapompacult00mel/page/n3/mode/2up

y de la superioridad material y espiritual del Nuevo Mundo en sus *Tesoros verdaderos de las Indias* (1681)" (2016, 155). Los objetivos de esta obra, trazados por Mazzotti, coinciden, como veremos, con uno de los que sin duda persigue Meléndez en *Festiva Pompa*: la exaltación de la religiosidad de Lima y de sus habitantes blancos, que desde su punto de vista serían intelectualmente superiores en el conjunto del imperio español. Es más, el segundo volumen de *Tesoros* coincide con la "relación" en la temática, pues está dedicado a la vida ejemplar de Rosa de Lima. En tanto que esta obra apareció diez años después de *Festiva Pompa*, bien podemos trazar un claro hilo conductor del proyecto ideológico de Meléndez, pues las ideas de esta relación de fiesta tendrían después un desarrollo mayor, transcurrida una década, en esta obra (*Tesoros*) que Mazzotti sitúa con acierto en los contornos de la famosa "disputa del Nuevo Mundo" dieciochesca (tal y como la denominó Antonello Gerbi en su clásico *La disputa del Nuevo Mundo: historia de una polémica, 1750–1900*, de 1993). Mazzotti desarrolla el vínculo con la "disputa" en un doble plano de ida y vuelta entre Europa y América:

> La degradación ontológica de un buen grupo de españoles a un nivel subhumano recuerda el mismo lenguaje utilizado por autores europeos para referirse al 'otro' cultural hallado en el Nuevo Mundo. Ya en el siglo XVIII, la 'disputa del Nuevo Mundo', como acertadamente la llamara don Antonello Gerbi, repetiría algunos de los mismos términos de desprecio bajo la pluma del conde de Buffon y de Corneille de Pauw. Si los súbditos de la Corona nacidos en Indias eran concebidos y tratados como bárbaros en potencia y por lo tanto naturalmente inferiores [...] era lógico para un alto cuadro de la intelectualidad criolla y muchos otros de sus coterráneos apropiarse de ese discurso, invertirlo y devolverlo envuelto en un texto cargado de ejemplos de la autoproclamada grandeza espiritual. (2016, 156)

Como vamos a ver, *Festiva Pompa* constata esa vinculación de Meléndez con los términos en que se desarrolló la conocida "disputa", como una semilla de la misma en 1671.

2. *Santa Rosa, fruto de América*

Con estas ideas iniciales, nos situamos en el marco ideológico necesario para adentrarnos en la relación de fiestas de Meléndez. El texto invoca a la mujer beatificada como una hija espiritual de la religión de Santo Domingo y, sobre todo, como fruto de América. No así lo harían otras relaciones de fiestas celebradas en ciudades de España. Varios trabajos analizan esta diferencia con reveladoras conclusiones. Por su parte, Ybeth Arias Cuba, en su trabajo "En torno a las fiestas de beatificación de la Rosa indiana (1668–1671)", estudia las fiestas por esta beatificación celebradas en Lima (la citada de Diego de León Pinelo de 1670[45] y la de fray Juan Meléndez), México (de Antonio Morales y Pastrana, 1671[46]) y Madrid (de Nicolás Matías del Campo de la Rinaga, 1668[47] y de fray Jacinto de Parra, 1670[48]). Este trabajo analiza la trayectoria de los dominicos en las Indias, estableciendo el vínculo entre la beatificación y el enaltecimiento de la orden dominica[49], así como la utilización de la beatificación para la alabanza de Lima y Perú como patria de la primera beata indiana, sobre la que abundo a continuación en el análisis de la *Festiva Poma*. Interesa este estudio especialmente por su establecimiento del contraste entre las fiestas acaecidas en Lima y México y las de Madrid, en tanto que las americanas insisten en la idea de patria criolla, en el orgullo derivado y en la condición de "natural de la tierra" de Rosa, y la de Madrid, por el contrario, subraya la condición de Rosa como vasalla de la monarquía.

---

45 *Celebridad, y fiestas, con que la insigne, y nobilísima ciudad de los Reyes solemnizó la beatificación de la bienaventurada Rosa de Santa María, su patrona, y de todos los reinos y provincias del Perú*. Lima, 1670.

46 Francisco Rodríguez Lupercio, *Solemne, Plausible, Festiva Pompa, Magnífica, Ostentosa Celebridad, a la beatificación De La Gloriosa Rosa de Santa María*. México, 1671.

47 Mateo de Espinosa y Arteaga, *Rasgo breve, diseño corto del religioso culto que la nobleza peruana consagró en el real convento de Santo Domingo de esta corte: a la bienaventurada Rosa de Santa María*. Madrid, 1668.

48 *Rosa laureada entre los santos. Epitalamios sacros de la corte, aclamaciones de España, aplausos de Roma, congratulaciones festivas del clero, y religiones, al feliz desposorio que celebró en la gloria con Christo la Beata Virgen Rosa de Santa María, de la Tercera Orden de Predicadores, patrona del Perú. Y beatificación solemne que promulgó en la iglesia militante la santidad de Clemente Nono*. Madrid, Domingo García Morras, impresor del estado eclesiástico de la corona de Castilla, 1670.

49 "Rosa de Santa María tuvo doce confesores y un director espiritual. Siete fueron dominicos (Pedro Loayza, Sebastián de Lorenzana, Alonso Velázquez, Francisco de Madrid, Juan Pérez, Bartolomé de Ayala y Luis de Bilbao), cinco jesuitas (Juan de Villalobos, Diego Peñalosa, Antonio de Vega y los 'Siervos de Dios' Diego Martínez y Juan Sebastián de la Parra)" (Iwasaki, 2018, 232).

Asimismo, Mirzam C. Pérez incide en esta perspectiva en "Fomentando la identidad institucional dominicana en tres relaciones de fiestas para la beatificación de Santa Rosa de Lima", un estudio en el que compara tres relaciones por la beatificación celebradas en Granada[50], Cádiz[51] y Lima. En esta comparación, la autora recorre ejes vertebrales del texto de Meléndez: su inscripción en la tradición de las *laudes civitatis*, en tanto que "alaba las contribuciones estéticas y arquitectónicas de los edificios dominicanos pero lo hace añadiendo tres largos capítulos que describen los espacios, imágenes, y lujos de estos lugares" (128); la adulación a las autoridades americanas ("de la misma manera en que la relación de Cádiz menciona el uso de retratos reales para representar la presencia y aprobación monárquica, el texto de Lima menciona la presencia, participación, y regalos del Virrey y la Virreina de Lima en los eventos planeados, evidencia del profundo compromiso de las autoridades locales", 128); la exhaustividad de la extensa información recopilada, aportando documentación suplementaria para mayor gloria de la beata ("una transcripción de la bula papal de beatificación, una carta de la Reina Mariana enviada para la ocasión, la biografía de la vida y milagros atribuidos a Rosa, y una colección de poemas laudatorios complementan y contextualizan la relación", 128); por último, el tema sobre el que cabe añadir nuevos fragmentos, en lo que atañe al carácter americano de santa Rosa y, sobre todo, como fruto de las Américas, ("muy de notar es que mientras los textos de Granada y Cádiz afirman que Rosa es el producto del éxito dominicano en la iniciativa colonial, el texto de Lima hace alarde de la mujer beatificada como una hija espiritual de la religión de Santo Domingo", 128).

Por último, Judith Farré ha estudiado una temática fundamental para abordar la *Festiva Pompa* en "Poéticas del espacio en las relaciones de festejos novohispanos: la beatificación de Santa Rosa de Lima", un trabajo en el que analiza la cuestión espacial en textos en los que, al

---

50 Baltasar de Bolíbar, *Relación breve de las fiestas que el real convento de Santa Cruz de Granada dispuso y hizo en la beatificación de la venerable y Esclarecida Virgen la Bienaventurada Rosa de Santa María*, Granada, 1668.
51 *Relación compendiosa y diaria de las fiestas que se celebraron por once días en el Convento del Señor de Santo Domingo y el Rosario, de la ciudad de Cádiz, a la esclarecida y bienaventurada Rosa de Santa María...* Cádiz, 1669.

igual que los peruanos, el culto a la santa será "germen de la posterior utilización sociopolítica del imaginario rosariano" (2012, 286). Este artículo resulta especialmente significativo en lo referente al análisis del citado texto *Solemne, plausible, festiva pompa* de Antonio de Morales Pastrana (1671), pues permite observar dicho imaginario en el de Meléndez y comprobar las coincidencias entre ambos textos, por ejemplo, en la identificación de Santa Rosa con la Aurora, "aspecto que –escribe Farré–, según la preceptiva clásica, permite pensar en la nueva santa americana como motivo de esperanza y fecundidad" (2012, 293). En la *Festiva poma*, dicha identificación se formula en estos términos:

> No pues pierde la Rosa Peruana por haber nacido al Mundo en campo, que en otro tiempo fue teatro de la noche, y nublado del gentilismo de esta plaga occidental; antes si (como lo suave de la Rosa en lo duro de las espinas) campea más su luz en las tinieblas como rozagante Aurora: que si de esta contó el Nantuano Virgilio, tenía rosados los cabellos: *Aurea fulgebat roseis aurora capillis*. [fol. 103 v – 104 r]

Asimismo, Farré señala otro motivo recurrente, la metáfora que equipara flores y estrellas presente en la continuación del fragmento precedente ("por Rosa simboliza con ella su hermosura, cuyas luces, como las del Alba fueron en crecimiento cada día, brillando en heroicas virtudes, de virginal pureza, de ardiente caridad, Reina de todas, como la Rosa fragante de las flores" [fol. 104 r]), entre otros motivos que configuran un programa alegórico "que supone reconocer la fertilidad del suelo, es decir, la espiritualidad americana, al producir flores de fragancia, como Santa Rosa de Lima" (2012, 297). A este respecto, resulta fundamental recordar, con Waldo Ross,

> un aspecto decisivo y sobresaliente de la Santa, un rasgo sobre el cual han reparado continuamente sus biógrafos, a saber, su alma vegetal, su personalidad telúrica que la hermana con la Creación, su espíritu que se nos presenta como una prolongación y floración de la naturaleza americana. (122)

En suma, concluye con acierto Farré que se trata del "establecimiento de este modelo de santidad criollo" que "pasa por reproducir los motivos iconográficos fundamentales que muestran la figura de la santa como primera flor del jardín dominico en América" (2012, 299).

En este sentido, bien puede establecerse la relación con los textos anteriores: mientras en aquellos la fertilidad de la tierra se cifraba en los términos de las riquezas mineras que se ofrendaban a España, ahora la fertilidad del suelo americano se ensalza en tanto que productora de valores morales encarnados en una santa, que es explícitamente criolla, y que ha nacido en Lima por elección de Dios.

Esta reivindicación americanista está presente a lo largo de todo el texto de Meléndez. Veamos primero, de forma sintética, su contenido, comenzando por señalar que la dedicatoria está dirigida "a la católica y cesárea majestad de la Reina N. S. Doña Mariana de Austria, emperatriz de dos mundos" [sin foliación]. La extensa relación cuenta con todo pormenor la llegada de la noticia de esta beatificación a Lima en 1668, para pasar luego a relatar detalladamente la fiesta celebrada en Lima, en la que cabe destacar la participación activa y plena de, nuevamente, "los pobres indios" agasajando a "la Rosa": "Ni en la miseria de los pobres indios faltó agasajo que hacer a su divina paisana la Rosa [...] fabricaron a su triunfo hermosos triunfales arcos" [fol. 27 r]. Después encontramos el sermón de la celebración de la bula de su beatificación[52] y el relato de las procesiones, los cantos en las vísperas, el certamen poético de ocho alumnos y procesión por el claustro de la universidad, con cuatro máquinas de fuego y faroles pendientes de la torre en la tarde del quinto día a cargo de la Universidad de San Marcos. No faltan tampoco en esta fiesta religiosa los mismos elementos de la fiesta cortesana: fuegos en la plaza, atabales y chirimías, fuegos por la noche y máquinas de fuego.

---

52 Otro sermón fundamental que también es una reivindicación criollista a partir de la religiosidad y de la alabanza a santa Rosa de Lima es el de Juan de Espinosa y Medrano titulado "Oración Panegírica a la Gloriosa Santa Rosa". Si el sermón de Meléndez fue pronunciado en Lima, este lo fue en Cuzco y se encuentra recogido en *La novena maravilla nuevamente hallada en los panegíricos sagrados que en varias festividades dixo el Sr. Arcediano Dr. D. Juan de Espinosa Medrano, primer Canónigo magistral, Tesorero, Chantre y finalmente Arcediano de la Catedral del Cuzco en los reinos del Perú, Presentóles con fineza al Orden del Gran Patriarca, Santo Domingo, el Maestro Agustín Cortés de la Cruz. Capellán Real de la gran ciudad del Cuzco, discípulo del autor que los saca a luz y los imprime a su costa*, Valladolid, 1695. Para un análisis del sermón, véase Perilli, 2011.

Tras los carros aparecen elementos propios de la fiesta religiosa, como la procesión (con cinco estaciones) protagonizada por las cofradías de la ciudad, con sus estandartes, etc. Sobre las procesiones, hay que tener en cuenta que también experimentaron, como es bien conocido, un proceso de transformación, o transculturación, al aclimatarse en territorio americano y adoptar en su seno manifestaciones festivas indígenas. Y así vemos, en este texto, que en la procesión "discurrían varias danzas de diversas representaciones de trajes, y estilos conforme a la usanza antigua de las muchas naciones de estos indios: y iban repartidos a trechos varios ternos de dulces chirimías, que todo era pasmo de la admiración, y más que tierno incentivo de la ternura" [fol. 100 v]. Concluye la fiesta con toros y cañas, presidida por el virrey, siempre descrito en su bizarría, ostentación y aparato. Finalmente, el autor cierra el volumen con la mencionada recopilación de poemas en honor a santa Rosa.

Fijémonos a continuación en los elementos de reivindicación americanista, añadiendo nuevos detalles relevantes a los ya destacados en los artículos citados. En primer lugar, es llamativa la expresión de la queja del autor ante el hecho de la tardanza de la llegada de la noticia a Lima, por la cual fueron los últimos en festejarla:

> La distancia grande, que hay de Lima a Roma, fue causa de que llegase a nosotros tan tarde la noticia de tan esperado bien, que ya la habían gozado, y celebrado extraños, cuando aún no le sabíamos los propios, viniendo a ser los últimos al aplauso, los que por naturaleza deberíamos de ser los primeros al culto. [fol. 6 v – 7 r]

Nótese la utilización de la palabra "extraños" para referirse a los peninsulares y la molestia que ello produce en "los propios", obvia expresión de ensalzamiento americanista situada al comienzo de la relación.

Resulta interesante añadir a esta expresión de contrariedad y queja, ya señalada por los críticos, otra no menos llamativa, que parte de una reflexión sobre el poder de la palabra para perpetuar los hechos históricos, y sobre el alto coste de la imprenta en Perú, "solo desgraciado en esto" (reparemos en que se aprovecha cualquier inciso para el enaltecimiento de lo propio). En este punto es importante la protesta expresada por Meléndez con respecto a las impresiones de libros americanos en España:

> [...] y esta es la causa de que tantos sujetos grandes, que han ilustrado estos reinos, en los púlpitos, y cátedras, y de que hoy están pobladas las celdas de los conventos no tengan ya el mundo lleno de libros, sin que les haya valido a algunos enviar sus obras a España, donde se hacen de balde las imprentas, que como allá no hay a quien les duela, salen, con el descuido del impresor, tan desfiguradas de los moldes, que no las conocerá el ingenio que las parió. ["Al lector", sin foliación]

A partir de estos reproches, tan significativos para observar el creciente distanciamiento de la colonia con respecto a la metrópoli, el texto insiste constantemente en llamar a santa Rosa la "Paisana", emblema de la nación peruana, que es la de los dominicos criollos. Y en convertirla en símbolo del orgullo criollo al aparecer como "nuestra fragrante Peruana Rosa", "nuestra ilustre criolla", cuyos milagros son "admiración del Mundo".

3. *La exaltación de Lima, madre de "nuestra criolla" Rosa*

Esta construcción de santa Rosa como símbolo identitario se intensifica al aparecer rodeada, insistentemente, de elementos mitificadores, tanto de la naturaleza del Perú como de la ciudad de Lima. Así, por ejemplo, cuando se alude al río Marañón, uno de los principales de América, se expresa el orgullo ante una naturaleza americana que no tiene nada que envidiar a la del Viejo Mundo, identificada en ríos míticos: "No hay que mendigar ajenos Nilos, ni Éufrates, cuando tenemos a este Rey de los ríos en las Indias" ["Dedicatoria", sin foliación].

Desde el enaltecimiento de la naturaleza, el autor vira hacia el de la exaltación de la ciudad de Lima, que convierte en eje vertebral de todo el texto desde el Exordio: "Riquísimo Reino del Perú, y Nobilísima sobre muy leal Ciudad de Lima, opulento emporio suyo, que sin agravio de otra lo pudiera ser del Mundo" [fol. 1 r]. Un encomio superlativo al lugar elegido para ser patria de Rosa de forma que los elogios a Rosa lo son a la ciudad, se retroalimentan en una simbiosis perfecta: "Por el abril de 1586 brotó a respirar fragancias esta Rosa en el vergel florido de esta Metrópoli de la América", que murió en 1617 [fol. 1 v]. Los ejemplos son numerosos, desde los que fusionan la ciudad con la homenajeada en aras de esta mitificación mutua ("La beatificación de una hija, las primicias de este Reino, la primogénita de esta insigne, y nobilísima Ciudad de los Reyes, nunca más gloriosamente coronada, que teniendo tal hija por corona, sobre las tres, que la ciñen; de nuestra Criolla, digo, la Beata Rosa de Santa María" [fol. 37], "más gloriosa la demostración en su propia Patria la Ciudad de los Reyes, de donde es hija, y Patrona la Virgen Rosa (¡oh dichosa Lima!)" [fol. 36 v]); pasando por los que utilizan el recurso clásico de las crónicas de Indias sobradamente comentado, esto es, la equiparación de Lima con ciudades míticas de la Antigüedad ("nueva Troya Lima feliz por su Rosa, mejor, que desdichada aquella por su Elena, se concedía toda por materia de una continuada hoguera" [fol. 25 r]); ejemplos en los que emerge el mito de las riquezas del Nuevo Mundo ("que la plata de que es dueño le hace verse servido con lo mejor de todas las naciones" [fol. 26 v]); o el encomio de la jerarquía eclesiástica (la misa se realizó "con la majestad que acostumbra esta gran Metropolitana") y sobre el Arzobispo que la ofició ("lustre de la religión, honor de nuestro hemisferio, hijo de N. Provincia" [fol. 27 v]); la alusión a la tres veces coronada Ciudad de los Reyes ("a los pies de Rosa las tres coronas, blasón de la ilustre patria" [fol. 31 r]); o la identificación con espacios míticos de la antigüedad que confluyen en Lima ("y desde las Riberas del Nilo, donde tuvo su origen la rosa natural [...] hasta las del Río Lima, o Rímac, que este es su nombre, donde tuvo la mística su principio, y fin" [fol. 34 r])[53].

Esta línea de exaltación superlativa de la urbe, que inscribe estos textos en la tradición de las *laudes civitatis* que tanta relevancia tuvieron para la consolidación de los virreinatos y sus orígenes, permite crear el contexto idóneo para que los habitantes de Lima a su vez se incluyan,

---

53 Cabe añadir que incluso en la reivindicación de "la más alta vida espiritual" para Lima, también habría disputas internas. En este sentido, Fernando Iwasaki, al recordar la "conciencia criolla" que surge en "los testimonios de los testigos que acudieron a declarar en la causa por la beatificación de Rosa de Santa María tras su muerte en 1617 (Hampe, 1997 y 1998)" (Iwasaki 111–112), expresa una opinión que comparto: "Nada que objetar. Sencillamente pienso que no hay que descartar que las propias órdenes religiosas e incluso los mismos creyentes compitieran entre sí por la hegemonía del 'territorio devocional'" (2018, 112).

en el texto, en toda esta grandeza, para la cual se utiliza también ese tópico de la fertilidad de la naturaleza asociado a Santa Rosa que ya hemos visto comentado por Waldo Ross:

> Si las plantas de vida vegetable, por la cercanía, por la vecindad, y por haber nacido donde nació la Beata Rosa, dan gracias a Dios imitándola; con cuánta mayor razón nos ejecuta a nosotros vivientes racionales, que nacimos en la misma ciudad que ella nació, y tenemos la planta, no en el Parque de la Tierra, sino la Rosa fragante en los jardines del cielo ya beatificada, hermana nuestra tan cercana, y tan vecina, el dar a Dios continuas gracias. [fol. 38 v]

En definitiva, el ensamble entre Rosa, la ciudad y sus habitantes resulta en una operación mitificadora que obedece a un claro programa vindicativo, que tendrá como punto principal la abierta defensa criollista.

4. Indígenas y criollos en el ideario de Meléndez

Otra cuestión esencial para la construcción del programa ideológico criollo que se desarrolla en el texto es la que atañe a la participación indígena en los fastos, que aparece en estas líneas así descrita: "Ni en la miseria de los pobres indios faltó agasajo que hacer a su divina Paisana [...] fabricaron a su triunfo hermosos triunfales arcos [...] de varias fragrantes dispuestos en lasos, que aunque a su bárbaro modo, si eran gusto del olfato, servían de diversión apacible a los ojos" [fol. 27 r]. Si bien este fragmento ya ha sido señalado por los críticos para referirse a los modos con que la fiesta barroca y el texto que la sucede incluyeron al indígena haciéndolo partícipe en la escena festiva, cabe añadir esta otra referencia sustancial del texto, significativa de la dimensión de dicha integración que, sin embargo, lo confina al espacio de lo ajeno, lo "otro" de la sociedad colonial: "[...] porque no solo hay persona rica, o pobre, alta o baja que no le tenga en su casa con singular reverencia, hasta el más cuitado indio" [fol. 63 v].

Y si el indio aparece de este modo en el texto, fundamental es también reparar en este párrafo en el que Juan Meléndez realiza una reflexión explícita no solo sobre los criollos, que protagonizan el texto, sino sobre la propia denominación "criollo" que la refrenda:

No fue necesaria esta prevención cuidadosa a los que con vivos fuegos de fervorosos afectos, que encendió la devoción celebraban en sus almas los triunfos de su Criolla; pero fue atento cuidado de don Diego de Carvajal, Caballero de la Orden de Calatrava, Correo mayor de las Indias, y de don Álvaro Namamuel de los Ríos, Caballero del Orden de Alcántara, Alcaldes Ordinarios, y Criollos ambos de Lima, que bastan solos a honrar este nombre de Criollos, mal recibido de algunos, como si por si los nombres fuesen capaces de mérito u de demérito. [fol. 24 v]

El párrafo es intensamente significativo en varios detalles: obviamente, el determinante posesivo para referirse a santa Rosa como "su" criolla, pero sobre todo la reivindicación de la palabra "criollo" (destacada en mayúscula) frente a los intentos de desprestigiar a quienes la encarnaban. Los términos en que se cifra esta reivindicación del vocablo "criollo" apuntan hacia ese germen que la *Festiva pompa* significa en los albores de la "polémica del Nuevo Mundo", que tendrían un desarrollo mayor en *Tesoros verdaderos de las Indias* diez años después, tal y como explica Mazzotti en *Lima fundida*: "El uso del término 'criollo' resulta el arma inicial en la defensa de sus connacionales. Llega a oponerlos al carácter 'zafio' de muchos peninsulares"[54] (2016, 156). Para ejemplificarlo, ofrece el crítico estas líneas de *Tesoros* que reproduzco por ser las más significativas en tanto que Meléndez radicaliza aquí la reivindicación, al punto de tildar a los peninsulares, efectivamente, de zafios indignos de las cualidades humanas: "Para distinguirnos de los mismos españoles que nacieron en España, nos llamamos allá Criollos, voz que de cierto en España se ríen mucho: pero con la razón con que se ríen algunos de todo lo que no entienden: propiedad de gente zafia indigna de tener figura de hombres (I, f. 353 r)" (cit. en Mazzotti, 2016, 155). Asimismo, añade el crítico otra cuestión esencial sobre este ideario de Meléndez, relativo a la limpieza de sangre, que se mantendría "mucho mejor en el Perú que en España" según Meléndez (Mazzotti

---

54 Explica Mazzotti la amplitud del término "zafio" en la época, no solo sinónimo de "grosero" o "tosco", sino, en el castellano peruano, con el significado de "desalmado" (155). Y detalla que no se trataba de descalificar a todos los peninsulares, sino solo "a aquellos que no querían saber más de la sobrepujante superioridad –en términos criollos, naturalmente– de los reinos españoles al otro lado del Atlántico o los que, sabiendo de ella, no querían reconocerla" (2016, 156).

156): "[…] hacemos pues mucho aprecio los Criollos de las Indias de ser Españoles, y de que nos llamen así, y nos tengan por tales, y en orden a conservar esta sangre Española pura, y limpia se pone tanto cuidado, que no tiene ponderación" (157). Con todo ello, el dominico sitúa a los criollos limeños en la cumbre social del imperio.

Por último, la evolución del texto, desde las quejas aludidas, pasando por la identificación de santa Rosa con la ciudad de Lima y su tierra, y por la inclusión del indígena y la reflexión sobre el criollismo, conduce a un párrafo fundamental para completar el arco social de la fiesta: doce pelotones del ejército de "indios, pardos, y morenos libres, gallardamente lucidos todos, siendo raros los que no cortaron nueva gala a su gusto para el día, y ninguno el que dejó de traer, entre las plumas, rosa hechiza en el sombrero, común gala que inventó la devoción, y aumentó su lucimiento, que sin duda hacen buen maridaje rosa y plumas" [fol. 29 r]. Estos ejemplos de integración de elementos indígenas tienen varios momentos en el texto, como el de su aparición "conforme a la usanza antigua de las muchas naciones de estos indios". Y sin duda sirven para enaltecer la labor misionera de los dominicos y reclamar a santa Rosa como miembro de la comunidad criolla, sin olvidar el vínculo con la comunidad indígena. Cabe señalar, por último, que esta imagen extraordinaria del maridaje de rosa y plumas, o de Rosa con los indios, en un fasto de exaltación criollista, completa la confrontación entre el texto de Meléndez y las relaciones sobre las fiestas que tuvieron lugar en España en honor a Santa Rosa, que se la apropiaron como figura peninsular.

Diez años después, en la segunda parte de *Tesoros verdaderos de las Indias* (publicada en tres tomos entre 1681 y 1682), la mitificación urbana de la "Festiva pompa" se complementa con la comparación crucial, señalada por Mazzotti, entre Lima y Jerusalén: "[…] y hasta fue diseñada por Dios, con lo cual se le otorgaba a la ciudad rango de punto simbólico fundamental dentro de un metarrelato providencialista sobre el orden cristiano en el Nuevo Mundo" (2016, 157). Por este camino, en su capítulo de *Lima fundida* el crítico llega a la deducción última, que permite la identificación de Lima con el Paraíso Terrenal. Es más:

El diseño divino también conllevaba que el plan providencialista podría incluir la traslación del centro de la fe cristiana, recentrando así el paradigma europeo en relación con la superioridad de esa tercera parte del Viejo Mundo sobre las otras de la humanidad conocida. Lima, pues, se convertía en el *axis mundi* para la transmisión de la fe. Recordemos, por eso, que Meléndez no solo cuestiona la racionalidad ("indigna de figura humana") de los peninsulares, sino que también formula un espacio renovado para el mejor desarrollo y prevalencia tanto de la pureza de sangre como de la más alta vida espiritual posible en su momento. (158)[55]

Concluyamos remarcando que *Festiva pompa* es un texto especialmente significativo en el corpus textual de las relaciones de fiestas en el virreinato del Perú, y que su gran riqueza en claves de interpretación socioculturales y sus derivaciones geopolíticas no se agota en estas páginas, que pretenden llamar la atención sobre la necesidad de seguir explorando el texto desde otras perspectivas. En este capítulo, la perspectiva de análisis que he propuesto permite constatar las operaciones culturales de intensificación del discurso criollista que, a las alturas del siglo XVII en que se produce el acontecimiento relatado –casi en las puertas del siglo "ilustrado"– estaban solidificando la construcción identitaria en esa esfera de lo real que es el escenario festivo, redimensionado y eternizado en la relación que lo describe. Desde la constatación del sesgo propagandístico del texto, la relación de Meléndez, con

55 Sobre esta comparación de Lima con Jerusalén, hay que recordar que pocos años después esta se desarrollaría en uno de los planos principales que se conocen de la ciudad. Tal y como explican Mínguez y Rodrígez, el proyecto de las murallas de Lima se fraguó en mapas desde 1685 debido al padre fray Pedro Nolasco, "que al parecer se basó en el plano del proyecto realizado por Juan Ramón Koninick, jesuita flamenco que daba clases en la Universidad de San Marcos, capellán Real del Palacio y cosmógrafo Mayor del Reino del Perú. Koninick junto con el ingeniero militar Venegas Osorio fueron los directores de la construcción de las murallas. A pesar de que el plano no es más que un proyecto idealizado de lo que debían ser las fortificaciones y de que la corona no lo aprobó, Koninick comenzó la dirección de las obras por orden del virrey duque de la Palata, aunque muy simplificadas pues el proyecto resultaba excesivamente costoso. Una copia del plano se publicó en la obra de Echave y Assu *La estrella de Lima convertida en sol* (Amberes, 1688). Se inspiraba en el prototipo de Nolasco e incluía además la representación de los principales santos de la ciudad, así como de animales exóticos. En él se exageraba la ortogonalidad de las manzanas y el tamaño de las iglesias. Intentaba así ofrecer una imagen de Lima como la Jerusalén celestial, como el paraíso en la tierra" (2006, 349–350).

su utilización de la figura de santa Rosa como emblema para el alegato americanista frente a España, se erige en texto fundamental para el análisis de la evolución del criollismo a fines del siglo XVII.

Por último, la comparación con las fiestas realizadas en ciudades españolas, en las que santa Rosa ejemplifica el éxito dominicano en la empresa colonial o se configura como vasalla de la monarquía, es esencial para comprobar la instrumentalización de su figura en la relación de Meléndez con el fin de convertir a Lima en centro de la civilización y punto neurálgico de la cristiandad, espacio privilegiado en los límites del imperio. Un objetivo que ya hemos visto perseguido en los textos precedentes, si bien en aquellos no hay una reivindicación criollista explícita como la de Meléndez. En esta línea, el texto permite seguir el programa ideológico que el dominico desarrollaría una década después en *Tesoros verdaderos de las Indias*. Con todo ello, el análisis propuesto, centrado en la construcción de la Lima criolla a través de su simbiosis con santa Rosa, ha permitido profundizar en algunos de los elementos del texto que lo configuran, fundamentalmente en lo que atañe a esa exaltación de la ciudad de Lima y de su sociedad diversa en sus diferencias internas, pero también en las distancias y lejanías, físicas y sentimentales, con la peninsular.

SEGUNDA PARTE

LA LIMA FESTIVA HETEROGÉNEA: SIGLO XVIII Y COMIENZOS DEL XIX

La ciudad entre el júbilo, la ruina y el conflicto étnico: primera mitad del siglo XVIII

Llegamos al siglo XVIII para situarnos ante un conjunto de textos altamente significativos sobre el proceso de tensiones, negociaciones y desarrollos identitarios que eclosionan en el siglo XVIII, de forma especialmente significativa hacia el último tercio. Para su estudio hay que tener presente el contexto en el que nos encontramos, en el que dicho proceso histórico daría lugar a las rebeliones indígenas en Cuzco en 1780, centro de influencia de las reivindicaciones indígenas a lo largo de todo el siglo XVIII. Tal acontecimiento histórico es determinante de los modos en que aparece en la ciudad de Lima la denominada "nación índica", en los textos que relatan diferentes fiestas, entre las que destacaré las organizadas por la entronización de Carlos IV.

Antes de adentrarnos en los textos seleccionados, es preciso recordar algunos cambios que sufrió la capital en las postrimerías del siglo anterior. Entre los frecuentes terremotos, el ocurrido en 1687 fue devastador y asoló toda la costa, de modo que la ciudad, de nuevo, quedó prácticamente destruida a finales del siglo XVII. La segunda plaga de la capital fueron los filibusteros. Dos años antes del terremoto, en 1685, el duque de la Palata decidió poner remedio a este problema, y con el afán de conservar las riquezas de Lima, mandó construir una enorme muralla que rodeara toda la ciudad. Como sabemos, estas murallas se mantuvieron hasta el año 1870. Hemos alcanzado por este camino de constante destrucción y reconstrucción el siglo XVIII, y el aspecto de la urbe, en palabras de Raúl Porras Barrenechea,

> sigue siendo austero y sombrío como el de un claustro. Los viejos solares, de portalones solemnes, los zaguanes oscuros y las altas cercas de los monasterios, prestan sombra y silencio a las calles. [...] Pero tras la apariencia grave, el alma de la ciudad se sonreía, como el rostro de la tapada bajo el manto encubridor. [...] Tras de los muros de los conventos surgía la alegre fiesta de los jardines y de los azulejos, y en los claustros propicios el libertinaje triunfaba ya sobre la oración. (33)

Para situarnos en esta nueva centuria, no hay que olvidar que con el siglo XVIII llegan nuevos aires a la nación. Recordemos que el cambio de dinastía, de los Austrias a los Borbones, trajo consigo el advenimiento de la ilustración europea y del enciclopedismo francés y sorprendió al Perú con la llegada de viajeros cosmopolitas, libros prohibidos, novedosas investigaciones, expediciones científicas, auge del periodismo y de revistas especializadas, planes de reforma y nuevas ideas. Entre el equipaje de los viajeros se deslizaban libros de los enciclopedistas, el *Contrato Social* o *La Nueva Eloísa* de Rousseau, y demás personalidades de la prerrevolución francesa. En 1777 se fundó en Lima la Sociedad de Amantes del País, creadora del *Mercurio Peruano* en 1791, la más notable publicación periódica que permitió el desarrollo del espíritu ilustrado con el tratamiento de los más diversos temas: agricultura, comercio, industria, temas sociales, literatura, etc., si bien el periódico acataba los postulados del hispanismo tradicional como forma de combatir el afrancesamiento y funcionó como órgano cultural para afianzar las tradiciones del Perú.

Este ambiente cultural, fermento de inquietudes intelectuales imbuidas por la curiosidad y las ansias de saber, fructificó en el anhelo del viaje, y es así como muchos intelectuales limeños viajaron a Europa y destacaron en la actividad cultural de los países que los acogieron. Entre ellos, Pablo de Olavide fue sin duda el peruano más representativo de la influencia francesa, tanto por su enciclopedismo como por sus ideales revolucionarios.

En lo que respecta al género que nos ocupa, el cambio de centuria trajo también modificaciones fundamentales para el fenómeno de la fiesta, en tanto que los Borbones sustituirían la importancia de las entradas de los virreyes, y por tanto el boato y ostentación de las mismas, por la de las fiestas dedicadas a la entronización de los nuevos reyes, en su afán de robustecer el poder de los monarcas. Una evolución en la que ha profundizado María Soledad Barbón:

> During the first two decades of the Bourbon reign, local officials adhered to the Habsburg practice of a relatively modest proclamation versus a more ostentatious reception for the viceroy. The proclamation festivities for Philip V in Lima in 1701 were, furthermore, particularly austere because of the hastiness with which they had to be planned and executed. They consisted of just the procession leading to the oath ceremony, whereas the entries of Viceroy Marquis Castell dos Rius (1707) in Lima and Viceroy Diego Morcillo Rubio de Aunón in Potosí (1716) entailed not only a magnificent entry but also a great number of entertainments that took place during the following days. This original model, however, was quickly abandoned and reversed for subsequent monarchical celebrations. The nuptials and proclamation of Louis I in 1723 and 1724–25, respectively, and the proclamations of Ferdinand VI (1748), Charles III (1760), and Charles IV (1790) were staged with spectacular pomp and involved not merely the political authorities but featured many days of popular entertainments sponsored by different sectors of colonial society. The city's welcome of the viceroy, in contrast, was reduced henceforth to just the reception by the local dignitaries outside the city, the two entries of the viceroy, a ceremony at the University of San Marcos, and a few bullfights sponsored by the cabildo. The popular segments of Lima were no longer involved in the viceroy's reception. The inaugural entries of viceroys Castell dos Rius and Villagarcía in Lima, and Morcillo Rubio de Auñón in Potosí, were the only ones to receive extensive official narratives, and expensive relaciones de fiesta were from now on mostly commissioned for royal events, in particular, royal funerals and proclamations. (2019, 65)

Es en este contexto en el que despuntó la figura central de la "ciudad letrada" dieciochesca, Pedro de Peralta y Barnuevo, autor del poema principal para la construcción literaria de la capital, *Lima fundada o Conquista del Perú* (1732) y, en lo referente a la tipología textual que tratamos, *Júbilos de Lima y fiestas reales que hizo esta muy noble y leal ciudad capital y emporio de la América Austral, en celebración de los augustos casamientos del serenísimo señor don Luis Fernando, Príncipe de Asturias con la Serenísima Señora Princesa de Orleans*, publicado en Lima en 1723 por Ignacio de Luna y Bohorques[1]. En su citada *Lima fundida*, José Antonio Mazzotti plantea algunas cuestiones cardinales sobre la cuestión identitaria en el siglo XVIII a propósito de estos textos. En concreto, en el capítulo dedicado a Peralta y Barnuevo reflexiona sobre "la 'invención nacional' de la élite limeña y cómo esta prefigura la peculiaridad del posterior estado criollo (que no llega a ser verdaderamente 'nacional' en el sentido moderno)" (2016, 295). Esa "invención", o construcción nacional realizada a partir del lenguaje simbólico de la cultura occidental, tendrá en las fiestas dieciochescas un espacio idóneo de desarrollo. Pasadas unas décadas, hacia finales del XVIII, tendremos en plena efervescencia tanto el sentimiento nacionalista indígena, que necesitaba reubicarse en el contexto del poder monárquico tras la represión de la rebelión de Tupac Amaru II (1781), como la consolidación de una "identidad étnico-nacional criolla" (Mazzotti 295), que venía fortaleciéndose paulatinamente desde comienzos del siglo XVIII. En relación con este fortalecimiento, Mazzotti concluye que "*Lima fundada* podrá ser considerada como una historia del Perú, que parte del concepto de la superioridad criolla para el afianzamiento de una tradición histórica de estirpe europea en el antiguo país de los incas" (295)[2].

En el presente libro no me detengo en el análisis de los *Júbilos de Lima* de Peralta, por ser un texto del que tanto Mazzotti (2016) como

---

1   En el proceso de edición de este libro se han publicado dos ediciones de *Júbilos de Lima*: la realizada por Ignacio Arellano (2022) y la más reciente de Enrique Cortez y José Eduardo Cornelio (2023).

2   Sobre la visión de la historia de Peralta resulta fundamental el iluminador trabajo de Virginia Gil Amate (2021) dedicado a otra de sus obras, *Historia de España vindicada* (1730), en el que la investigadora analiza minuciosamente la recuperación de la historia de España realizada por el limeño: su "pretérito oscuro" de guerras y crueldad que, "sin embargo, no supone una condena de su futuro" (406). Su conclusión sobre "la primera y única historia que un criollo escribió sobre España" "es que las guerras en territorio europeo no fueron menos crueles que las que dotaron de una identidad sanguinaria a la historia del Nuevo Mundo" (406). Así pues, Peralta estaría estableciendo una comparación esencial para ese proceso de construcción de la identidad criolla: "Peralta desde el Perú editaba el primer volumen de su historia en la que los españoles podrían leer su pasado como los criollos habían leído el de sus territorios de origen desde el siglo XVI" (Gil Amate 407).

Barbón (2019) han extraído relevantes conclusiones fundamentales para el tema que me ocupa. Me detengo, sin embargo, en un conjunto de textos más tardíos, los que festejan la llegada al trono de Carlos III y de Carlos IV, fechados en 1760 y en 1790, respectivamente. No obstante, interesa partir para ello de algunas de las ideas desarrolladas por estos autores sobre las fiestas principales de la primera mitad del siglo XVIII (entre ellas, *Júbilos de Lima*) en las que Lima "reafirmaba su lugar prominente dentro de la monarquía hispana" (Mazzotti 297), así como del análisis en profundidad realizado por Otemberg sobre las fiestas por la proclamación de Fernando VI a partir del texto *El día de Lima* (1748)[3].

Partamos de unas líneas de Périssat, también destacadas por Mazzotti, que conviene repetir aquí:

> El objetivo de las relaciones de fiestas no es registrar las reivindicaciones locales y las muestras de insatisfacción de los más radicales ante la huida de las riquezas peruanas hacia la lejana metrópoli, sino más bien manifestar una fidelidad siempre mayor y más espontánea; las alusiones a los tributos que salían del puerto del Callao parecen querer traducir la alegría y el orgullo de los limeños por participar en la gloria del monarca. Las repeticiones de esta sumisión voluntaria revelan muy claramente la necesidad de recordar al rey una lealtad muchas veces cuestionada por las reivindicaciones cada vez más exigentes de los criollos radicales. Se trata pues, para los autores de las relaciones, de dar pruebas de diplomacia, de tranquilizar al soberano sin dejar de lado su criollismo moderado. Este tipo de testimonio de lealtad se multiplica en los relatos del XVIII. (2000a, 37)

Por otro lado, centra su atención Mazzotti en un aspecto que analizo en particular en los textos de este apartado, esto es, "el tratamiento que da Peralta a las representaciones populares del pasado indígena, así como a su propia versión de la tradición incaica [...] esto nos iluminará con respecto al conocimiento que uno de los más informados

---

3 *El día de Lima. Proclamación real que del nombre Augusto del supremo señor D. Fernando el VI, Rey Católico de las Españas y Emperador de las Indias. N. S. Q. D. G. hizo la muy noble y muy leal ciudad de los Reyes Lima, cabeza de la América Austral, fervorizada a influjo del celo fiel, del cuidadoso empeño y de la amante lealtad del excelentísimo señor don José Manso de Velasco [...] Virrey, Gobernador y Capitán General de estos Reinos del Perú y Chile, etc.; de cuyo orden se imprime. Con la relación de tan fausto felice aplauso, y de las reales fiestas con que se celebró.* Lima, s.e.

hombres de su tiempo tenía de la memoria colectiva de la 'república de indios'" (297), cuestión en la que profundiza Barbón en su libro de 2019, tres años después de *Lima fundida* de Mazzotti:

> The celebration of 1723, though not a proclamation, still constituted a foundational ceremony for the Bourbon dynasty, and its written depiction, Peralta's *Jubileos de Lima y fiestas reales* (1723), provided a template for all of the proclamation ceremonies and their accounts during the eighteenth century. Aware of the novelty of the fiestas de los naturales, Peralta clearly foregrounded this new addition to the traditional festivities, dedicating almost half of his entire text to the Amerindians. (2019, 78)

Por su parte, también se detiene Mazzotti en los modos en que Peralta construye su "discurso hegemónico", basado en sancionar "así favorablemente el sentido localista de 'patria'" que ya los criollos "manejaban desde fines del siglo XVI", y que tipifica como "etnonacionalismo criollo" (297). Este se basaría, al tiempo, en la muestra de lealtad de los criollos al rey español y en el elogio a las riquezas del Perú que lo sitúan en posición de superioridad (Mazzotti 299), todo ello abonado por la configuración del monarca como heredero de la antigüedad grecolatina, como observaremos en los textos: "Así, mientras el Perú supera en riqueza a cualquier región del mundo, es también continuador de una abundancia mítica, como la de la España de la antigüedad o la de la Grecia clásica" (300). Asimismo, se fija Mazzotti en el parangón que se construye en los textos entre la "grandeza territorial y minera", la "calidad de sus habitantes" y la "magnificencia de sus ciudades" (300), amalgama en la que también abunda Barbón en su análisis de *Júbilos de Lima*:

> The section "Fiestas de Plaza" (Festivals on the Main Square) sets out with a "Breve descripción de Lima" (Brief Description of Lima), this time a praise of the Limean *urbs* and *civitas* in which Peralta expands with more detail on other traditional Creole *topoi*: the exaltation of the city, its wealth, the beauty of its architecture, streets and monuments, all of this leading, as it was customary, to the praise of the ingenuity and talent of its inhabitants, and finally, the quality of its nobility, which was "an offshoot of that of Spain itself and the honor of oll of Peru, for since the former has given to her its prestige, to the latter it owes its conquest" (un Extracto de toda la de España, y es el

mérito de todo el Perú; puesto que aquella le ha embiado sus lustres, y éste le debe su Conquista) (*Jubileos de Lima*, fol. [15r]). (2019, 58)

De todo ello surge la ciudad de Lima, de nuevo, como "una de las mejores ciudades del orbe": "La ciudad de los Reyes se coloca en una primera instancia en la cúspide de la cornucopia citadina y se equipara a cualquiera de las viejas ciudades del Viejo" (300). Además, su carácter de *locus amoenus* tiene un amplio desarrollo en *Júbilos de Lima*, en los que Mazzotti advierte:

> Al dejar de ser un apéndice de España, haciendo de esta un satélite de su grandeza, Lima se transforma en la cima económica y cultural no solo de las Américas, sino del mundo conocido. La estrategia es [...] infiltrar de paso la perspectiva criolla de autolegitimación frente a las aspiraciones de las otras "naciones" del territorio andino. La ciudad pasará, así, a ser una "Peruana Roma", "la Salamanca de las Indias" y "la Athenas de América". (301)

Todo ello, ligado a la consideración de los criollos como ejemplares perfeccionados de la raza hispánica, deriva en lo que Mazzotti denomina un "narcisismo colectivo", basado en la superioridad y por tanto en el etnocentrismo (301). Por último, sobre el análisis que Mazzotti y Barbón realizan de *Júbilos de Lima*, conviene extraer algunas ideas fundamentales con respecto a la parte correspondiente a la "Fiesta de los Originarios Naturales" para adentrarnos después en esta misma fiesta en los textos seleccionados. Aclaremos en primer lugar que es a partir de esta celebración, la boda del príncipe Luis Fernando en 1723, que los indígenas concurrieron a la fiesta separados y al final, con el fin de que representaran la antiguas galas del pasado incaico, costumbre que se convierte en oficial y que vamos a ver desarrollada por varios autores de textos de la segunda mitad del siglo XVIII[4].

---

4   María Soledad Barbón ofrece información pormenorizada sobre el inicio del festejo de los indígenas en grupo aparte, muy relevante sobre el rechazo de una parte de las élites ante tal permiso, puesto que significaba dotar a la comunidad indígena de un especial protagonismo: "On January 29, 1723, the city council of Lima convened to discuss a petition that Melchor de la Pena y Lillo, the (chief magistrate) of the Amerindians of Lima, had presented on their behalf corregidor to Viceroy Diego

En lo referente al desfile de los incas, Peralta sigue al Inca Garcilaso en detalles sobre la dinastía como es la necesidad de incluir a Yupanqui (doce incas por tanto y no once, como ya lo viéramos en el desfile de la dinastía relatado por Ojeda y Salas y Valdés), gobernante recuperado en los *Comentarios reales*. Pero sobre todo le sigue en lo esencial: la aceptación de los incas como "sabios gobernantes", así como su consideración de los incas como los portadores de las esencias del cristianismo y su "conocimiento intuitivo del dios cristiano" (Mazzotti 305). Esta explicación pormenorizada de cada uno los doce monarcas nos recuerda la realizada por Diego de Ojeda en la relación de la fiesta por el nacimiento de Felipe Próspero (1659). Explicación que Barbón considera pensada para el lector español, y en particular para los miembros de la dinastía gobernante:

> Before proceeding to describe in great detail the celebrations themselves, Peralta gives a lengthy introduction to the origin and history of the Incas entitled "Compendio del Origen y Serie de los Incas" (Compendium of the Origin and Succession of the Incas), which merits special attention. This introduction, which is absent from subsequent relaciones de fiestas, was

Morcillo Rubio de Aunón. The indigenous population was requesting permission to organize its own spectacles for the upcoming festivities in honor of the nuptials of the Crown Prince Louis Ferdinand with Luisa Isabel of Orleans. This was an unprecedented request since Lima's Amerindians had previously participated in royal celebrations only as members of their respective professional guilds, not as a separate ethnic group, that is, as a *nación*. Their petition in 1723 to make an independent contribution to the celebrations thus marked a departure from established practice and duly gave rise to discussion. After lengthy deliberations, the fourteen members of the city council cast their vote: seven against, four in favor, and three abstentions. The opponents of the request stated that it was against custom and that these had been traditionally celebrations of the professional guilds and not of the ethnic *naciones*. If they granted this right to the Amerindians, they argued, they would have to grant it also to the other castas. Furthermore, they feared that as a consequence of this separation, the guilds would suffer a considerable financial loss since they would have to make do without more than two hundred indigenous participants. Those four councilmen who had voted in favor of the petition argued that the Amerindians should be applauded for their zeal and that their separate contribution would make the celebrations longer and even more spectacular. After all, the splendor of the festivities in honor of the monarchy was an important indicator of the loyalty to the Crown, and the 'very noble and loyal' City of the Kings was competing with cities in Spain and in its overseas empire, particularly with the capital of New Spain, for the most pompous celebration" (2019, 77).

intended for the Spanish reader, particularly the members of the new ruling dynasty, unfamiliar with the history of Peru and the Inca Empire. In his "Compendium" Peralta describes one by one each of the Inca rulers, starting with Manco Capac, the founder of the Inca civilization, concluding his account with the civil war between the half brothers Huascar and Atahualpa right before the arrival of the Spaniards. He elaborates on the carácter and deeds of every single ruler, and he offers a translation and interpretation of their names. (2019, 78)

Sin embargo, al igual que ocurría en el texto del seiscientos de Ojeda, el enaltecimiento de la dinastía incaica no obsta para que en otros momentos los indígenas aparezcan caracterizados como "bárbaros", fluctuación que hemos visto reiterarse en textos analizados en capítulos previos. Todo ello resulta en una construcción que tiene un fin ulterior de afirmación criollista: "La arcadia minerológica que se ofrece a manos llenas llega de este modo a la Corona gracias a los criollos que estimulan tales representaciones y que, naturalmente, garantizan la continuidad del orden virreinal" (Mazzotti 305). El capítulo que sigue en el libro de Mazzotti, titulado "El re-centramiento del *Axis mundi*", completa el desarrollo sobre *Júbilos de Lima*, con ideas fundamentales para comprender la exaltación de la ciudad a través de diversos mecanismos ideológicos.

Un año después de la publicación de *Júbilos*, en 1724 tendría lugar otra fiesta, la de la exaltación al trono de Luis I, que relataría Jerónimo Fernández de Castro en el libro titulado *Elisio Peruano. Solemnidades heroicas, y festivas demonstraciones de júbilos, que se han logrado en la muy Noble, y muy Leal Ciudad de los Reyes Lima, cabeza de la América Austral, y Corte del Perú, en la Aclamación del Excelso Nombre Augusto, Católico Monarca de las Españas, y Emperador de la América Don Luis Primero*, publicado en Lima por Francisco Sobrino, impresor del Santo Oficio, en el Portal de los Escribanos en 1725. Carlos A. Romero recogió la parte de "La fiesta de los naturales" en un artículo de 1936 en *Revista histórica* dedicado a lo que considera una supervivencia del incanato durante la Colonia. Allí encontramos otra muestra extraordinaria del desfile de los mandatarios incas, con toda la pompa y la magnificencia descritas y reseñadas pormenorizadamente. El autor del texto cierra la parte de la descripción del desfile de los mandatarios incas con estas líneas en las que de nuevo se produce la fusión entre un pasado prehispánico esplendoroso y un presente de penuria que no se esconde:

> Si hubiesen de expresarse por menor la gala, la riqueza, lo extraordinario, y lo vistoso de tan plausible paseo llegaría lo que aspira a ser solo relación a dilatados volúmenes, pues cada personaje, aún de los del ínfimo orden, necesitaría uno aparte para su bosquejo, así como sería preciso para describir por menor las luces, la magnitud, la forma, y los influjos, de cada uno de los Astros; pero baste decir sin la menor exageración, que aún que el Príncipe de mayor magnificencia, riqueza y número de vasallos, quisiese ver en la Europa, excedida esta pompa, le sería impracticable, lo que a milagros del respecto del Amor, y la Obediencia, creyó no ser mucho una Nación, cuya mayor riqueza, consta de lo que alcanzan sus diarios sudores, siendo digno de la mayor admiración en que en estos pobres Naturales se haya logrado este desempeño, y el de los dos siguientes días con tan admirable esplendidez, y tan incomparable ostentación de riquezas, costeándose solo a sus expensas todo, sin más instímulos que la actividad, y vigilancia de D. Melchor de Peña y Lillo, su corregidor. (En Romero 1936, 89–90)

Así, Fernández de Castro pasa en pocas líneas de la descripción superlativa de los incas como insuperables e incomparables en su pompa y riqueza, a calificarles como "pobres Naturales" en sus "diarios sudores". El inciso final sobre la asunción total de los costes de tal fiesta por parte de "los naturales", ante la vigilancia de su corregidor, nos sitúa de nuevo en el plano de las negociaciones que despliega la fiesta en su supuesta capacidad para reubicar a los individuos en la escala social. En cualquier caso, Fernández de Castro enfoca, una vez más, la utilización del pasado incaico en el escenario festivo como origen mítico de un virreinato que se nutre de sus riquezas fabulosas a través de los diarios sudores de aquellos naturales convertidos en vasallos.

Dos décadas más tarde, otra fiesta en Lima cobraría especial relevancia, la destinada a la proclamación de Fernando VI. Pablo Otemberg le dedica un extenso capítulo de su *Rituales del poder en Lima*, que titula "La proclamación de Fernando VI o el fasto de una ciudad en ruinas", y que nos sitúa en 1746, año del inicio de este reinado y año, también, de otro terrible terremoto, el ocurrido en Lima el 26 de octubre, catástrofe natural que significó una pérdida demográfica del veinte por ciento de la población y la destrucción urbanística casi integral, pues solo quedaron en pie veinticinco casas de las tres mil que existían, a lo que se sumó el maremoto que sepultó la fortaleza del Callao (Otemberg 104). En este año comenzaba su virreinato José Antonio de Manso Alvarado, que se vio abocado a dar continuidad al poder en medio de una ciudad en ruinas. Así fue como las festividades por la proclamación se convirtieron en el detonante de la reconstrucción, tal y como ocurriera en la fiesta por la llegada del virrey García Hurtado de Mendoza en el año 1590 tras el terremoto de 1586.

En su análisis de la fiesta por la proclamación de Fernando VI, Otemberg no profundiza en la descripción de los desfiles sino que se centra en varios aspectos cardinales de los fastos: por un lado, analiza la relación de la fiesta segregada de los indígenas y su vinculación directa con "la conspiración abortada de indios y la consecutiva rebelión de indios de Huarochirí frustrada en 1750" (105); por otro, profundiza en las tensiones entre el virrey y el cabildo eclesiástico para controlar las manifestaciones populares indígenas; además, analiza el esquema hispánico de los paseos públicos militares para el desfile de los gobernantes incas y la atribución de las cualidades de los reyes peninsulares a los monarcas prehispánicos, siempre supervisados por la élite criolla (133); por último, se fija Otemberg en el sentido final que tendría la decisión de mantener el desfile de mandatarios prehispánicos, con la relevante reflexión con respecto a la relación entre fiesta y poder, que Otemberg hace evolucionar de forma sustancial en su libro:

> Los desfiles de naturales, permitidos por el virrey y promovidos por los criollos a fin de que el mundo conquistado dramatizara de manera festiva la sumisión y la lealtad al "Inca de dos Mundos", ilustran el carácter por definición inacabado de los procesos de construcción de hegemonía. En el corazón mismo de la hegemonía late la contrahegemonía, es decir, una visión alternativa del mundo. Tal como observamos con el elogio "subversivo" de Baquíjano, el ritual del poder contiene la posibilidad de un contrapoder. Durante los días de alegre preparación del desfile, una parte de los indios de Lima, originarios en muchos casos de la provincia de Huarochirí, comenzaron a planear cada vez con mayor decisión una conspiración contra el gobierno español. (134)

La contrahegemonía que desarrollan los indígenas que protagonizan esta fiesta y que se convierten después en los conspiradores de la revuelta significará el cuestionamiento posterior por parte del virrey Velasco de la pertinencia de su inclusión en las fiestas, sobre la que hemos visto expresiones de dudas de sus organizadores desde mediados del siglo XVII. Otemberg consigna una cita extraordinaria a este respecto proveniente de las memorias del virrey, de la que extraigo la líneas principales:

> No me parece conveniente que en las públicas solemnidades de proclamación y nacimiento de príncipes se distingan los indios en gremio separado [...], y mucho menos que se les permita la representación de la serie de sus antiguos reyes con sus propios trajes y comitiva; memoria que en medio del regocijo los entristece, y pompa que les excita el deseo de dominar y el dolor de ver el cetro en otras manos que las de su nación. (En Otemberg, 2014, 138[5])

La duda sobre la pertinencia de la resurrección de aquellas "sombras" a las que hiciera mención Diego de Ojeda y Gallinato, para referirse a los gobernantes incas, tiene en este momento su desenlace final, de modo que ya solo veremos desfilar a los doce incas en la relación por la proclamación de Carlos III de 1760. Tras la rebelión indígena principal, la de Túpac Amaru II en 1780, tal aparición ya no se volvería a producir, como veremos en las relaciones de fiestas por las coronaciones de Carlos IV.

Partiendo de todo este contexto y de los análisis de Mazzotti, Otemberg y Barbón, nos desplazamos temporalmente a 1760 y a 1790 para el análisis del conjunto de textos por la coronación de Carlos III y Carlos IV. En lo que respecta a la primera, he seleccionado el texto titulado *Lima Gozosa. Descripción de las festivas demostraciones con que esta ciudad, Capital de la América Meridional, celebró la Real Proclamación del nombre Augusto del Católico Monarca el Señor Don Carlos III nuestro señor*, por su potencial significativo en lo relativo a la construcción textual de la ciudad, que se plasma tanto en las referencias a las ruinas por el terremoto de 1746 y los procesos sucesivos de reconstrucción, como en las perspectivas efímeras y duraderas de la urbe festiva. El texto carece de

---

5   Otemberg aporta la fuente: *Relación y documentos de gobierno del virrey del Perú, José A. Manso de Velasco, conde de Superunda (1745–1761)*, Moreno Cebrián (estudio preliminar y notas), 1983, 250.

autoría, si bien, como veremos al iniciar su análisis, Guillermo Lohmann Villena lo atribuye a Francisco Antonio Ruiz Cano y Galiano,
quien había publicado cinco años antes otra relación dedicada precisamente a los estragos de tal terremoto en la ciudad: *Júbilos de Lima en la
dedicación de su Santa Iglesia Catedral, instaurada (en gran parte) de la Ruina,
que padeció con el Terremoto del año de 1746. A esfuerzos del activo celo del
Excmo. Señor D. Joseph Manso de Velasco Conde de Superunda ... Virrey,
Gobernador, y Capitán General de estos Reinos del Perú*. En Lima, en la Calle
de Palacio, año 1755[6]. Como veremos, el volumen *Lima gozosa* presenta
nuevamente un interés especial en lo que respecta a la participación
indígena en la fiesta, y permite observar la evolución de la misma en
los textos analizados.

Por lo que respecta a las fiestas por la coronación de Carlos IV, he
considerado fundamental analizar dos relaciones sobre el mismo acontecimiento, o sea, dos versiones de una misma fiesta (como en el caso de
las fiestas por el nacimiento de Felipe Próspero por parte de Diego de
Ojeda y de Agustín de Salas y Valdés), por la relevancia de sus autores,
su distinto origen (un criollo limeño y un español, Francisco de Arrese
y Esteban de Terralla y Landa) y su diferente situación social en el seno
de la "ciudad letrada". En este sentido, las características y condicio-
namientos del sujeto escritural de cada relación resultan intensamente
reveladoras de ese aludido proceso de tensiones identitarias que tiene a
fines del siglo XVIII su momento más complejo, y convierten esta festividad en ejemplo paradigmático del potencial de las relaciones de fiestas para profundizar en los intersticios de la sociedad limeña virreinal.

Si como explica Victoria Soto, "la proclamación de Carlos IV fue
uno de los acontecimientos más festejados en la España del siglo XVIII,
tanto en ciudades populosas como en las más alejadas villas" (259), en
referencia solo a las celebradas en España, no menos festejada sería en
los virreinatos americanos. En concreto, en Lima la festividad fue tan
destacada que de ella han quedado, efectivamente, varias relaciones[7].

Pero para situarnos en el contexto preciso del fasto, hay que recordar
el dato histórico puntualizado por Barbón: el 24 de diciembre de 1788, diez

---

6   Para un análisis del texto véase Barriga Tello, 2013.
7   Una descripción analítica de la fiesta limeña por la proclamación de Carlos IV se
    encuentra en el trabajo de Jiménez Lozano, 2019.

días después de la muerte de Carlos III en Madrid, un carta real (cédula real) fue enviada a América para informar a las autoridades coloniales de su fallecimiento y de la sucesión al trono de su hijo, Carlos IV. Los virreyes recibieron instrucciones para comenzar los preparativos para las exequias reales por el rey fallecido y la ceremonia de juramento para su sucesor, y finalmente, al concluir estos acontecimientos, para presentar un largo informe de las celebraciones. El 12 de mayo de 1789 la carta llegó a la Ciudad de los Reyes. Las exequias para Carlos III se celebraron en la catedral de Lima los días 9, 10 y 11 de agosto de 1789, y el 13 de febrero de 1790. Y la ceremonia de proclamación de Carlos IV fue establecida para el 10 de octubre de 1789, de modo que las fiestas populares fueron organizadas por los gremios profesionales y los denominados en los textos "los naturales" a partir de enero hasta el 15 de febrero de 1790, con el fin de rendir al monarca el debido vasallaje (cfr. Barbón, 2006a, 150).

Los textos principales que relataron tales fiestas son, como ya he anunciado, los de Francisco de Arrese y Esteban de Terralla y Landa: *Descripción de las reales fiestas, que por la feliz exaltación del Señor Don Carlos IV al Trono de España, y de las Indias, celebró la muy Noble Ciudad de Lima Capital del Perú*, en Lima, en la Imprenta Real de los Niños Expósitos. Escrita por Francisco de Arrese, 1790; y *El sol en el medio día: año feliz y júbilo particular con que la nación índica de esta muy noble ciudad de Lima solemnizó la exaltación al trono de Ntro. Augustísimo Monarca el señor don Carlos IV.* Publicado en Lima, en 1790 y escrito por Esteban de Terralla y Landa.

Asimismo, se encuentran dos textos más que contienen la explicación de los carros y las canciones y loas que se declaman: el primero, las loas de los cuatro carros de la fiesta completa relatada por Arrese, y el segundo, las loas y poemas de la última parte de la fiesta, la de "los naturales", relatada por Terralla. El título del primero es *Júbilos de Lima y glorias del Perú: cómicos aplausos y reverentes cultos con que los gremios de abastos, celebran la feliz exaltación de nuestro invicto monarca el Sr. Don. Carlos IV 1789*. Escribiola D.S.P.D.L.E[8], y el del segundo, *Explicación previa de los carros con que la nación Índica de esta capital de Lima y sus pueblos*

8   Ejemplar en la Biblioteca Nacional de España (VE/1238/13). Reproducción digital en la Biblioteca Digital Hispánica: http://bdh-rd.bne.es/viewer.vm?id=795&page=1. Carece de año de publicación. Tanto Otemberg (2014) como Campos y Fernández de Sevilla (2012) lo fechan en 1789.

comarcanos celebra la feliz exaltación al trono de nuestro augusto monarca el
Señor Don Carlos IV, texto anónimo publicado en 1790, atribuido por
Otemberg a Esteban de Terralla y Landa (2014, 158).

Un análisis individualizado y comparativo de los textos de Arrese y
Terralla, así como del titulado *Explicación previa de los carros...* permitirá
ir tejiendo los evidentes vínculos y las lógicas distancias, significativos
todos ellos para observar los condicionantes, tanto identitarios como de
índole social, que determinan las diferentes miradas sobre un mismo
acontecimiento, en un momento tan significativo como es la posrevolu-
ción indígena y la preindependencia.

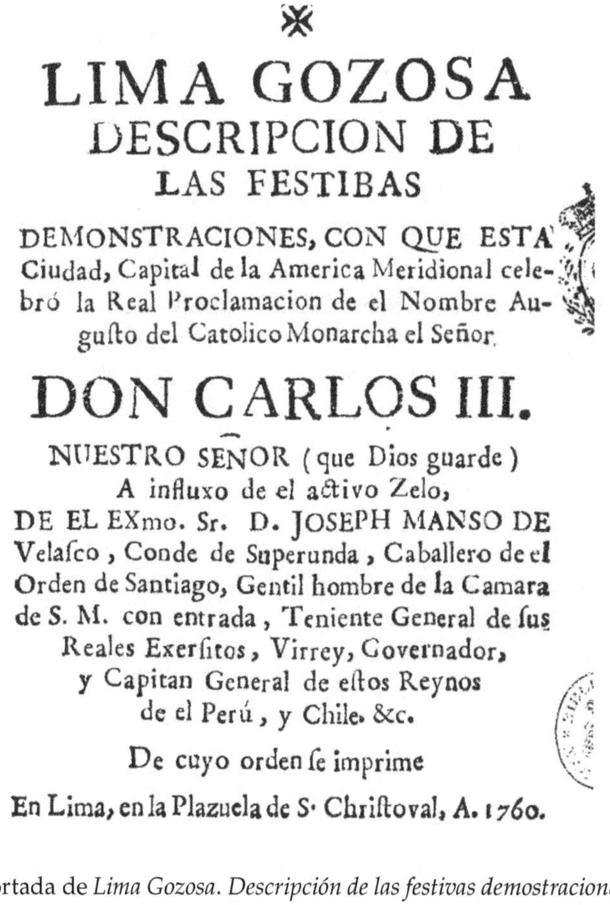

✳

LIMA GOZOSA
DESCRIPCION DE
LAS FESTIBAS

DEMONSTRACIONES, CON QUE ESTA'
Ciudad, Capital de la America Meridional celebró la Real Proclamacion de el Nombre Au-
gufto del Catolico Monarcha el Señor.

DON CARLOS III.

NUESTRO SEÑOR (que Dios guarde)
A influxo de el activo Zelo,
DE EL EXmo. Sr. D. JOSEPH MANSO DE
Velafco , Conde de Superunda , Caballero de el
Orden de Santiago, Gentil hombre de la Camara
de S. M. con entrada , Teniente General de fus
Reales Exerfitos , Virrey, Governador,
y Capitan General de eftos Reynos
de el Perú , y Chile. &c.

De cuyo orden fe imprime

En Lima, en la Plazuela de S· Chriftoval, A. 1760.

Figure 1.6. Portada de *Lima Gozosa. Descripción de las festivas demostraciones con que esta
ciudad, Capital de la América Meridional, celebró la Real Proclamación del nombre Augusto
del Católico Monarca el Señor Don Carlos III...* (1760).

Lima gozosa por la entronización de Carlos III (1760)

1. Introducción al texto y autoría

La cubierta de la relación de las fiestas por la entronización de Carlos III en 1759, reza: *Lima Gozosa. Descripción de las festivas demostraciones con que esta ciudad, Capital de la América Meridional celebró la Real Proclamación del nombre Augusto del Católico Monarca el Señor Don Carlos III nuestro señor (que Dios guarde). A influjo del activo celo de Don José Antonio Manso de Velasco, Conde de Superunda, Gentil hombre de la cámara de S. M. con entrada, Teniente General de sus Reales Ejércitos, Virrey, Gobernador y Capitán General de estos Reinos del Perú, y Chile.* Publicado en Lima, en la Plazuela de San Cristóbal, en 1760[9]. El extenso volumen está formado por 377 folios y, como se puede apreciar, no contiene el nombre del autor, por lo que algunos investigadores lo consideran anónimo. Sin embargo, como ya he adelantado, Lohmann Villena atribuyó el texto a Francisco Antonio Ruiz Cano en *Un tríptico del Perú virreinal: el Virrey Amat, el Marqués de Soto Florido y la Perricholi. El Drama de dos Palanganas y su circunstancia* (Chapel Hill, 1976, 30–31)[10]. Así justifica Lohmann Villena la atribución:

> Un lustro más tarde vuelve a sonar su nombre [en referencia a Ruiz Cano] en los anales de las prensas limeñas, en dos escritos de circunstancia. Fue el primero, que se publicó sin indicación de autor, el libro titulado *Lima gozosa* [...]. Aunque anónima, basta para convencer que esta crónica jubilar es fruto del talento de nuestro biografiado, la licencia que se toma de reproducir literalmente varios pasajes de su obra primicial, que estimaba merecedores de estamparse otra vez (comp. *Júbilos de Lima*, págs. 117, 117v, 119v, 126v, 127 y 129, y *Lima gozosa*, págs. 131v, 169v, 181v, 170 y 181, respectivamente). (31)

---

9 Cito el ejemplar que se encuentra en la Biblioteca Nacional de España, reproducido en la Biblioteca Digital Hispánica (BNE R.MICRO /19044 / Reproducción de R/6525): http://bdh-rd.bne.es/viewer.vm?id=0000115659&page=1

10 Sobre esta atribución informa Campos y Fernández de Sevilla (2012, 130).

Lohmann Villena dedica el primer capítulo del estudio preliminar a la edición del *Drama de dos palanganas*, contenida en *Un tríptico del Perú virreinal...*, a biografiar a Francisco Antonio Ruiz Cano, en un extenso recorrido en el que este emerge como otra figura central de la Lima letrada virreinal. Conviene traer aquí algunos datos esenciales. Descendiente de españoles, nació en Lima en 1732. Al igual que Diego de León Pinelo o el autor del siguiente texto, Francisco de Arrese y Layseca, contra quien opositó a la cátedra en la Universidad de San Marcos (Lohmann Villena 25), Ruiz Cano fue profesor universitario: catedrático, en su caso de Artes y de Prima de Leyes. En la Universidad de San Marcos desempeñó también altos cargos, como el de vicerrector, y ocupó cargos en la administración: asesor general del virreinato en el gobierno de don Manuel de Guirior, juez de testamentos, legados y obras pías del arzobispado y consultor y abogado de los presos del Santo Oficio. Además, heredó de sus padres el marquesado de Soto Florido, por lo que nos encontramos ante un letrado aristócrata prominente de la Lima virreinal.

En cuanto a su producción, destaca, además del citado *Júbilos de Lima, en la dedicación de su santa Iglesia Catedral, instaurada (en gran parte) de la ruina que padeció con el terremoto de 1746*, el *Drama de dos palanganas Veterano y Bisoño*, de 1776, una sátira política contra el virrey Manuel de Amat i Junient publicada al poco tiempo de que este terminara su mandato, y aparecida (como nuestro texto objeto de estudio) anónimamente, como era habitual en las sátiras políticas y sociales de la época[11].

Pero vayamos a *Lima gozosa*. Una síntesis de la relación nos conduce desde la extensa reflexión dedicada a las limitaciones de la palabra y la escritura para la expresión de los sentimientos, en un alarde de dominio retórico que se desarrolla en decenas de páginas, hasta la construcción de Lima como la ciudad siempre leal, "capital del Perú, y Emporio de la América Meridional" [fol. 8 r]. La inusual introducción filosófica desemboca en la noticia que se constituye como asunto de la fiesta y por

---

11 Sobre esta obra es fundamental el artículo de Barbón, 2006b.

tanto del texto: la entronización de Carlos III. Lógicamente, el preámbulo sobre esa insuficiencia de la escritura va destinado a engrandecer no solo al monarca, a cuyos atributos la palabra no alcanza, sino a la capital y a sus moradores y "su indecible gozo" por la llegada del nuevo rey [fol. 11 v].

Más adelante el autor va trazando la idea de la ciudad en relación con la idea política de sus "dueños legítimos", de quienes ha recibido todas sus virtudes, para exponer la posibilidad de fomentarlos bajo el mandato del nuevo soberano, y ensalzar, a la postre, los beneficios de la dominación española y de la consecuente evangelización para una monarquía católica universal, caracterizada a lo largo de todo el texto por su alejamiento de todo despotismo [fol. 37 v]. En este sentido, la imagen del monarca intachable, portador de todas las virtudes, se va conformando machaconamente a lo largo de todo el volumen: "Religioso en la piedad, Pastor en la vigilancia, Ciudadano en la afabilidad, Guerrero en el valor, Sabio en el consejo, Padre en la ternura, Prelado en el ejemplo, Generoso en el ánimo: y en todo Grande" [fol. 66 r], todo ello para concluir en su semejanza con Dios [fol. 75 r]. Cabe remarcar que en toda esta parte dedicada a la reflexión sobre las bondades de la monarquía, el juicio sobre el descubrimiento y la conquista va a ser ineludible: desde la expresión de cierta queja por "el retardado descubrimiento de la América" [fol. 59 r], el acontecimiento histórico aparece mitificado como la gran proeza de un "menor número de guerreros", que pudieron dominarlo "con la mayor Prudencia, instruirlo con la más fervorosa Piedad, y mantenerlo con la Fidelidad más firme en la obediencia de sus Monarcas" [fol. 102 r].

El siguiente eslabón es el encumbramiento del Perú y su capital, cifrada primero en su centralidad en los límites de la monarquía: "¿Qué dominio se ha visto dilatado con mayor extensión, unido con más estrechez, y mejor solidado en la unidad de sentimientos? ¿En cuál otra nación es fortalecida con mayor poder, reverenciada con más honor, y amada con mayor extremo la suprema autoridad de los Monarcas?" [fol. 30 r y 30 v]. Idea que se va a reiterar a lo largo de todo el texto: "Como por esta gloria de España, tiene el Perú la dicha de contarse entre las principales Regiones de una Monarquía" [fol. 102 r - 102 v], abundando en los sentidos de centralidad del Perú y Lima ya recorridos en el análisis de los textos anteriores. Cierra toda esta extensa parte de contenido histórico la presentación del asunto, o sea, las fiestas por Carlos III que el autor pretende "copiar" [fol. 102 v], verbo que nos devuelve a la idea de reproducción fidedigna que está en la médula de la tipología textual, aunque la rebase en la continua digresión de los autores.

La relación de la fiesta propiamente dicha discurrirá con la participación de los indígenas en grupo aparte, como hemos visto en *Júbilos de Lima* de Peralta, representando la fidelidad absoluta a la monarquía y, al mismo tiempo, exaltando la tradición prehispánica; como señala Jorge Chauca García, ambas "engarzadas sin aparente contradicción, lo que suponía la legitimación de la *traslatio imperii* indiana a manos de los reyes españoles" (2012, 1940). Para ello, la rememoración del "descubrimiento" y la idea de la conquista desde el punto de vista providencialista se completa con la típica representación alegórica de las cuatro partes del mundo. Tal alegoría la representan en este caso cuatro indios que, en sus disfraces acordes con la parte que identificaban, escenificaban la vastedad de los territorios del imperio, una escena en la que es importante advertir, con Chauca García, que "la idea de universalidad y de pertenencia a un conjunto no rivalizaba con la posterior apología local" (1940). Esencial a este respecto es también la explicación de Périssat al referirse a que esta representación conjunta de las cuatro partes del mundo no es tanto la manifestación de la superioridad de Europa como la del monarca sobre todo el mundo:

> Dans les festivités royales liméniennes, copies en cela de leurs équivalents péninsulaires, la représentation conjointe des quatre parties du monde, n'est pas tant la manifestation de la supériorité de l'Europe que celle du monarque castillan sur la terre entière. Comme das l'emblématique européenne, les quatre continents étaient représentés à Lima accompagnés de leurs attributs spécifiques et de leur animal caractéristique. (2002, 139–140)

En la escenificación destaca un esplendoroso carro triunfal para la representación de los monarcas por parte de dos jóvenes. El poder de la monarquía se escenifica en este carro a través de una imagen situada en la proa que se repite en varias fiestas: la de un león rampante posando su garra sobre el globo y portando en la otra una espada. Todo ello acompañado del desfile de los doce incas que van seguidos ahora por los conquistadores Pizarro, Almagro y Valdivia, para mostrar esa continuidad armoniosa que habíamos visto escenificada en las relaciones de Ojeda y de Salas y Valdés por el nacimiento de Felipe Próspero. Como apunta Chauca García, se representa con ello "una perfecta simbiosis de ambos mundos, fruto del mestizaje cultural, adornado de la tradición grecolatina en numerosos elementos decorativos, y barroca en jeroglíficos y empresas. Aparentemente ambas lealtades convivían sin fricción, considerando la continuidad que suponía el trasvase de legitimidad buscado con ahínco y el lazo afectivo entre virreinato y metrópoli" (Chauca García 1940).

2. *"Todo lo sólido se desvanece en el aire": la ciudad mutante*

La histórica frase del *Manifiesto comunista* de Marx y Engels, "todo lo sólido se desvanece en el aire", tan utilizada para reflexionar sobre la esencia mutante de la ciudad, resulta idónea para delinear las ricas perspectivas urbanas que contiene este volumen sugestivamente titulado *Lima gozosa*; perspectivas susceptibles de analizar en dos dimensiones, tanto la referida a la ciudad de Lima inserta en la reflexión sobre la conquista y a su historia de perpetua reconstrucción debido a los factores naturales (maremotos y terremotos fundamentalmente), como la que atañe a la conversión en ciudad-teatro durante las celebraciones festivas por la coronación de Carlos III.

Marcel Velázquez anota una cuestión cardinal que interesa traer a colación cuando nos asomamos a la Lima del XVIII, una ciudad en profunda transformación que tiene un fuerte impacto emocional en la sociedad que vivió aquellos cambios: "Los limeños del siglo XVIII se perciben disminuidos frente al rico siglo XVII. La traza arquitectónica ha perdido grandeza y si todavía después del terremoto de 1687 se puede reconstruir con magnificencia, esto ya no es posible después del de 1746" (40). Por su parte, Víctor Mínguez e Inmaculada Rodríguez sintetizan la historia de la ciudad en *Las ciudades del absolutismo...* en relación con esta marcada mutación constante debida a los sucesivos terremotos y, al llegar al siglo XVIII, además de señalar la prosperidad de una Lima que rondaba los cuarenta mil habitantes (cuyo plano tuvo una manifestación sobresaliente en el publicado por Jorge Juan y

Antonio de Ulloa, correspondiente a la Lima previa al terremoto, la de 1744, en su libro de viajes *Relación histórica del viaje a la América* meridional, 1748), destacan la importancia del virrey José Antonio Manso de Velasco (1746–61) como el hacedor del "programa más importante de mejoramiento de la ciudad":

> Este programa se debió al terremoto del 28 de octubre 1746 que asoló la ciudad de Lima y el Puerto, teniéndose que iniciar una gran cantidad de obras de restauración. Entre ellas destaca la reconstrucción de la Catedral, de las fortificaciones de la ciudad y la construcción de las fortificaciones de El Callao. Otra obra destacable fue la reconstrucción de la Casa de la Moneda, adquiriendo nuevos terrenos y comprando nuevas máquinas troqueladoras, mejorando de paso la acuñación de moneda. Como premio a su amplia reconstrucción de la ciudad el virrey recibió el título de Conde de Superunda. (2006, 351)[12]

Regresando a nuestro texto desde estos necesarios marcos contextuales, al comienzo de la segunda parte, destinada ya a relatar la fiesta, Ruiz Cano realiza precisamente una alabanza del virrey Manso de Velasco, conde de Superunda, y de su buen gobierno. Sobre todo alaba su acción para reconstruir la ciudad tras el terremoto de 1746, motivo con el que comienza una interesantísima visión de la ciudad en su eterno movimiento de construcción-reconstrucción:

> Tantos edificios públicos restablecidos a un mismo tiempo, y como con independencia de este, así por la velocidad de sus aumentos, como por la consumada perfección de su Arquitectura; son monumentos eternos de la magnificencia, actividad, y celo de su restaurador, publicándolas con una expresión, que no pueden copiar los panegíricos. Ellos inmortalizan la gloria, de quien ha logrado erigirlos de nuevo tan ventajosamente. [fol. 107 v]

---

12 "De tan alto título y tan magno esfuerzo quiso el virrey dejar testimonio en los retratos que de él se conservan. Así en un retrato oficial conservado en el Museo de Arte Religioso de la Basílica de la Catedral aparece el virrey haciendo referencia a la reconstrucción de la Catedral y de la ciudad. De sumo interés es el retrato ecuestre conservado en el Museo de América, pues este género es poco frecuente en tierras americanas, con el añadido de que como fondo se ha situado una vista de la ciudad de Lima con sus fortificaciones reconstruidas. Este retrato se debió al famoso pintor Cristóbal Lozano, que a mediados del siglo XVIII se convirtió en el retratista oficial del virrey y de la elite limeña". Míngez y Rodríguez, 2006, 351–352.

También *Lima gozosa* deja constancia del maremoto que sucedió al terremoto de 1746 y lo hace para referirse a los modos con que la ciudad mutante, que atraviesa los siglos en perpetuo movimiento, reemergería adaptándose al medio para sobrevivir: "Reducido con la inundación más horrorosa al último exterminio, el Puerto, y Presidio de el Callao, tardó poco en verse formada la hermosa Población de Bella-Vista a distancia medida, que la preservase de igual riesgo" [fol. 110 r]. De la ruina, de "la Ciudad destruida", surge así siempre una ciudad nueva, descrita con la belleza metafórica que recorre el texto: "[...] otra ciudadela movediza, dispuesta a reprimir las inquietudes del Océano", que el virrey trataba de preservar de las fuerzas de la naturaleza [fol. 110 v]. Así es como el autor va contorneando al virrey como héroe de la urbe, para lo cual serán obligadas las correspondientes alusiones a Atenas y al mundo clásico. Surge así el virrey Manso de Velasco como protagonista de la prosperidad de Lima en este momento de la segunda mitad del siglo XVIII. Una heroicidad que el relator cifra en una idea que nos devuelve a la ciudad-teatro en la que las relaciones de fiestas transcurren, pero construida en esta ocasión a partir de sus ruinas: "[...] aun permaneciendo sepultada la Ciudad entre sus mismas ruinas, necesitó toda su autoridad conmovida del gozo, para convertirla en teatro digno de la magnificencia de la acción" [fol. 109 r].

Desde esta idea de ciudad-teatro renacida, conoceremos después algunas de las arquitecturas efímeras construidas para la ocasión de la coronación de Carlos III, algunas de las cuales perdurarán en el tiempo en la composición urbanística de la ciudad. La primera de ellas, y principal, es el arco triunfal, cuyo lujo se compara con los soberbios edificios de los que se nos dice que "hasta hoy hacen admiración con sus ruinas" [fol. 113 v]; una alusión del autor a la belleza de las ruinas que, recordemos, fueron tema predilecto de la pintura dieciochesca. Reservo en este punto la otra imponente arquitectura efímera: los arcos a los que me referiré en el siguiente subcapítulo, dedicado a una configuración paradigmática del rey ausente en una relación de fiestas.

Interesa ahora saltar las dos partes de la relación dedicadas a los arcos triunfales para centrar la mirada en la ciudad-teatro en su cualidad de ciudad efímera. Así aparece explícitamente nombrada en el texto, cuando comienza la descripción de la fiesta que parte, como siempre, de la plaza Mayor: "[...] en cuyo espacioso teatro se hallaba construido el primero [con relación al arco]" [fol. 128 v]. Tal espacio central, corazón de la urbe colonial, "era también el más proporcionado para contener la multitud inmensa del pueblo, que había concurrido a ella" [fol. 128 v] para contemplar el arco.

Comienza entonces la descripción de la geografía del poder con la alusión al pendón real, situado "en medio de los hermosos arcos, que distinguen las casas del ayuntamiento: desde donde se adquiría la debida veneración aquella insignia" [fol. 129 r], detalle espacial que revela la calculada distribución de los elementos para el efecto visual y, por ende, para el objetivo de transmisión de los mensajes políticos. La proporcionalidad de los espacios es también destacada por el relator al referirse al "perfecto cuadro" de la plaza y sus vistosos pórticos, junto al palacio real y a la iglesia catedral, edificios principales del centro del poder de la ciudad. Relevante es que el autor nos diga que el objetivo también es el de aprovechar la fiesta para "revelar su belleza" [fol. 129 v], la de la plaza, cubierta o tapada de todo tipo de adornos para realzarla, incluidas las típicas luminarias, lo cual produciría, una vez más, "harto agrado a los ojos por la diversidad..." [fol. 129 v].

Así es como luce en todo su esplendor ese teatro al que alude reiteradamente el relator, para referirse a la hermosura de la ciudad y su impacto a los ojos a través de todo el engalanamiento y de otros artificios como las "gigantes máquinas de fuego" y pirámides a imitación de las de Egipto, que no por ser "monumentos perecederos" [fol. 130 r] dejan de permanecer gloriosos en la eternidad, como nos dice el autor. Tales monumentos iban sobre "los hombros de cuatro figuras adornadas en el traje propio de los antiguos naturales de este país", primera alusión a la participación indígena en la fiesta que veremos en último lugar. Relevante resulta su representación en este momento de la relación:

> [...] como en el orden de las cariátides, daban a entender, que eran las indias las que sostenían tan grave peso: aunque con la alegría de sus semblantes desmentían la opresión [...] O porque se pretendió estudiosamente mostrar el placer que les hacía su yugo; o porque era preciso reparar, que debía aliviar el gravamen, el Amor, la Fidelidad, el Regocijo, la Esperanza, y el Deseo, que representadas en otras figuras, coronaban aquellas fábricas. [fol. 130 r]

Tal elucubración por parte del relator sobre el posible objetivo de quienes querían mostrar el placer del yugo, es decir, sobre lo que quisieran transmitir los que idearon la fiesta "estudiosamente", conlleva la conciencia de la opresión y el gravamen desde extremos intencionadamente diseñados por la "ciudad letrada". El "estudio" del objetivo aleccionador tiene en estas líneas un ejemplo sobresaliente, que hace explícita la funcionalidad de la fiesta para convertir tal opresión en supuesta alegría y satisfacción.

Más adelante se suceden las fiestas, los conciertos numerosos, siempre descritos siguiendo la geografía urbana convertida en *comunitas* por antonomasia durante el período festivo: la Galería del Palacio, el Arco del Consulado, las calles (así la de los Guitarreros, o la de los Bodegones), los patios, las ventanas, las plazas como la de Santa Ana (con su tercer Arco) y la de la Inquisición, las iglesias, monasterios y conventos y los tablados puestos para la ocasión, como ejes que el relator nunca pierde de vista en su recorrido para enfocar lo que poetiza como "la inundación del pueblo" [fol. 138 v] que asiste al paseo real.

En tal construcción urbana no faltan las alusiones a la ciudad mutante, siempre víctima de la destrucción, cuando el autor subraya que los tablados se pusieron para la ocasión "a falta de las antiguas galerías, que aún permanecían arruinadas desde el último terremoto" [fol. 150 v y 151 r]. Este tablado está protagonizado por los altos cargos de la ciudad y su acompañamiento de capitanes de batallón y jefes superiores en la cabalgata, todos ellos realzados por la escenificación en su ostentación del poder, y todos referidos, como es habitual en las relaciones, con sus nombres completos y cargos. Especial relevancia tendrán las calles, preparadas para la cabalgata real con todo tipo de adornos y colgaduras. Esta cabalgata tendrá como actor último al virrey, quien, "inspirando en su vista nuevo fervor de lealtad" [fol. 145 r], será el primero en subir las escaleras del arco triunfal para "dominar el teatro" [fol. 147 r], en alusión a toda la composición arquitectónica de la urbe festiva. Un teatro que sirve para lanzar los consabidos vítores al nuevo rey, de parte de Castilla y las Indias, y para expresar la unidad en el grito, intensificado por el sonido de todas las campanas de la ciudad en señal de suma alegría. Todo un espectáculo en el que "el festivo rumor de la plebe" [fol. 153 r] se funde con sonido de instrumentos y voces sin fin. Tanto es así que el relator concluye sobre la imagen de la ciudad-teatro identificada con la del circo:

> Es así el teatro mismo la parte más lucida de la fiesta: porque la dilatada extensión del circo, la alegría de los espectadores, la excesiva gala de sus trajes, y la confusa, y vistosa variedad de sus colores, la música de los clarines, y demás instrumentos, que provocaban a la lid; formaban juntas un embeleso del sentido, a cuya vista, se ideara con dificultad, objeto de mayor agrado. [fol. 161 v]

Las alegorías de los continentes serán también imagen central de las fiestas que duran un mes, como lo serán las comparaciones con las fiestas de griegos y romanos, porque "nada es más fácil, que descubrir analogías entre las celebridades, y juegos de aquellas naciones, y las de nuestros tiempos" [fol. 159 v], apostilla el relator. Fiestas que tendrán también, tras la parte solemne, sus escenas burlescas, con pasajes de arlequines "ridículamente vestidos" [fol. 163 r], corridas de toros, fuegos artificiales o escenas protagonizadas por gigantes representando a las habituales figuras de la mitología, tales como Hércules, Pomona, el centauro o Teseo venciendo al Minotauro [fol. 164 v]. Todo ello será pasto de las llamas al final de la fiesta, de modo que la ciudad en fuga, aquella Lima de las ruinas que se levantaba una y otra vez como heroica superviviente del azote tenaz de la naturaleza, tenía en la visión de las llamas la imagen idónea de su ser y su devenir.

3. El rey ausente en la peruana Roma

La ciudad efímera e idílica de la fiesta, construida sobre la ciudad mutante real para la exaltación del rey ausente, se sustenta básicamente en columnas y arcos. Miguel Zugasti se fija en concreto en las cuatro columnas descritas en este texto para su explicación de la construcción alegórico-simbólica. Estas columnas "servían de pedestales a otras tantas estatuas de los continentes, en una nueva afirmación de que los dominios de Carlos III se extendían por todo el mundo. Asimismo, cada alegoría cabalgaba sobre un animal distinto: Europa iba en un toro, Asia en un dromedario, África en un elefante y América en un caimán" (2005, 116). Sobre esta representación, es fundamental la explicación del detalle que no pasa inadvertido a Périssat –la sustitución del caballo por el toro– y que contiene una significación política esencial:

> Cette composition offre une légère différence avec l'attribution donnée par Ripa de leurs animaux caractéristiques aux quatre continents. L'Afrique chez Ripa n'est pas montée sur un éléphant, mais sur un lion. Cependant l'éléphant fait partie de ses attributs et la variation liménienne n'est pas insolite. Une autre différence nous permet de voir dans cette composition une visée politique de plus grande portée. Cesare Ripa a donné à l'Europe comme animal caractéristique le cheval, accompagné d'armes et autres trophées guerriers car cet animal était ainsi considéré comme l'emblème des conquêtes guerrières de tout le continent européen dans le monde. Dans la composition de 1759, le remplacement d'un tel animal symbolique pour toute l'Europe par un taureau est le signe évident d'une hispanisation des attributs de l'Europe et participe activement de la manifestation de la domination de l'Espagne sur le monde entier, y compris les autres pays européens. L'animal éminemment hispanique qu'est le taureau devient l'emblème de tout un continent et rend publique la suprématie de l'Espagne au sein de l'Europe. (2002, 140)

No menos interés presentan las tarjas creadas para la ocasión, que se colocan al pie de las estatuas de las cuatro partes del mundo en referencia al monarca: delante de Europa, *"me habitat"*, de Asia, *"me vincit"*, de África, *"me terret"*, y de América, *"me possidet"*. Esta construcción alegórica distribuida en las cuatro columnas continúa con el arco triunfal, que se coloca en el centro de la plaza Mayor y que funciona, una vez más, para reflejar las virtudes del soberano a través de la emblemática, la mitología y la historia en un programa alegórico integral. El autor comienza así su descripción urbana con esta imagen que preside la fiesta desde el corazón de la ciudad, para pasar después a la descripción pormenorizada de las arquitecturas, desde la altura de sesenta y tres pies geométricos del arco, a sus "cuatro iguales fachadas, divididas proporcionadamente, en tres cuerpos, la más puntual disposición, que requiere el repartimiento de sus módulos" [fol. 114 r]. Remataba el arco una estatua ecuestre y una inscripción en latín, con el nombre del nuevo monarca, que el autor traduce a continuación para dejar constancia del mensaje de inmortalidad que la ciudad le desea.

La descripción de la estatua del arco triunfal contiene una importante reflexión explícita sobre la cuestión del rey ausente en las fiestas americanas:

> La estatua era uno de aquellos milagros de la escultura, en quienes sabe la más sublime, comunicar a la materia que pule, muchos accidentes de animada. Representaba como se ha dicho al rey nuestro señor, y podía ser algún consuelo para la lealtad de un reino, que carece de su presencia, y que en la ocasión, colegia por el agradable respeto que infundía la imagen, lo poderoso, que debían ser en sí mismos los atractivos del original. [fol. 115 v]

No menos interés presenta la descripción de la estatua del rey y los elementos que la acompañan:

> Cargaba con la naturalidad más exacta, sobre un bruto, fingido con no menor primor, en ademán de atropellar cuatro monstruos, que sobre el macizo del pedestal se hallaban a sus pies, y permitían que se entendiese fácilmente, por sus insignias, y semblantes, que figuraban a la herejía, al mahometismo, a la adulación, y a la envidia. [fol. 115 v]

Así pues, el monarca aparece representado en el arco sometiendo tanto a herejes y musulmanes como a grandes vicios como la adulación y la envidia; una composición de gran carga política y religiosa que se redondea con la "letra" de los dos primeros, la herejía y el mahometismo, en la que ambos "explicaban su sentimiento" cifrado en dos palabras en latín, *oprimit* y *despicit*, acompañadas de su correspondiente traducción: "nos oprime", "nos desprecia" [fol. 115 v y 116 r]. El resto de la composición obedece a la iconografía imperial, con la representación de las cuatro partes del mundo, en sus respectivas esculturas: "[...] en todas se hallaba pendiente a su cuello de gruesa cadena de oro la letra C. (inicial del nombre de S. M.), coronada con corona real" [fol. 116 r].

El autor del texto describe a continuación la parte opuesta del arco, en la que estaba representada la "Verdad" (que junto a la Obediencia eran dos representaciones alegóricas que expresaban los sentimientos respetuosos del pueblo), sosteniendo un espejo y un tarjetón en el que había un epigrama en latín que también aparece traducido en el texto. En él se explicita que el espejo, símbolo de pureza y transparencia, representa el deseo del Perú de ser igual ("parecemos iguales" [fol. 118 r]) a España y desde esa verdad, celebrar su exaltación. La Verdad le ofrece así el espejo al monarca, con la promesa de eternidad de la fe de Lima hacia la monarquía.

Como vemos, la descripción de la arquitectura del arco se sucede con la de las esculturas para, después, seguir con las pinturas, plasmadas en símbolos, jeroglíficos y emblemas. Esta descripción se ve interrumpida por una reflexión sobre la lengua utilizada en las mismas, el latín, que nuestro autor está traduciendo sistemáticamente en su texto para la mejor comprensión de un lector que, por serlo, ya pertenece al sector letrado de la sociedad. Como si el relator adivinara la pregunta que el lector de su relación pudiera plantearse acerca de la comprensión por parte del espectador directo de la fiesta de tales textos latinos en el arco, nos aporta una relevante respuesta:

> Formaronse todas estas en la lengua de la antigua Roma, como la más proporcionada a servir para las inscripciones de un monumento público de la fidelidad, que construido en todas las reglas del buen gusto, en obras semejantes, de que ella fue la mejor maestra; no hacía sentir la falta de sus Apollodoros. En gran parte, aún se aprovechó el estudio para mayor conformidad, de las mismas imágenes, y leyendas, con que ella misma celebró en sus medallas la fama de sus césares. [fol. 119 r - 19 v]

Es decir, que los organizadores de las fiestas no renunciaban a utilizar el latín, como legua de cultura propia de tales monumentos, porque no se consideraba obstáculo para la comprensión de lo que la estatua quería transmitir. Con ello se erigía el potencial significativo de las imágenes propio del Barroco. Como dice el autor, la estatua era en sí misma la maestra y no requería de "Apollodoros" –en referencia al historiador y gramático griego Apolodoro– para su exégesis. Una reflexión que la relación completa en el folio 169 v, en el que leemos:

> La copia acorde de los instrumentos como el aire moderno de las composiciones, la destreza de los músicos, la alterna repetición de los coros, ya en lo apacible de las voces ya en lo proporcionado de los afectos; componía todo, un cúmulo de encantos, en cuya atención quedaban estáticos los ánimos, que *cuando no lograban percibir los conceptos del ingenio*, se hacían para sí mismos de las melodías otras razones del sentido. [fol. 169 v.] (La cursiva es mía)

Por tanto, la transmisión de significados a través de la impresión sensible de la fiesta en su conjunto se nos dice estar especialmente ratificada por las "letras", su persuasión y su elegancia, para expresar los pensamientos [fol. 170 r]. La escritura como imagen, erigida en su aspecto gráfico a través de su exhibición pública, adquiriría su doble dimensión de lo visible y lo legible, y sería el complemento idóneo a las imágenes escultóricas y pictóricas de la configuración icónica de la fiesta[13]. Imagen que rebasa la dificultad de los conceptos para infiltrarse en los ánimos y transmitir sentidos más allá de la comprensión total de aquellos. Sobre la dificultad de interpretación del lenguaje simbólico por parte del público receptor, tanto de la escritura monumental como de las imágenes alegóricas y emblemáticas, Víctor Mínguez explica lo que, a su modo, acabamos de ver que transmite el autor de la relación en la última cita:

> Arcos triunfales y catafalcos reales fueron soporte de numerosos elementos, ornamentales y simbólicos a la vez, que dotaron de contenido ideológico a dichas estructuras arquitectónicas. Emblemas, jeroglíficos, enigmas, estatuas, relieves, pinturas, poemas e inscripciones cubrían las fachadas de estas construcciones efímeras anonadando con su elevado número al asombrado espectador que probablemente en muchas ocasiones, abrumado ante tal despliegue de retórica, renunciaría a la lectura pormenorizada de los elementos y se quedaría con la impresión global que le producía esta verdadera obra de arte total, que es el arte efímero. (2004, 362)

A este respecto, resulta iluminadora también la explicación de Antonio Castillo Gómez sobre la interpretación de esta ciudad simbólica construida para la fiesta:

> [...] al tratar de desmenuzar las expectativas de lectura e interpretación de las escrituras monumentales expuestas no solamente debe atenderse a su contenido verbal, sino que también es necesario explorar las potencialidades comunicativas inscritas en lo que es propiamente una demostración semiótica. Esto es así porque, como decía al principio, todas las expresiones gráficas en las que la escritura asume funciones de exhibición y de solemnidad no transmiten únicamente un mensaje verbal, sino sobre todo uno de entidad visiva. Cuando las formas gráficas se insertan en un contexto icónico, su

---

13 Cfr. Antonio Castillo Gómez, 2000, 151–168.

cometido no es puramente didascálico o parenético, sino que desarrolla un acto de comunicación inscrito en la iconografía correspondiente, propuesto en la imagen establecida.

A la postre, objetos significantes que conformaron el universo comunicativo de las ciudades modernas poniendo sobre el escenario de la representación urbana una variopinta gama de códigos discursivos que iban más allá de la estricta competencia alfabética. (167–168)

Un momento de *Lima gozosa* concentra esta explicación de Castillo Gómez y se convierte en manifestación explícita en un texto de la época sobre el potencial de la escritura como imagen que la fiesta barroca escenifica. Se produce cuando la ninfa que adorna el arco porta una de estas letras en latín (*felicitas regni* [fol. 119 v]) y el autor de inmediato se afana en escribir que esta no requeriría traducción: "[...] ya se miraban dos manos, que estrechándose mutuamente daban a entender su significación". Aquí aparece también el rey pintado sobre un trono, rodeado de muchos concurrentes, con una inscripción de una de las medallas de Adriano (*reddita veter a provincialibus remissa*) que aludía nuevamente a su generosidad. La ciudad de Lima, simbolizada por las tres coronas, adquiere todo su protagonismo cuando estas se colocan a modo de orla en el escudo de sus armas, añadiendo una estrella en la última corona. Es en este momento cuando el relator nuevamente se refiere a la transmisión del mensaje que la imagen consigue por sí sola: "[...] en lo que logró quizás mayor claridad, la explicación del sentimiento que envolvía la empresa: deseando la eterna felicidad de un monarca, que ha imperado ya, en dos diversos reinos de la tierra" [fol. 120 r].

Una vistosa cartela desarrolla este protagonismo de la ciudad de Lima acompañando la representación del monarca ausente, ahora en forma de otra estatua "adornada con preseas, y alhajas de la mayor riqueza, ofreciendo muchos corazones a S. M. en una fuente que florecía de la otra mano, en cuya acción, autorizaban la sinceridad, la Verdad, y la Obediencia" [fol. 121 r], colocadas en todos los lugares referidos y en todos los arcos. La transmisión del mensaje de obediencia quedaba así asegurada, por encima del supuesto problema de comprensión de las letras en latín y todo el caudal de signos culturales que eran exclusivos de la esfera letrada; todo ello para "satisfacción de sus ilustres directores" [fol. 121 r], o sea, de los organizadores y confeccionadores de la fiesta, a los que el autor se refiere aquí de forma explícita.

Al arco triunfal descrito se suma a continuación otra parte de la relación que lleva por título "Arco del consulado": otro arco realizado por el Tribunal del Consulado y universidad de Mercaderes en la calle que llevaba su nombre, que imitase la grandeza del anterior. Como bien apunta Otemberg al referirse a este arco, estamos ante otra muestra del mencionado "doble vínculo" en la Introducción del presente libro, "que podía ser utilizado por los actores para obtener beneficios por su lealtad. El Consulado expresó su fiel amor al soberano mediante la construcción de un arco [...] en la calle de Mercaderes" (2014, 141). "Un espectáculo a los ojos", expresión tan propiamente barroca, es lo que el autor dice que provocó tal arco: "[...] lucía la majestad de su estructura, dividida en tres cuerpos, elevándose sobre cuatro robustas pilastras, hermoseadas sobriamente" [fol. 121 v]. Su fachada principal miraba a la plaza Mayor, por donde vendría el paseo del estandarte real. Este arco aparece coronado por una cúpula culminada por el majestuoso trono engalanado para sostener otra estatua del rey, con las insignias reales sobre su cabeza y en la mano. Aparece como vemos el rey ausente en las más diversas figuraciones, aquí asistido por España y la Paz, representadas por otras dos esculturas, ambas femeninas, que marcan el protagonismo de la mujer en estas representaciones. Este protagonismo tendrá una clara significación, como se verá en el análisis del texto de Esteban de Terralla y Landa.

El mensaje de paz se va configurando como eje principal del texto, envuelto de las virtudes que representan las figuras de los cuatro dioses que acompañan, Marte, Mercurio, Neptuno y Jano, y los cuatro héroes que los complementan, Jasón, Hércules, Teseo y Ulises. Cada uno aparece con las letras que aluden a sus grandes empresas para identificarlas con el monarca: la empresa por los mares de Jasón, capitán de la nave de Argos; los triunfos de Hércules, domador de los monstruos, quien interpela a Carlos para "con vuestra victoriosa mano", "destruir" "los monstruos infieles" [fol. 124 v y 125 r], en referencia a la empresa evangelizadora; y los héroes Teseo y Ulises. Todos ellos presididos por la estatua de Minerva. La máquina, como se denomina en el texto al arco, contiene otras pinturas de las diosas de las riquezas y las armas,

Juno y Palas, dándose las manos en señal de amistad y esparciendo monedas y armas, como símbolo de riqueza y protección para el Perú.

Por último, dos genios alegres sostienen el escudo de armas reales de España y una dedicatoria, en la que los mercaderes de Lima realizan su particular exaltación al rey, ofreciendo esta arquitectura en señal de gozo y lealtad. Tal dedicatoria contiene un detalle relevante: la referencia al padre-monarca, bajo cuyo dominio "vive una sola patria, por uniforme testimonio de muchos pueblos, que aquí residen amigablemente" [fol. 127 v], nueva manifestación de la transmisión del mensaje de unidad que no obvia sin embargo la diversidad que conforma el Perú virreinal. Esta idea se desarrolla también después al referirse el autor a las diversas regiones que la monarquía unió. Finaliza esta parte de la relación con la ofrenda de los bienes de la tierra al rey, y la expresión explícita del beneficio mutuo que de forma tan clarividente ha explicado Barbón en su monografía de 2019[14]: "De nuestra parte queda el conducir los preciosos efectos, que produce en toda su redondez la tierra; los metales, que en sus entrañas crían los astros; y los artificios, que pule la industria. Hárase más poderoso el Padre universal de todos nosotros, por lo mismo que más nos enriquezca" [fol. 128 r].

Por último, hay que destacar que la omnipresencia del monarca en este texto es muy acusada, pues también en la real cabalgata aparece un nuevo retrato que, en palabras del relator, "no copiaba menos el semblante de S. M, que las virtudes de su Real ánimo; pues que era preciso que al mirarlo, se excitasen ideas harto claras, de su ingenio, de su benignidad, y de la grandeza de su espíritu" [fol. 136 r]; otra alusión palmaria a la funcionalidad de la fiesta en lo que al potencial de la imagen para la transmisión de mensajes se refiere. Este contenido esencial del texto va siendo reforzado en diversos momentos, como es esta reflexión tan significativa sobre el objetivo de la fiesta: "[...] son estas

---

14 En el capítulo 2 de su *Colonial Loyalties: Celebrating the Spanish Monarchy in Eighteenth-Century Lima* (2019), Barbón profundiza en los discursos de lealtad y los gastos que los actores de las fiestas (gremios, nación indígena, cabildo...) realizaban en las fiestas limeñas del siglo XVIII con el fin de obtener después una recompensa en forma de títulos nobiliarios, inversión económica en la ciudad, beneficios para las órdenes militares, ascensos políticos y militares, etc., es decir, lo que Cañeque denomina "la economía del favor" en *The King's Living Image: The Culture and Politics of Viceregal Power in Colonial Mexico* (2004).

en la celebración de las exaltaciones de los príncipes, las ofrendas más preciosas a un tiempo, y más autorizadas de la veneración. Son las que confirman la verdad de las voces, que expresan el contento; porque los refuerzan, y radicando el amor para el imperio lo dejan más apetecido" [fol. 156 r]. Reflexión que completa el autor con la alusión al "círculo de afecto" que en la fiesta se genera, y, en consecuencia, "el amor que se origina de la fidelidad vuelve a producir en ella más constancia" [fol. 156 v][15].

4. Lima en otra edad de oro: "Bona causa triumphat"

Por otra parte, el texto relata la fiesta de los naturales que sucede al final, como ya sabemos que era costumbre oficial de las fiestas del XVIII, cuando se dio permiso a los indígenas para festejar a los monarcas españoles en grupo aparte, y como se explica en estas líneas:

> Llegó ya el tiempo de las festivas demostraciones, que había de ejecutar el afectuoso celo de los naturales originarios de los antiguos moradores de este Reino, que habitaban en esta ciudad, y sus contornos; los que con una loable desunión ha separado en iguales casos la costumbre, de los demás gremios, y en cuya variedad se pudiera confundir la mejor parte de ellos [fol. 175 v y 176 r]

En el texto vemos aparecer a los "fidelísimos vasallos de S. M.", o "leal Nación" [176 v], en referencia a la nación indígena, encabezados por sus comisarios indígenas: el maestre de campo don Antonio Tucñoc; el capitán don Francisco Sachum, y Azabache; el capitán don

---

15 Barbón aporta otro fragmento de *Júbilos de Lima* de Peralta y Barnuevo que abunda en esa idea de lealtad mutua: "Siempre han sido los públicos gozos en celebración de las acciones de los Príncipes los más preciosos tributos. [...] pues siendo el amor el deudor que los rinde y el thesorero, que los recoge de sí mismo, los hace tanto más profussos, quanto los pretende augmentar más eficaz. [...] Son una mutua influencia de fineza, en que los súbditos se inspiran unos a otros la lealtad: de suerte que en un círculo de vassallage, el afecto, que nace de la fidelidad, buelve a engendrarla más robusta. Con las vozes de las festivas muestras se hace fama el imperio, y aplauso la obediencia: conque reducida toda la sugeción a gloria, se hace el poder eternidad" (2019, 57).

Juan Joseph Vilca; el capitán don Miguel Yarin; Manuel Mayorga, y el comisario general de la Caballería don Carlos Chucquihuanca. Toda esta parte de la relación se encamina a mostrar el sentimiento de gozo superlativo de la comunidad indígena para celebrar al monarca. Los "fuegos de Alegría" [fol. 176 v] dan comienzo a la fiesta en "imponderable concurso de gentes" [177 r], que se desarrolla con el desfile de "siete prodigiosas máquinas" [fol. 177 r], en forma de castillo, torres, obeliscos, árbol coposo, siendo la última el trono "erigido sobre mil trofeos militares", y todo decorado con figuras, símbolos "de cuando en la antigua tradición, o la fábula, pudo aludir al feliz descubrimiento de la América" [fol. 177 r]. Se inicia así la fiesta con esta visión civilizadora y feliz de la conquista sobre la que el autor ha reflexionado extensamente en la parte inicial del volumen que contiene la relación y a la que me he referido al comienzo de este capítulo.

Esta parte de la fiesta se inicia con la aparición de un gran galeón, "que podía disputar la grandeza al otro famoso, que logró Hierón, mediante la industria de Archimedes, y necesitaría como él un volumen para describirse puntualmente" [fol. 177 v]. Lo relevante de tal figuración del galeón es que

> representaba al que condujo al Perú a sus conquistadores, en acción de llegar a las playas de Tumbes, desde donde lo observaba copioso número de indios armados, que imposibilitaron el desembarco, hasta que agitado de un ardor celestial el célebre Pedro de Candia, determinó salir a la Ribera, armado de una Cruz, y de una espada; a cuya vista no solo se contuvo el furor de los naturales del País, sino también el de las dos fieras no menos voraces, que un león, y un tigre, en quienes libraron su castigo. [fol. 177 v]

Concluye la escena sobre la conquista con el descenso del capitán de la nave, con tales fieras que provocan el espanto de los espectadores, rememoración del poder con que los conquistadores se presentaron en el Nuevo Mundo; espectadores "que esparcidos inmediatamente por toda la extensión de la Plaza, la llenaron de luz, y de fuego" [fol. 178 r]. La escena se cierra con la quema del navío.

Siguen las fiestas al día siguiente con la corrida de toros, protagonizada por los que siempre aparecen denominados como los "originarios naturales", en este caso, por los "alcaldes de aquella nación, vestidos decorosamente de golilla con joyas en el sombrero, y en el pecho, y cabos de la más fina tela" [fol. 179 r], es decir, vestidos a la española. De hecho, a continuación se puntualiza que se le hace el honor a esta nación de actuar en esta función, "con las prerrogativas, y decoro, con que las ejecuta la española" [fol. 179 r y 179 v]. A continuación los toreadores aparecen "disfrazados con las vestiduras más conocidas y hermosas de la Europa, de la África, de la Asia, y de la América", o sea, representando los cuatro continentes como ya he señalado con anterioridad. El autor elogia a los toreadores indígenas, que realizaron "acciones prodigiosas de firmeza, y de habilidad" [fol. 179 v] y la relación transcurre en este tono elogioso a la magnificencia de la fiesta de los naturales, sus "sobresalientes uniformes" [fol. 180 v], descritos como los mejores tejidos, como también lo serán los "ornatos propios del antiguo uso de la nación". El autor no pierde la oportunidad de señalar que estos ornatos y vestiduras están ahora mejorados, subrayando con ello los beneficios de la conquista para la población indígena: "[...] mucho más delicados, y hermosos, que los que hacían antes de la Conquista el mayor aparato de su grandeza" [fol. 181 r]. Por tanto, los indígenas van vestidos con los ornatos de su vestimenta antigua, pero mejorados tras la conquista, clara imagen del mestizaje que identifica la evolución histórica de la fiesta virreinal. Todo ello se acompaña con bailes y músicas autóctonos, que también son alabados por el autor al referirse a los "coros que componían las Ñustas", que el relator traduce de inmediato: "o Damas de aquella Nación" [fol. 181 v].

El tono superlativo y encomiástico del espacio festivo, a través de esta descripción de la fiesta indígena, sirve al relator criollo para ensalzar la tierra como la mejor del orbe: "[...] parecía, que en la riqueza de la gala, y adorno de todos los actores de esta pompa, se habían unido, como para hacer la mayor ostentación de sus tesoros, y artificios, los más preciosos minerales del Asia, las más ricas playas de la América, y las mejores oficinas de la Europa [fol. 181 v]". Tal engrandecimiento del Perú se remata a continuación: "[...] pero en ninguna otra parte de aquel lustroso séquito, se manifestó más, que el Perú con las minas, que lo enriquecen [...] que en la excesiva grandeza que en diamantes, y en las más preciosas piedras, resplandeció el adorno de las personas que ocupaban el triunfal carro" [fol. 181 v]. Por tanto, una grandeza que va de las minas a los seres humanos que las atesoran, en este cuadro suntuoso de la comunidad indígena, y que se configura como nueva manifestación del discurso criollo que siempre realiza esta operación mitificadora con la doble referencia a la grandeza, de la riqueza natural y de la social.

Todo este cuadro se completa, como he adelantado en la introducción al texto, con la tradicional salida de los doce incas, "que obtuvieron sucesivamente el imperio de estos vastos dominios" [fol. 182 r], pero a diferencia de la fiesta por Fernando VI, tras la frustrada rebelión indígena de 1750, ahora van seguidos de Pizarro, Almagro, Valdivia y otros conquistadores principales, para retomar la representación de continuidad armoniosa entre los incas y los españoles que habíamos visto en los textos de Ojeda y Salas y Valdés. Esta idea de continuidad integradora es de hecho ensalzada en la loa declamada a continuación.

Así pues, la escena coadyuva a la transmisión del mensaje de armonía, con las tres gracias que representan la virtud y la gloria divulgando las consignas ideológicas a través del deleite de las melodías de los cantos entonados en la marcha. Un acompañamiento idóneo para la aparición del trono elevador

> que en la popa del magnífico carro ministraba asiento digno a las dos Augustas Majestades del Rey, y de la Reina: para cuya representación se eligieron dos jóvenes, los más proporcionados en edad, cuya hermosura pudiera haber aspirado a ser buena copia de originales tan sublimes, a poder serlo la belleza, sostenida del mayor ornato, del carácter inimitable de la soberanía. [fol. 182 v]

Tal carro aparece como desprendido del firmamento en suelo peruano, la tierra que le había de conferir al monarca su máximo apogeo: "[...] para componer en nuestro polo otra constelación más brillante, que en la que en el opuesto conducen los Triones" [fol. 183 r]. Esta construcción evidencia, una vez más, la consabida elevación del Perú como la mejor tierra del orbe, superando a la española pues es "otra constelación más brillante"; idea expresada por un autor criollo a través del relato de la fiesta de los sometidos de la conquista, que festejan felices al monarca. La escena concluye con la típica representación de los elementos simbólicos de España: "En su proa se hallaba el León rampante, puesta una de sus garras sobre un globo, y levantando

airosamente, en la otra una lucida espada, símbolo del poder, y majestad de España" [fol. 183 r], todo ello coronado por la figura de la Fama
y una estructura arquitectónica, decorada con jeroglíficos y pinturas,
para realzar el esplendor de la monarquía. Las pinturas representan la
escena de Júpiter y Venus anunciando los sucesos felices de Augusto
César, "que había de ser en la posteridad Señor del Mar y de la Tierra,
y Legislador pacífico, del Mundo" [fol. 183 v]. Con esta equiparación
con el monarca coronado se remacha el reiterado mensaje integrador,
que se intensifica a continuación con un pasaje de la *Eneida* atribuido al
rey. Otras pinturas profundizan en los mismos mensajes, como la de
Cibeles, madre de los dioses y diosa de la tierra, ocupando un carro
que tiraban dos leones, y con letras en latín que abundan en la misma
dirección de propaganda política. O el templo de Jano, cuyas puertas
cierra con candados la mano de su majestad en señal de paz, para man-
tenerla en todos los reinos de su monarquía. Todo ello salpicado de versos en latín.

Por consiguiente, el mensaje de paz, armonía y prosperidad es
el principal en esta fiesta, que se clausura con la aparición de la pintura del soberano el emperador don Carlos V "sobre un mundo, con
otro nuevo a parte, que le fue dado por Dios" para sujetarlo e introducir en él "la verdadera religión", "como lo hizo en la América, con-
tinuando su piedad los gloriosos Monarcas sus sucesores" [fol. 185 r],
entre ellos el festejado, Carlos III. Fundamental es la letra que corona la
pintura: *"bona causa triumphat"*, acompañada de otros versos referidos
a Alejandro Magno. Esa justa causa que triunfa es el mensaje político
esencial de la fiesta. Los versos en latín van acompañados en la relación
de traducción: "El nuevo Mundo, que deseó en vano Alejandro, lo dio
el cielo a vuestros merecimientos, para que lo sujetéis, y gobernéis pací-
ficamente, enseñándolo a reverenciar, y conocer el verdadero Dios" [fol.
185 v], sellando los sentidos de paz y concordia erigidos por la monarquía española e insertándolos en el devenir de la historia occidental con
la alusión a Alejandro Magno.

Lo que resta de la relación hace referencia al final del desfile, dando
vuelta a la plaza "las demostraciones festivas con que la fidelísima Ciudad de Lima aplaudió la Exaltación al Trono de su excelso Rey, y Señor,
el muy Poderoso, y siempre Augusto Don Carlos III. El Magnánimo"

[fol. 186 r]. Tal final regresa a la exaltación de Lima para concluir con su imagen de "capital de la América Austral" y con el dato cardinal: "[...] como constituida en otra edad de oro, digna de todo de este renombre por la abundancia de su fertilidad, por la paz de su inocencia, o por la quietud, que pueda serle el más propio remedo. Puede ya lisonjearse de que goza, toda la felicidad que se promete" [fol. 186 v]. El autor concluye con esta imagen mítica de Lima como ciudad que recupera la perdida Edad de Oro y que representa así la "buena causa" que ha triunfado con justicia. Pero también con una visión de futuro sobre los bienes que en ella se engrandecerán a través del mandato del nuevo soberano y su excedida bondad.

Por último, tras citar a Cicerón, Ático, Tulio, etc., y hacer la referencia clásica al imperio romano, añade el autor una reflexión que enlaza esa prosperidad con la opulencia de un Perú que, como se ha visto en la "fiesta de los naturales", proviene de sus orígenes prehispánicos: "Créese pues ya el Perú restablecido en su antigua opulencia, floreciente en el comercio, abundante en todos los frutos, que produce su fecundidad; y en las demás ventajas, que debe prometerse de la beneficencia de una mano, cuyo poder, con lo mismo que hace el terror de sus enemigos, confirma esta esperanza a sus vasallos" [fol. 187 r]. Los vivas al rey y una oda de Horacio cierran la relación con esta idea de continuidad de una grandeza arraigada, al fin, en el incario.

Concluyamos este capítulo subrayando la idea de ciudad tapada, no solo de galas, sino de letras en el período festivo. Letras de emblemas, jeroglíficos, enigmas, poemas e inscripciones, junto a estatuas, relieves, pinturas que conforman esa escritura monumental sobre la que Barbón también desarrolla una relevante reflexión:

> In the context of the celebrations, the "textual" decoration of buildings and streets was of utmost importance. The reports would eventually be read by a limited number of people, but the poems displayed in the public sphere were accessible to everybody who could read—or be read to—and therefore reached a much wider audience. These panegyric poems usually served multiple goals (see discusión in chapter 1). They increased the visibility of the king by displaying his name in capital letters and instructing the spectator on the traditional virtues of a monarch, yet they also exalted the colonial subjects

who celebrated the king, and gave them the opportunity to display their wit and erudition. (2019, 59)

Efectivamente, mientras que la relación de fiestas tendría un grupo lector limitado, la escritura monumental que la relación nos ha legado tuvo como lector al público general, ya fuera letrado o iletrado. Público este último al que le podrían leer en el tiempo festivo todas aquellas escrituras, para acceder a significados más o menos encriptados, o que

✤
DESCRIPCION
DE LAS
REALES FIESTAS,
QUE POR LA FELIZ EXAL-
tacion del Señor Don CARLOS
IV. al Trono de España, y de
las Indias, Celebró la muy
Noble Ciudad de Lima
Capital del Perú.

LIMA.

EN LA IMPRENTA REAL DE LOS NI-
ños Expósitos. Año de 1790.

Figure 1.7. Portada de Francisco de Arrese y Layseca, *Descripción de las reales fiestas, que por la feliz exaltación del Señor Don Carlos IV al Trono de España, y de las Indias…* (1790).

podría entender los sentidos básicos que transmitía la escritura monumental como imagen. Así, vemos cómo la ciudad letrada (sus letrados) que protagonizaba la configuración y diseño intelectual de la ciudad festiva y después la eternizaba en los "informes" o relaciones de fiestas, adquiere en la imagen de la ciudad tapada de letras una dimensión mucho más amplia: la de la esfera de una realidad festiva que, en su ficción, ensanchó las lindes de la ciudad intelectual hacia la ciudad global: la *comunitas* urbana de la Lima virreinal.

La relación de Francisco de Arrese y Layseca por la entronización de Carlos IV (1790)

1. Introducción al texto y sus partes

Las fiestas en Lima por la llegada al trono de Carlos IV en diciembre de 1788 dieron lugar, como he adelantado, a varios volúmenes que las recogen, siendo el texto oficial el que lleva por título: *Descripción de las reales fiestas, que por la feliz exaltación del Señor Don Carlos IV al Trono de España, y de las Indias, celebró la muy Noble Ciudad de Lima Capital del Perú*, publicado en Lima, en la Imprenta Real de los Niños Expósitos, en 1990[16]. El nombre de su autor lo encontramos en la primera hoja: "El Doct. D. Francisco de Arrese, y Layseca, Asesor de la Renta de Tabacos, y Catedrático de Artes en esta Real Universidad de San Marcos". Unas líneas a continuación sabremos que la relación de las reales fiestas ha sido encargada por el virrey Teodoro de Croix a Arrese, representante paradigmático de la "ciudad letrada": "El Doct. D. Francisco de Arrese, y Layseca, Asesor de la Renta de Tabacos, y Catedrático de Artes en esta Real Universidad de San Marcos", reza el primer folio. El texto es, por tanto, un documento con carácter oficial, como suelen ser en general, aunque no siempre, las relaciones de fiestas:

---

16 Cito el ejemplar que se encuentra en la Biblioteca Nacional de España (BNE R36044). Versión digital en la Biblioteca Digital Hispánica: http://bdh-rd.bne.es/viewer. vm?id=0000089675&page=1 He desarrollado un primer análisis de este texto en la *Revista de Crítica Literaria Latinoamericana* (n.º 95, 2022).

Que el Excmo. Señor Caballero de Croix, antecesor de V. E. que juró a Nuestro Católico Monarca, lo comisionó de orden verbal para describir la solemne Proclamación, y Reales Fiestas que por ella se celebraron. La Relación está concluida, y la pasa a las superiores manos de V. E. para que en su vista se sirva mandar lo que juzgare oportuno. Por tanto a V. E. pide, y suplica se sirva ordenar lo que tuviere por conveniente. [sin foliación]

Nos encontramos por tanto ante un texto escrito por un intelectual universitario criollo, que fue abogado de la Real Audiencia y Catedrático en la Real Universidad, además de caballero de las órdenes de Santiago y Carlos III, regidor de Lima y diputado a Cortes. Por tanto, una figura de la élite intelectual y política de la época.

De las relaciones limeñas conservadas por la entronización de Carlos IV, la que me ocupa en este capítulo es, en efecto, la única que se configura como el "informe oficial de todas las fiestas limeñas para Carlos IV" (Barbón, 2010, 167), con una extensión de ciento un folios. Es decir, se diferencia del resto de las dedicadas a este mismo acontecimiento por ser la relación encargada por las autoridades a un letrado de la época, para cumplir con el precepto real que obligaba a tal informe, hecho por el cual todas las relaciones oficiales mencionan la Real Cédula que precedía a todo festejo (Soto Caba, 1990, 261). Barbón nos recuerda el protocolo:

[...] las numerosas fiestas celebradas en honor a la monarquía española en los virreinatos americanos eran una de las oportunidades más significativas que tenía el súbdito para afianzar su relación con el poder colonial. Poco después de la muerte de un monarca, se despachaba a América una real cédula en la que el nuevo monarca anunciaba la muerte de su padre, su propia subida al trono, y exigía la celebración de las exequias reales y de la proclamación, junto con un detallado informe sobre ambas fiestas. En la misma real cédula el rey, a su vez, prometía la concesión de "mercedes" por el cumplimiento de esas órdenes. El papel de organizador principal de dichas festividades le pertenecía al cabildo, el cual se encargaba de informar a los gremios y, desde 1723, también a la comunidad indígena, que costeaba los tres últimos días de las fiestas reales. Lejos de ser una mera formalidad, el informe oficial de las festividades era el documento principal que le probaba al monarca la lealtad de sus "vasallos". (2010, 175)

El volumen se divide en dos grandes partes: la primera es de carácter histórico y en ella se realiza un recorrido por los reyes de la monarquía hispánica hasta llegar al homenajeado, Carlos IV; la segunda es la relación propiamente dicha de la fiesta celebrada por la coronación. El inicio del texto clarifica su objetivo: el elogio al rey, que se realizará tanto a través de la exaltación de su alcurnia y genealogía en la primera parte, como mediante la relación de la fiesta en sí misma. En ese comienzo, a modo de preámbulo, encontramos ya un detalle interesante con respecto al protagonismo de la ciudad y su enaltecimiento en clave criollista:

> Elogiar a un rey, que desde el excelso Solio de las Españas, hace la felicidad de muchos millones de hombres, extendiendo el poderoso influjo de sus virtudes sobre los habitantes de dos mundos; expresar los sinceros sentimientos de júbilo, y ternura con que los fieles Vasallos de esta muy noble, y muy leal Ciudad de Lima, Capital del Imperio Peruano, prestaron el homenaje de fidelidad debida a su gran Monarca; celebrar dignamente la gloriosa exaltación de Carlos IV... [fol. 1]

Fijémonos en esa designación de Lima como centro-capital, no del Virreinato del Perú, sino del "Imperio Peruano", con lo que se comienza una construcción del Perú en la que va a primar su engrandecimiento superlativo como imperio propio, que el autor establece al tiempo en que realiza el elogio al nuevo monarca en su coronación. Este elogio se va a realizar a lo largo del relato de la fiesta, precedido por el que va dirigido a los progenitores del rey ("cuántos sublimes ejemplos que imitar ofrece la Historia de sus felices reinados"), con el fin de realizar el panegírico a Carlos IV como sucesor de una gran estirpe de reyes, y del "más floreciente reino del mundo" [fol. 5], así como con el afán de expresar "el reverente amor de sus vasallos" [fol. 4]. Por consiguiente, los cinco primeros folios concentran el sentido criollista del texto asociado a la idea del imperio peruano y su capital como centro del gran imperio español, del cual a continuación se ofrece una historia encomiástica a través del recorrido por las vidas y hechos de sus mandatarios. Sobre ella no nos detendremos, puesto que es la relación de la fiesta la que ofrece los principales puntos de interés para la línea de desarrollo del presente libro.

En lo que respecta a la estructura del texto, la relación es un ejemplo paradigmático de la organización de las fiestas en Lima durante el siglo XVIII, que como ya sabemos se dividían en tres partes: la primera, la fiesta solemne protagonizada por las autoridades del virreinato; la segunda, las denominadas fiestas de plaza dirigidas por los gremios; y la tercera, y más interesante, la denominada "fiesta de los naturales", cuyos participantes eran los indígenas de la ciudad y alrededores.

2. Lima tras la cámara: un film de paisajes

Lima como escenario urbano metamorfoseado para la fiesta tiene en las páginas de esta relación otro texto cumbre en el corpus de las relaciones de fiestas virreinales. Su referido "carácter de teatro, en el sentido de espacio dedicado a la celebración de los fastos públicos" (Ollero Lobato 27) atraviesa todo el texto en tanto que su autor se detiene en la descripción pormenorizada de dicha transformación. Esta va asociada, desde el comienzo de la relación de la fiesta, a la reiterada mitificación de Lima ("capital del Imperio Peruano") desarrollada a lo largo del texto. Así, la entradilla a la relación de la fiesta reza: "Descripción de la solemne pompa con que la Ciudad de los Reyes, Corte de la América Meridional, proclamó el augusto nombre de su católico rey el señor don Carlos IV (que Dios guarde)". Como vemos, el intelectual criollo, letrado y universitario que es Arrese y Layseca, va construyendo progresivamente esa exaltación de la ciudad, que es capital de un imperio (veremos luego que se establecerá el paralelismo con el romano) como es el peruano, y lo es también de la América meridional en su totalidad.

La denominación en la primera hoja de la relación [fol. 44] de los limeños como patricios, para referirse a los nobles de la ciudad, marca el inicio de la identificación con el Imperio romano. Este paralelismo se realiza en diversas ocasiones a lo largo del texto, por ejemplo, en el folio 72, cuando cesa el bullicio de la fiesta para escuchar al virrey y el relator escribe:

> Ya no se percibía aquel confuso rumor, que inquietaba a los griegos en los Juegos Ístmicos, celebrados después de la derrota de Felipe de Macedonia: ya no se sentía aquel triste rumor, que en la incertidumbre de su suerte no les

permitió entender por la primera vez el famoso Decreto de libertad, que a nombre del Senado, y del Pueblo Romano se les pronuncia altamente en medio del Ejército. [fol. 72]

Y tras los vítores dados por primera vez en el texto por el virrey ("Por el católico rey don Carlos IV, nuestro señor que Dios guarde, viva, viva, viva"), elevando el alférez mayor el estandarte real para mostrarlo al pueblo, aparece de nuevo la equiparación en este caso con Grecia: "No fue mayor el transporte con que enajenados los griegos celebraron su inesperada dicha, cuando proclamado por segunda vez el decreto del general Quincio Flamicio, entendieron que se les declaraba por libres, conservándoles sus leyes, privilegios y costumbres" [fol. 73]. Un mensaje conciliador expresado como vemos a través de la apelación al ejemplo griego. Así, el texto lanza su propaganda integradora ante un pueblo que se entrega a la fiesta y que es calificado a continuación, como es habitual, de "fidelísimo y agradecido" [fol. 73].

Pero regresando al primer folio, en él conocemos los antecedentes de la fiesta: la llegada de la real cédula a Lima el 12 de mayo de 1789 (fechada en Madrid, a 24 de diciembre de 1788) con la noticia del fallecimiento de Carlos III y la entronización de su hijo Carlos IV, en quien recaen a partir de esos momentos "todos los reinos" "pertenecientes a la Corona de España, en que se incluyen los de las Indias" [fol. 46], por la cual el rey decreta la obligación de la fiesta en forma de alzamiento de pendones y demás solemnidades. Una noticia que en este preámbulo de la fiesta "resuena por todos los ángulos de esta fidelísima ciudad" [fol. 49], situando con ello al lector ante la doble perspectiva urbana: la espacial ("sus ángulos"), y la social ("fidelísima"); la *urbs* y la *civitas*.

La estructura de la fiesta, que da comienzo el día 10 de octubre, hace aparecer progresivamente a todos los estamentos de la ciudad, desde la nobleza a las milicias, el Cuerpo del Cabildo y Regimiento de la ciudad, el nombre de cuyos participantes aparece detallado. Todos ellos desfilarán por una ciudad transmutada para la fiesta, que el relator comienza a describir, en el folio 51, desde su centro neurálgico, la plaza Mayor, como ya sabemos lugar principal de toda celebración que cumplía una "función socio-política" y que explotaba durante la fiesta sus "posibilidades representativas como geografía del poder en la ciudad", en su papel de "corral de comedias de grandes dimensiones" (Ollero Lobato 28–29): "Debióse a su esmero ver en pocos días concluido, y colocado en sus respectivos sitios el primoroso adorno de la Plaza Mayor. En su principal fachada estaba figurado el Palacio de Creso, siendo su peculiar alegoría ostentar la opulencia de nuestro soberano" [fol. 51–52]. La idealización del monarca comienza así a desarrollarse a través de la transformación del espacio urbano, cuyo centro vemos convertido en el opulento Palacio de Creso, último rey de Lidia (560–546 a. C), que ha pasado a la historia por la riqueza y prosperidad que llevó a su país. De este modo, el mecanismo mitificador comienza a articularse desde una ciudad, Lima, disfrazada para la ocasión de ciudad legendaria, que mostraba al pueblo su riqueza y opulencia y lanzaba el mensaje de la llegada de un nuevo soberano que traería prosperidad.

La entrada al palacio preparado para la fiesta es, nuevamente, "un ameno jardín de cuyas fuentes de hermosas flores, seguían unas columnas, que distribuidas con orden regular por ambos lados, sostenían multitud de escudos en que se leían multiplicados los vítores, y las aclamaciones" [fol. 52]. La colocación de este jardín edénico en el centro de la plaza se encuentra –lo hemos visto– en otras relaciones de fiestas, y obedece al paralelismo que se establece con el Palacio de Creso: los dioses de la Antigüedad, desde el Renacimiento y en el Barroco, eran representados en medio de jardines edénicos, en mascaradas y en comedias, y en esta relación será la representación del monarca la que protagonice ese espacio, coadyuvando con ello a su glorificación. En otras relaciones serán los emperadores incas quienes desfilen en la plaza transformada en Arcadia artificial (cfr. Périssat, 2000b, 647). Una ciudad que instalaba así en su corazón la ficción como medio para trasladar las consignas que habían de operar en la ciudad real. El fasto promovía así esa vía de difusión ideológica que, como vemos, discurre desde una esfera de ficcionalidad cargada de elementos históricos y literarios, hacia la realidad de un mundo de sojuzgamiento y explotación que ahogaba toda aquella idealidad de la ciudad-teatro en fiesta.

Por último, el tercer elemento de la plaza, que se agrega al palacio y el jardín, es el arco imperial que sostiene "el busco venerable del rey coronado por las cuatro virtudes", ocupando "el centro de cuarenta bastidores, que representaban en fina pintura la serie de los Reyes de

España" [fol. 52]. Por consiguiente, la imagen proyectada es la arquetípica: en el centro del escenario se encuentra el nuevo monarca esculpido y su genealogía pintada, presidiendo, en su antedicha calidad de "rey ausente" que nunca viajó a las Indias, la fiesta que va a dar comienzo a continuación. Notemos que la pintura genealógica ya excluye a los mandatarios incas.

La descripción de Arrese se dirige, como si de una cámara cinematográfica se tratara, desde el centro de la Plaza, con el palacio, el jardín y el arco triunfal, hacia las fachadas de la misma, de cuya decoración ofrece el detalle: "Con igual decoración se veía adornada la fachada del Cabildo, cuyo principal ornamento era el retrato del Rey, que la España regalaba al Perú, simbolizado en una India que difunde sus tesoros en ostentación de su alegría" [fol. 52]. Así, vemos duplicada la imagen del monarca, en escultura sobre el Arco Triunfal, y en retrato como decoración principal de la fachada del Cabildo. Un retrato enviado desde España en el que nos interesa, más que el monarca, la representación del Perú que, siguiendo la iconografía de las alegorías de América, se materializa en una india difundiendo los tesoros de la tierra. Esta imagen es un anticipo a la significación de ofrenda que, como veremos, tiene de nuevo la "fiesta de los naturales". El cuadro se rodea asimismo de otros cuarenta lienzos representando las virtudes políticas y morales, las ciencias, "las artes útiles y agradables", de modo que el soberano aparece con este acompañamiento, "enriquecido de todas ellas, para hacernos más amable su persona" [fol. 53]. La mitificación del rey va adquiriendo así contornos diversos, a través de su vinculación con dioses y figuras históricas de la Antigüedad occidental, y de atributos de sabiduría y virtud. Todo ello enfocado desde la transformación de la ciudad para la fiesta, como espacio que concentra esa densidad simbólica.

Esta mutación continúa con el giro de la mirada del relator de nuevo hacia el "otro frente", "opuesto al Palacio", donde se ve el Arco Imperial, sobre el que una corona entretejida de corazones aparecía abrazada por cuatro genios, con un poema alegórico en elogio del monarca. Ninfas tejiendo guirnaldas de flores en los cuadros completan la escenografía para darnos a continuación una imagen totalizadora del espacio que en ocasiones amplifica perspectiva, y en otras se acerca al detalle, como si de un objetivo de cámara cinematográfica se tratara. Así pues, el encuadre de este objetivo de Arrese se dirige desde los elementos arquitectónicos, escultóricos y pictóricos del centro hacia los edificios y, por último, se desplaza para ofrecer la visión global de la ciudad cubierta de alegorías –tapada de cultura– que sigue a continuación:

> Todo el espacio estaba cubierto de semejantes alegorías: la Abundancia, Neptuno, Atlas, significaban expresamente la grandeza de un rey que domina en los mares, y lleva sobre sus hombros el peso de dos mundos, a quienes procura en su poder, y paternal afecto los frutos, las comodidades, y la vida. [fol. 54]

Se trata, por consiguiente, de la visión totalizadora de ese paisaje y teatro urbano que concentra el mundo, alegorizado en Atlas. Desde la perspectiva arquitectónica de la *urbs*, este pasaje abstrae el significado alegórico global de la escena, cifrado en el mensaje de prosperidad que está ligado a la coronación del rey y dirigido a la ciudadanía receptora del mismo. A partir de esta visión simbólica, Arrese regresa al espacio físico de la plaza, en una continua basculación entre ambas dimensiones que se entretejen y determinan mutuamente: ahora al "cuarto frente, que era el de la Iglesia Catedral", reservado en este caso al "retrato de la Reina nuestra señora, coronada de las gracias simbolizadas en riqueza, magnificencia, y hermosura" [fol. 54] y acompañado de otro soneto laudatorio. Vemos así cómo la ciudad alegórica se recubre de letras en esta combinación que ofrece una imagen urbana profundamente simbólica y cultural.

A continuación, y como si de un *flashback* se tratara, Arrese retrocede a la noche anterior al primer día de celebración, la del 9 de octubre, para describir la primera noche de ciudad iluminada, que es identificada como un cuadro, confiriéndole así la dimensión del artificio que la fiesta imprime a la ciudad:

> La noche del día 9, víspera de la Real Proclamación, se iluminó con luces transparentes de diversos colores todo el cuadro, que ofrecía a la vista un grato y nuevo espectáculo, dándole mucho realce una sobrebaranda de pintura también transparente, y dividida por las Armas de España, las que repartidas en forma de pilastra, ardían con llamas de fuego en su coronación. [fol. 42]

Como vemos, el relator construye la idea de la ciudad como "cuadro" iluminado, o sea, como creación artística, y lo hace desde el plano global. Después Arrese devuelve la mirada a las galerías y balcones, tanto de los edificios oficiales como de los particulares, todos iluminados simbolizando "la común alegría" [fol. 42], con la que se enfoca a la sociedad en su totalidad y "comunidad" en relación con el rey. Desde esa altura de los balcones, por fin el autor desciende su objetivo hacia las calles, atestadas por "un numerosísimo concurso de gentes". El pueblo en su integridad está retratado en esa imagen que contribuye al otro espectáculo festivo, el sonoro: "El tumulto de voces, junto al repique general de campanas, anunciaba el júbilo del día deseado" [fol. 42]. La ciudad construida como cuadro o pintura se llena así de sonido y movimiento, adquiriendo una textura más bien cinematográfica.

Con esta impresionante imagen visual y sonora de la ciudad iluminada en el preámbulo de la fiesta, el autor del texto visualiza a continuación el amanecer de "la carrera por donde había de pasar la triunfal pompa", para comenzar la trayectoria urbana que va a ocupar el relato pormenorizado de la fiesta, la ocupación de las calles por las tropas y el gentío, que prorrumpe en voces y frases un tanto artificiosas: "Ahora se nos va a mostrar su poder y su grandeza (en relación al rey): la autoridad pública se afirma con el esplendor de esta magnífica ceremonia", declamación que hace explícita la dependencia entre fiesta y poder ampliamente referida en el capítulo introductorio. Más relevante resulta, si cabe, la frase que a continuación Arrese pone en boca de otros ciudadanos: "No estaría más pomposa, repetían otros, la Ciudad de Jerusalén, cuando el Santo Rey David hizo proclamar con ella a Salomón" [fol. 39]. Una comparación de gran relevancia, como ya hemos visto que se producía en *Tesoros verdaderos de las Indias* de fray Juan Meléndez, convirtiendo a Lima "en el *axis mundi* para la transmisión de la fe" (Mazzotti, 2016, 158).

A esa superioridad de Lima en su comparación con Jerusalén, con la implicación apuntada por Mazzotti de resignificarse como "centro de la fe cristiana", se suma la aparición de Salomón, uno los tópicos iconográficos de la imagen de Carlos V y del mito imperial. Efectivamente, en esta nueva representación del poder de Carlos IV, resulta interesante el paralelismo implícito que se establece entre Salomón –el rey sabio por excelencia– y Carlos IV, es decir, la utilización de un personaje bíblico como vehículo para la expresión de la virtud más relevante del monarca, la Sabiduría[17], que recordemos fue aclamada por Erasmo en su *Educación del Príncipe cristiano* como medio para conseguir la gloria verdadera, la *maiestas imperial*.

Llegamos con todo ello al inicio del desfile, en el que cobran de nuevo protagonismo los espacios, pues el arranque se produce en las Casas del Ayuntamiento, de donde salen los caballeros regidores en briosos caballos, precedidos de "ministros y oficiales de vara", el alférez mayor, los alcaldes ordinarios, etc., llevando el real estandarte. La acción comienza a transcurrir entre espacios urbanos exteriores e interiores, como son los patios de Palacio en los que entran con el estandarte, o en otras ocasiones la capilla de la iglesia catedral. El relator nos describe luego todos los elementos de la cabalgata en su orden, desde los músicos a los blasones de Lima, regimiento, nobles oficiales en soberbios caballos, capitanes de batallón de la ciudad, compañía de caballos de la guardia y nobleza de la ciudad, anotando en todo momento los numerosos nombres que ostentan dichos cargos y ensalzando la grandeza de sus vestidos y atuendos, calificada de "imponderable" [fol. 63][18].

---

17 La utilización de estos paralelismos fue fundamental para la legitimación del estado monárquico teológico, tal y como explica José Pascual Buxó: "[…] las imágenes fantásticas de las personas míticas y las personas reales que se contemplan a sí mismas en el espejo de sus representaciones imaginarias son, como en un desdoblado espectáculo teatral, imágenes actanciales del *otro*, en tanto signos visibles de unas preclaras virtudes políticas que otros ostentaron en la antigüedad fabulosa o histórica, y héroes verdaderos que se ofrecen a sí mismos a la contemplación de sus nuevos vasallos como actualizaciones tangibles del paradigma ideal" (en Rodríguez, 1998, 53–54).

18 Barbón explica la unidad de españoles y criollos en estos desfiles como un cuerpo político único, no escindido ni en conflicto, formado por personajes que aparecen con sus nombres y apellidos en largas listas en las relaciones de fiestas, que hemos visto en varios ejemplos; una unidad que se transmitía a través de la uniformidad de los vestidos, la gestualidad y los códigos de conducta puestos en escena en las fiestas: "First of all, it is important to point out that those who marched in the processions represented both the Spanish and the Creole elite in the vice- royalty, as the long lists of names included in the relaciones de fiestas show. The purpose of these lists was not solely to identify them as individuals— for instance, as part of the politics of naming—but also to highlight them as members of a political or administrative institution or 'body' (cuerpo) that shared the same space of power within and outside the procession: the military companies, the tribunal of accounts,

En toda esta descripción, el autor de la relación no escatima en elogios a la ciudad, a su opulencia, ni deja ocasión para destacar su capitalidad, en una operación de ensalzamiento de la urbe y sus habitantes nobles. El cierre de la cabalgata corresponde a "la familia de su excelencia", o sea, la del virrey, que no se refiere estrictamente a los familiares directos sino a los cargos más cercanos, como los capellanes reales, gentiles hombres, guardia de alabarderos, etc. Pero el cierre definitivo lo protagoniza el propio virrey en carroza tirada de "famosos caballos" [fol. 70].

Toda esta comitiva conforma el desfile que da "vuelta a la plaza", produciéndose un gran espectáculo sonoro con descarga de fusilería y cañones a la llegada del virrey. Tras los vítores pronunciados por este, Arrese sigue relatando la fiesta en sus diferentes actos, manteniendo el enfoque urbano en todo momento. Así, el segundo acto se produce en "la plaza del convento de Nuestra Señora de la Merced, en donde se había erigido el segundo tablado" para la segunda ceremonia de la proclamación, siguiendo la habitual trayectoria urbana de las fiestas por la jura y levantamiento del pendón real, trayectoria de la comitiva que, como explica Soto Caba, "no solo estaba en función de los lugares más representativos y edificios oficiales, sino que su itinerario debía unir las tres zonas donde se celebraba el acto de la jura", "casi siempre plazas o encrucijadas de cierta extensión para poder congregar a un público numeroso" (268). Situados en este segundo lugar de la jura, tras el realizado en las casas consistoriales de la Plaza Mayor, desde este tablado los religiosos encargados de bendecir el estandarte lanzan monedas al pueblo, acto que como es habitual se repite varias veces en el texto.

the city council, the the nobility, the University of real audiencia, San Marcos, and the colleges. It was for this reason that the participants were listed in chronological order under the heading of the institution with which they were affiliated. These administrative institutions were composed to varying degrees of espanoles peninsulares and espanoles americanos, that is, "Spaniards" from both sides of the Atlantic. [...] The unity of dress, gestuality, splendor, and grave demeanor highlighted the cohesion of the group. As Cañeque has remarked, on these and other official occasions the viceroy and the local officials adopted the body language characteristic of a monarch because their 'public appearance meant a manifestation of royal power' (The King's Living Image, 122)" (2019, 74–75).

Para el tercer acto, de nuevo cambia el escenario a otra plaza, la de Santa Ana, "donde estaba prevenido teatro no menos decoroso que en las anteriores" [fol. 74–75], abundando con ello en la noción de "estado-teatro" urbano desarrollada en los siglos anteriores[19], de modo que los espacios urbanos sirven de guía de la relación en todo momento. Desde esta trayectoria urbana, prosigue "el paseo doblando la calle, que por el Monasterio de las Religiosas Descalzas de San Joseph vuelve en derechura a la plaza mayor, en cuyo espacio media la de la Inquisición, donde se había dispuesto tablado para el último acto de la Real Jura" [fol. 75]. En definitiva, vemos cómo los espacios urbanos cobran todo su protagonismo en el texto, cuyo eje son esas plazas que conforman una geografía del poder, todas ellas convertidas en escenario teatral y determinadas por el factor religioso. Destaca en este sentido la plaza de la Inquisición, o "Santo Tribunal de la Fe", como se le denomina en el texto [fol. 75].

Esta centralidad y enfoque constante de los espacios acompaña a la de las élites a las que representan y con las que se solapan, de modo que el texto va haciendo aparecer a las élites civiles y religiosas y también, a continuación, a las élites letradas, que tanta relevancia tuvieron para la configuración de las ciudades hispanoamericanas como centros de cultura de los virreinatos, cuyas fiestas, como he apuntado al comienzo de este libro, Ángel Rama explicó como elemento crucial del origen de "la ciudad letrada". Estas líneas son un ejemplo sobresaliente de lo argumentado por Rama con respecto a la ciudad letrada y la fiesta virreinal:

> [...] manifestó su regocijo el sabio cuerpo de la Real Universidad de San Marcos, que en tablado expresamente construido a este fin, y sin ejemplo en semejantes augustas ceremonias, asistía en la misma plazuela con su Rector el Señor Doct, Don Nicolás Sarmiento, Conde de Portillo. [fol. 76]

El efecto de toda esta escenificación del poder en el pueblo, y la máxima "divertir para dominar", tiene en este folio una expresión

---

19 "Estado-teatro" que "ejerció su poder político a través de elaborados rituales públicos capaces de hacer real y concreto algo abstracto" (Osorio, 2012, 12). Cfr. Muir, *Ritual in Early Modern Europe*, 1997.

paradigmática, que de nuevo se refuerza a través del paralelismo con los griegos:

> El celo de estos respetables personajes excitó considerablemente el de la plebe, que después de haber desatado el torrente de sus voces en celebración de esta última ceremonia, corría a saludar a su Excelencia, con el mismo empeño con que se acercaban los griegos a bendecir al General Romano, su Libertador. [fol. 76]

A todo ello se suma más adelante, en el folio 80 que da comienzo a la segunda parte de la fiesta –la de los gremios–, la relevante reflexión sobre la misma como mecanismo apaciguador de la sacrificada población, de nuevo a través de la referencia a Roma:

> [...] se ha creído necesario mantener al Pueblo en alegría, para moderar las penalidades del trabajo, y de esa ocupación. El principio de esta política fue siempre en Roma la principal atención del gobierno, y se miraba como ceremonia religiosa en la proclamación de los césares. El arte, y la violencia no lograron jamás en aquellas forzadas aclamaciones, sino el gozo afectado del temor: el pueblo romano celebrando a sus emperadores, sentía interiormente todo el peso de su baja servidumbre. [fol. 81]

No tiene empacho el autor del texto en explicitar no solo la funcionalidad de la fiesta como divertimento para paliar el duro trabajo diario, sino también su instrumentalización para hacer "sentir" al pueblo "el peso de su baja servidumbre", esto es, como poderoso instrumento de transmisión de la estructura social.

Tras la escena protagonizada por el máximo representante de la élite letrada en la ciudad, el rector de la Universidad de San Marcos, Arrese nos devuelve, por fin, a la Plaza Mayor, donde se realizó la tercera descarga sonora. De la plaza nos conduce al primer patio del palacio y a los balcones de la Casa del Ayuntamiento, siguiendo así el itinerario que fluctúa entre espacios exteriores e interiores y que concluye en el punto de inicio. Desde dichos balcones se repite nuevamente la escena del lanzamiento de monedas, esta vez protagonizada por el virrey: monedas selladas para recuerdo de la ocasión, que por un lado llevaban el retrato del rey festejado con la inscripción *"Carolus IV D.G. Hispaniarum et Indiarum Rex"*, y por el otro *"Optimo principi publicum fidelitatis juramentum"*.

Incluso en las monedas, la ciudad de Lima tiene su centralidad, en los límites del imperio: "Dentro del Círculo que formaba esta leyenda se hallaban las Armas de esta Ciudad, abrazando el Águila Imperial las dos columnas coronadas con el *PLUS ULTRA*" [fol. 78].

Concluida la proclamación, de nuevo sucede la noche iluminada en la Plaza Mayor y en toda la ciudad, enfocada en un plano general brillando "con la misma magnificencia que brilló en la víspera" [fol. 78]. Para ello, el elemento central de la Plaza Mayor, la Pila, o sea, la fuente, aparece rodeada de

> hachas de cera, y de grandes faroles, que alumbrando a mucha distancia, ofrecían a la vista el grato objeto de cuarenta y ocho caños de agua, que corrían con abundancia. Macetas de las más exquisitas, y fragrantes flores, coronaban sus circunferencias; y una numerosa comparsa de diestros músicos, revelaba con su armonía el delicioso aparato del sitio. [fol. 78]

Fuego y agua a raudales, macetas y flores de gran belleza en las circunferencias de la pila configuran el espectáculo visual de este punto central de Lima, magnificado por el espectáculo sonoro que, en su conjunto, movería todos los ánimos de los asistentes. En suma, la Lima que, en la fiesta de los gremios que comienza en el folio 80, aparece como "esta religiosa, y fidelísima Capital", llamada "a solemnizar con fiestas públicas la feliz exaltación de nuestro soberano al trono" [fol. 81].

Esta penúltima fiesta, la de los gremios, es descrita en todo su desarrollo, que incluye no solo desfiles, sino también varias corridas de toros y una máscara. En su transcurso aparecen de nuevo arquitecturas efímeras ardiendo, fuegos artificiales y la plaza con otra escenografía para la ocasión: "Cuatro grandes pirámides con quinientas luces cada una" [fol. 87]. Otras arquitecturas efímeras aparecen en la celebración del gremio de abastecedores de pan: "[...] cuatro carros ocupados por los cuatro tiempos del año" y, de nuevo, "un ameno jardín adornado de varias estatuas" [fol. 88]. Asimismo, la fiesta de los Pintores dispone "una hermosa Tienda de Campaña, cubierta con pabellón real de damasco de seda, iluminado con cera en arañas de plata, y guarnecida con excelentes poemas, en elogio del monarca, y de su inmortal esposa, cuyos magníficos retratos ocupaban el centro" [fol. 89]. Estructura arquitectónica, luz y literatura se dan la mano en esta escena en el centro de la ciudad, como a lo largo de toda la relación de la fiesta que concluye con la tercera y última parte, la "fiesta de los naturales", que aporta especial interés al texto por contener relevantes datos sobre la participación de la sociedad indígena en su ineluctable papel de ofrenda de los bienes de la tierra al monarca. Con todo ello, se construye la idea del Perú que se engrandece a sí mismo en su ofrenda de todos sus bienes a España y, a la postre, a su población criolla como habitante de un espacio privilegiado que a esta da esplendor y riqueza.

A todo ello, y antes de entrar en la fiesta protagonizada por los indígenas, hay que añadir el marcado componente literario de esta relación, especialmente logrado a través de los poemas intercalados, como vimos en la relación de Diego de León Pinelo. El autor de la relación, intelectual criollo universitario, incluyó toda una serie de sonetos a lo largo de la relación de la fiesta, comenzando por el que encontramos en el folio 52, idóneo para ejemplificar esta imbricación entre la *urbs* y la *civitas* que el texto contiene. Dedicado al monarca, poetiza la imagen de su escultura en el centro de la plaza Mayor convertida en jardín edénico. Con el verso "de su solio nos hace sabedores" pone en el centro de la escena la noticia de su entronización, para a continuación mitificarlo a través de su vinculación, nuevamente, con Alejandro Magno ("Allí le da a Alejandro sus primores / La Francia, Inglaterra, y Dinamarca / La Emperatriz rusiana sigue el Don / el de Suecia, y el de Parma tanta Gloria ..." [fols. 52–53]). Carlos IV aparece así aclamado por todas las naciones y enaltecido en su vínculo con la figura de Alejandro. Del mismo modo, también la reina recibe un soneto laudatorio en el folio 41, en el que se ensalzan su belleza, constancia y dulzura. Por cierto, de nuevo la escritura monumental, efímera en esencia, sería rescatada por el relator de la fiesta, eternizada como ciudad de papel hasta nuestros días.

3. La ciudad índica en la fiesta de "los naturales"

La imagen del indio que el texto ofrece se encuentra desde el inicio de la relación de la fiesta, cuando el autor cuenta, en tono poético, la llegada de la noticia de la coronación de Carlos IV al Perú:

> [...] desde el magnífico Palacio de Madrid vuela, burlando la furia de los mares, a las humildes chozas del pacífico indio. El nombre del Rey hiere sus

oídos, y nunca se ensanchó tanto en su flemático humor. El contento no desmiente su carácter: encantado, absorto en una melancolía agradable, efecto de la calma de un corazón que no es agitado por el deseo, marcha a paso lento a la campaña, instruye a su mujer, y a sus hijos de la grata noticia que se le anuncia. Carlos IV reina, los frutos de la labranza están asegurados, y todas nuestras necesidades satisfechas. [fol. 49]

Si en la primera hoja de la relación se recordaba la llegada de la real cédula a los "patricios", ahora, en este preámbulo, se enfoca el viaje de la noticia desde Madrid hasta el Perú que se define en su esencia como habitado por el "pacífico indio", dando entrada con ello a la imagen del indio bondadoso e ingenuo, que en la tercera parte del texto evolucionará hacia su función como portador de la ofrenda de las riquezas del Perú a España y a su monarca. Sobre esta fiesta de "los naturales", sus implicaciones sociales y los intereses económicos que estaban funcionando en la misma (la fiesta como espacio de negociación) resulta fundamental la explicación ofrecida por Parra Ortiz:

Ya que la fiesta política solo contaba con una fiesta de naturales, la organización de la misma revelaba no solo los intereses económicos involucrados en la fiesta, sino también la relevancia de cada reducción de indios en la Lima del XVIII. Así puede decirse que las fiestas eran un lugar donde "los naturales" podían ostentar su prestigio social o adquirir nuevos réditos sociales. El análisis de la relación de fiestas permite establecer que las fiestas políticas en Lima del siglo XVIII servían, entre otras cosas, como medio para privilegiar ciertos intereses políticos de las elites indígenas, así como para subrayar el protagonismo de ciertos grupos y celebrar ciertas tradiciones y linajes. Este privilegio no debe entenderse como un acto malintencionado, sino como una manifestación natural del orden de cosas en la "nación de indios". Las fiestas de naturales no solo permitían esta interacción entre el Estado y la nación de indios, sino que reflejaba tensiones y acomodos dentro de la propia "nación de indios". Por ello, en estas fiestas, representadas en Lima, destaca la participación de caciques e indios "nobles" básicamente de la costa norte así como la caracterización de un gobernante "originario" (pre inca) de la misma región (el gran Chimo). (En línea)

Veamos a continuación cómo se traduce todo ello en nuestro texto, cuyas "fiestas de los naturales" comienzan perfilando la noción "naturales" en tal contexto: "Los últimos en orden que celebraron con públicas demostraciones la coronación de nuestro monarca, fueron los naturales originarios de los antiguos moradores de este reino" [fol. 91]. Establece con ello el autor los sentidos de origen y antigüedad para tal sector de la sociedad colonial que, como sabemos, en el siglo XVIII se escinde voluntariamente como grupo aparte en el ámbito festivo, un hecho representativo del sentido de naciones étnicas que están funcionando en el seno de estos textos y, por tanto, de las fiestas que describen: "La costumbre los ha separado en iguales ocasiones de los demás gremios" [fol. 91]. La imagen que se produce a continuación subraya esa separación, cuando vemos aparecer al subdelegado del Cercado[20] dirigiendo al grupo, que logró "acreditar su amor al soberano con excelentes y admirables funciones" [fol. 91]. Y no solo lo acreditaron con funciones, sino que "hicieron manifiesta su alegría prodigando todos los tesoros en testimonio de su reconocimiento"; en síntesis, el reiterado sentido de ofrenda de los indígenas a la autoridad principal española que vamos a ver desarrollarse a lo largo de toda esta tercera parte de la fiesta y que como sabemos tiene otro sentido añadido: la búsqueda de rédito social y económico.

Si en la primera sección de esta relación hemos visto la habitual configuración clásica del jardín edénico para la aparición del monarca, como recurso empleado en los siglos XVI y XVII con el fin de establecer el paralelismo con los dioses de la Antigüedad, ahora volvemos a ver un jardín similar, colocado para la fiesta de los descendientes de los incas (que no para los gobernantes incas, ya desaparecidos de la fiesta en estos momentos críticos de la historia): "El día 7 de febrero amaneció adornada la Pila de la Plaza Mayor, en forma de un ameno jardín. Cuatro arcos a la índica enlazados de mimbre, y vestidos de flores la hermoseaban por la parte exterior. En su taza se veían nadar multitud de pájaros y peces" [fol. 92]. La decoración "a la índica" ya establece la

---

20 Recordemos que en 1571 se fundó "El Cercado": el denominado pueblo de Indios de Santiago o del Cercado, una reducción de indígenas en las afueras de Lima, con iglesia y cabildo indio bajo la tutela jesuítica, cercada de altos muros cuyas puertas se cerraban por la noche, y donde no podían entrar blancos ni mestizos. Situado "al este de la ciudad, con un plano ortogonal cerrado por un cerco y una plaza central poligonal que alojaba a los indios procedentes de las encomiendas". Mínguez y Rodríguez, 2006, 349.

diferencia en esta nueva transfiguración de la ciudad, que irá a la par
con toda la escenificación, pues a continuación, tras la salida del virrey,
aparece un embajador o emisario, que pidió la venia al virrey, "vestido a lo índico", o sea, a la supuesta manera india, "con manto real de
tisú de oro, y turbante adornado de inestimables joyas de diamantes"
[fol. 93]. Por tanto, la primera imagen del emisario de los indios obedece
a una configuración mitificadora de los mismos como descendientes de
linaje imperial, pues además "acompañábanlo doce lacayos, y precedía
una comparsa de dieciséis músicos" [fol. 93]. Los espacios de la plaza
vuelven a cobrar todo su protagonismo cuando vemos a este emisario
circundarla para subir luego al tablado colocado para la ocasión, desde
el que lanza su arenga con el fin de proceder después a conducir los
carros preparados para la fiesta de la tarde. El primero de estos carros
irá precedido de una "agradable máscara, compuesta de ocho enanos,
seis hombres obesos con dos caras, y otras ridículas figuras, que divir-
tieron con la propiedad de sus movimientos" [fol. 93–94]. Una escena
cómica habitual en las fiestas, que solía romper la rígida codificación
ideológica y política de la celebración con la introducción del componente burlesco.

Tras esta máscara suceden las danzas a continuación: "[...] seguían
a esta invención dos danzas, cada una de ocho payas: otra de ocho *chim-*
bos con hachuelas en las manos, y variedad de alhajas: una peana de
llamas enjalmadas con tisú de plata, y cargadas de barras del mismo
metal, tejos de oro, y varios instrumentos de minería" [fol. 94]. Como
vemos, una escena plenamente indígena, protagonizada por el conjunto
de llamas engalanadas sobre una peana y cargando el tesoro de las
minas, y por danzantes indios, mujeres y hombres, bailando con todos
los atuendos y adornos propios de su tradición. Otras llamas aparecen conducidas por seis arrieros con banderas blancas en cuyo centro
"se leía Viva Carlos IV" [fol. 94], de modo que los bailes indígenas de
los pueblos cercanos (el Cercado, Chorrillos, la Magdalena, Bellavista,
Carabayllo y Lurín) serían un elemento central del festejo dedicado al
monarca.

Después aparece el primer carro, una carroza ocupada por veintiuna personas que representan el tiempo, Ceres y Flora con diez
ninfas. La diosa de la agricultura, las cosechas y la fertilidad, ligada

a la imagen del rey, transmite el mensaje de prosperidad implícito. Y su concurrencia en "la fiesta de los naturales" introduce la mezcla de elementos americanos y occidentales propia de estos festejos trasplantados. Cada ninfa "guardaba en su vestido la conformidad de la alegoría: la mina de oro vestida de tisú de oro, la de plata con telas del mismo metal, la de Azogue con plata mezclada de color azul, y todas a competencia alhajadas con preseas de oro, brillantes, y perlas" [fol. 95]. Es decir, las ninfas desfilan representando los tesoros del Perú, acompañadas de las danzas autóctonas, hasta llegar al tablado, donde suben los que van en el carro para referir al virrey una loa que el relator nos dice "se ha impreso por separado". Por tanto, la loa, impresa previamente, es repartida a los concurrentes a la fiesta para lanzar el mensaje principal de la fiesta: "[…] ofrecer al soberano los ricos metales del Perú, extraídos del abismo de las minas con el trabajo de sus manos" [fol. 95]. De este modo se escenifica esa ofrenda armoniosa de los indios a su soberano con la que se trataba de robustecer alianzas.

El segundo carro también aparece acompañado de bailes, que nos trasladan a otro espacio tan relevante de la ciudad como lo fue el Cercado: "[…] una danza del Pueblo del Cercado, con turbantes guarnecidos de ricas joyas, y tijeras en las manos: otra no menos brillante, con varas vestidas de hermosas flores, y sonajas: otras en chupas acompañando a la música con cascabeles, y tijeras" [fol. 96]. Se trata de la conocida danza de tijeras, originaria de la región de Ayacucho. En esta parte de la fiesta tiene un especial interés la configuración del carro que representa a España, servida por las Indias, y coronada por una relevante inscripción para la configuración de la ciudad de Lima en su esencia española:

> […] que se distinguía por la inscripción que se leía en su cumbre, *Lima feliz*. Ocupaba el centro una matrona vestida ricamente a la heroica, que llevando sobre la cabeza un castillo coronado de laurel, una palma en la mano izquierda y en la derecha el cetro real, representaba la España dominando felizmente sobre las Indias. Haciánle corte tres matronas americanas, que sobresalían en diamantes, y perlas, renovando los votos de amor, y fidelidad hechos a los antiguos Reyes. Dos americanos a los lados del carro conducían dos caballos cargados de los frutos territoriales, para presentar en obsequio al soberano. Concluía el séquito de este carro una danza de *chimbos galanos* del pueblo de los Chorrillos. [fol. 97]

La carroza con tal inscripción difundiendo la idea de ciudad feliz o arcadia virreinal, presidida por la alegoría de España con todos sus elementos iconográficos (el laurel, la palma, el cetro) dominando las Indias "felizmente" (o sea, sin atisbo de conflicto), y rodeada por las alegorías de América engalanadas –por tanto, manteniendo sus riquezas y renovando votos al rey de España– es una potentísima imagen de la propaganda política en el desfile. En el capítulo dedicado a la relación de Terralla y Landa comentaré esta misma imagen, para profundizar allí en los términos de la relevancia simbólica del protagonismo de la mujer en la escenificación. Por otra parte, el acompañamiento de los indígenas ofreciendo los frutos de la tierra refuerza el sentido de ofrenda del primer carro, pues a los metales preciosos se suman los alimentos de una América que, como vemos, sigue estando representada por sus oriundos moradores, y no por los españoles, a fines del siglo XVIII, o sea, ya en las puertas del proceso emancipador. Fijémonos también en el uso de la palabra "renovar" votos, que implica la necesidad de continuidad y permanencia de un sistema impuesto desde fuera, que requiere, todavía, reafirmación constante, tal y como estas imágenes de propaganda, tras dos siglos de dominación en América, nos están indicando. A la postre, la fiesta sería la garante de dicha continuidad.

En este mismo sentido, la reiteración excesiva de la felicidad y el gozo, a lo largo de esta parte del texto, abona esa necesidad de reafirmación: las danzas "significaron su gozo ante su excelencia"; danzas que lo son después, como acompañamiento del tercer carro, de *matachines* y de *jíbaros* del pueblo de Bellavista [fol. 97][21]. Este tercer carro otorga de nuevo todo el protagonismo a la ciudad de Lima, pues aparece coronado por "una águila con las armas de la ciudad". Y, ahondando en la misma significación arcádica del segundo carro, "ocupábanlo el Perú festivo, la Virtud, y el Día, acompañados de algunas ninfas, y varios genios. Cerrábanlo una danza de payas chicas del pueblo de Caraballlo"

---

21 La primera, en su origen, es una danza europea de carnaval documentada en el viejo continente desde el siglo XV, pero aclimatada entre las poblaciones indígenas americanas; la segunda es una danza de los habitantes de la selva amazónica; ambas descritas, al modo de las relaciones de fiestas, con el mismo tono superlativo del resto de elementos de la celebración, "tan soberbiamente adornadas, como las antecedentes" [fol. 97].

[fol. 98]. Como vemos, concurren a la "fiesta de los naturales" los pueblos indígenas de todas las zonas colindantes de Lima, como centro acogedor de los grupos indios de sus alrededores.

Por último, aparece el cuarto carro, en este caso acompañado de la danza de otro pueblo, el de Lurín (más tarde aparecerán las danzas de Cocharcas y de otros lugares diversos [fol. 99]), de nuevo mostrando el mestizaje y los elementos occidentales que se filtran en la "fiesta de los naturales": "[…] hombres a caballo con armas, y blasones reales". Tal carro concurre a la fiesta "custodiando las majestades", cuyos bustos están colocados en la parte superior del trono. Por tanto, es el carro que finaliza el desfile con el mensaje propagandístico principal del poder del rey que, según Arrese, "aludía a la firmeza y duración de la Monarquía española" [fol. 98]. Tales palabras, firmeza y duración, implican de nuevo la necesidad de reafirmación del poder imperial, más acuciante en este contexto posterior a las rebeliones indígenas en el Virreinato del Perú que tuvieron lugar a comienzos de la década de 1780.

Siguiendo la perspectiva urbana, la ciudad de Lima vuelve a enfocarse como centro para tal reafirmación imperial, protagonizada fundamentalmente por mujeres: "[…] una gallarda matrona simbolizaba a la capital de Lima acompañada de seis ninfas, que indicaban las familias nobles de la ciudad" [fol. 98]. Relevante es también la aparición de un airoso joven que representaba al cabildo: "Minerva con una lucida compañía de ninfas, representaban los progresos de las Artes y Ciencias, bajo el gobierno de los soberanos Reyes de España" [fol. 98]. Tales líneas configuran la ciudad como centro de la élite letrada, a través de esta aparición de la diosa de la sabiduría y las artes acompañando al Cabildo indígena, y arropada por las alegorías de las artes y las ciencias. Todo ello −remacha el autor− se produce bajo el dominio de España, con lo cual la ciudad se erige en gran capital ya no solo religiosa, sino también cultural y, por tanto, como uno de los centros principales del imperio.

Del final del texto hay que destacar la alusión a los alcaldes de la "Nación Índica" y el cierre con la figura del virrey, representante máximo de la autoridad que, en este contexto posrevolucionario indígena, se había vuelto muy cauto con la participación indígena en las fiestas (recordemos la citada opinión contraria a esta participación expresada unas décadas antes por el virrey Manso de Velasco). Sin duda, por ello la relación concluye con un encomio del virrey a la "fiesta de los naturales" en los términos de acatamiento de la autoridad:

> [...] la regularidad de los movimientos, la agilidad con que los ejecutaban, la propiedad y gala de los vestidos, la increíble multitud de diamantes, y perlas que adornaban a cada uno de los que componían la célebre máscara, concurrieron en los siguientes días al palacio del Excelentísimo Señor Virrey, que asistió gustoso a la festiva demostración. Testificóles su Excelencia la complacencia que le causaba la grandeza, y el esmero con que tan justamente se habían distinguido en celebrar las glorias de su amable soberano. [fol. 101]

Tales muestras de complacencia y de lisonja a los indígenas van ligadas, por último, al reparto por parte del virrey de monedas "con aquella liberalidad que le es propia, considerable copia de monedas de oro, y plata" [fol. 101]. Unas muestras de afecto y liberalidad que reflejan los esfuerzos denodados por mantener a la comunidad indígena bajo control tras las rebeliones sucedidas pocos años atrás. El final del texto sella el ansia de permanencia que su amplio desarrollo destila:

> Tales fueron las solemnes fiestas con que la muy noble, y muy leal ciudad de Lima, manifestó su gozo por la coronación de su amado, y excelso soberano, el señor don Carlos IV. Quiera el cielo conservarlo por dilatado tiempo en el Solio para felicidad de estos dominios, y concediéndole una numerosa descendencia, mantenerla en el trono soberano de España, y de las Indias hasta la consumación de los siglos. [fol. 101]

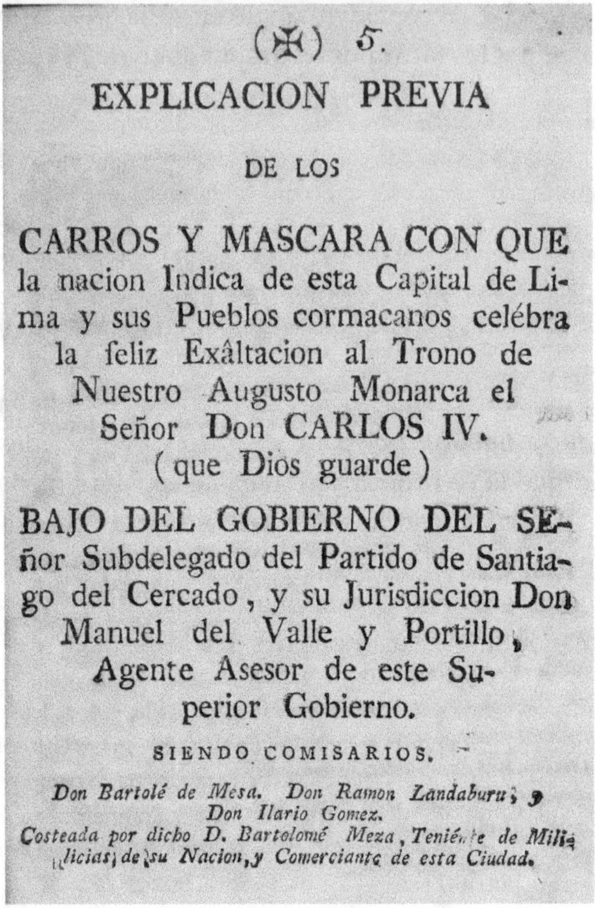

(✠) 5.

EXPLICACION PREVIA

DE LOS

CARROS Y MASCARA CON QUE
la nacion Indica de esta Capital de Lima y sus Pueblos cormacanos celébra la feliz Exâltacion al Trono de Nuestro Augusto Monarca el Señor Don CARLOS IV.
(que Dios guarde)

BAJO DEL GOBIERNO DEL SEñor Subdelegado del Partido de Santiago del Cercado, y su Jurisdiccion Don Manuel del Valle y Portillo, Agente Asesor de este Superior Gobierno.

SIENDO COMISARIOS.

Don Bartolé de Mesa. Don Ramon Landaburu, y Don Ilario Gomez.
Costeada por dicho D. Bartolomé Meza, Teniénte de Milicias de su Nacion, y Comerciante de esta Ciudad.

Figure 1.8. Portada de *Explicación previa de los carros y máscara con que la nación Índica de esta Capital de Lima y sus Pueblos comarcanos celebra la feliz Exaltación al Trono de Nuestro Augusto Monarca el Señor Don Carlos IV...* (1790).

Explicación previa de la fiesta de la "nación índica" dedicada a Carlos IV (1789)

Al igual que las loas a las que hace alusión el texto anterior fueron publicadas en un folleto separado (el aludido *Júbilos de Lima y glorias del Perú...*[22]), Esteban de Terralla y Landa, autor del otro texto fundamental

22 Sobre estas loas, Otemberg informa: "Las demostraciones de los abastecedores de pan estuvieron coordinadas por su comisario Antonio Enderica, capitán de la

sobre este acontecimiento, *El sol en el medio día*, informa sobre las loas que se compusieron específicamente para la festividad de "los naturales": "Las loas, que se representaron en los cuatro carros, y el párrafo del Embajador, son producciones de otro ingenio, y van al final de esta impresión, sin embargo de que corren sueltos mil y quinientos ejemplares; porque como se citan en la narrativa, se echarían menos en esta obra, aunque se omiten las alegorías, por no duplicarlas" (20). Estas loas compuestas para cada uno de los carros de la fiesta de los indígenas se encuentran publicadas no solo en la parte final del volumen de Terralla y Landa, sino también en otro folleto que además contiene la explicación de la composición de los carros. Lleva el título ya citado más arriba: *Explicación previa de los carros y máscara con que la nación Índica de esta Capital de Lima y sus Pueblos comarcanos celebra la feliz Exaltación al Trono de Nuestro Augusto Monarca el Señor Don Carlos IV (que Dios guarde). Bajo el Gobierno del Señor Subdelegado del Partido de Santiago del Cercado, y su Jurisdicción Don Manuel María del Valle y Portillo, Agente Asesor de este Superior Gobierno. Siendo comisarios Don Bartolomé de Mesa, Don Ramón Landaburu y Don Ilario Gómez. Costeada por dicho D. Bartolomé Mesa, Teniente de Milicias de su Nación y comerciante de esta Ciudad.* Se publicó en Lima, en la Imprenta de Niños Expósitos, en 1790. El ejemplar que manejo se encuentra en el repositorio de la librería digital de Brown[23].

Así pues, como hemos visto en la cita de Terralla, la última sección de *El sol en el medio día* incluye las cuatro loas que se encuentran en el texto que nos ocupa, *Explicación previa*, loas que fueron encargadas a un autor anónimo, "otro ingenio", escribe Terralla, si bien Otemberg conjetura que el autor es el propio poeta andaluz:

> Al igual que lo ocurrido con la inversión del capitán Enderica como representante del gremio de panaderos [...] volvía a publicarse un texto que relataba exclusivamente los agasajos de un sector separado del conjunto festejante.

Infantería de Milicias Provinciales. Este militar sufragó de su propio bolsillo la publicación de un folleto que contenía las loas de los cuatro carros que el gremio había preparado para la ocasión con el fin de representar las cuatro partes del mundo, los cuatro elementos y las cuatro estaciones" (2014, 157).

23 Cito el ejemplar de John Carter Brown Library. Reproducción digital: https://arch ive.org/details/explicacionprevi00meza/page/n5/mode/2up

Sus veintitrés páginas sin firma cuya autoría correspondía seguramente a Terralla fueron publicadas unos días antes del evento. (158)

Como informa Barbón, "this was the first time since 1723 that the Amerindians laid out a detailed plan of what they were about to present" (2019, 93), plan que quedó estampado en este texto atípico en el corpus de las relaciones de fiestas, puesto que es previo y no posterior a la fiesta misma, y circuló como folleto entre el público previamente a la celebración en febrero. Las loas que contiene este texto fueron representadas el 8 de febrero de 1790 por actores indígenas. Hay que subrayar que este folleto fue financiado por el auspiciador de la fiesta, Bartolomé de Mesa, comisario indígena que fuera teniente del regimiento de milicias de infantería de naturales de Lima y comerciante almacenista, uno de los líderes de la comunidad nativa de Lima y principal organizador de los festejos. Por tanto, se trata de la figura fundamental para la interpretación de este texto, como también del de Terralla, *El sol en el medio día*, escrito a su vez por encargo del propio Mesa. La *Explicación previa* tuvo dos ediciones de las que corrieron 1500 ejemplares, como informa Terralla (cfr. Barbón, 2006a, 153)[24].

Sobre el protagonismo de Bartolomé de Mesa en estas festividades hay que destacar que no solo fue el auspiciador de los textos, sino de la propia "fiesta de los naturales" que en ellos se relata, por lo que resulta muy significativo que Arrese no lo mencione. Como informa la historiadora Teresa Vergara Ormeño, en su artículo "Bartolomé de Mesa Túpac Yupanqui: trayectoria de un comerciante de la élite limeña (1774–1810)":

Con ocasión de la subida al trono de Carlos IV, Bartolomé de Mesa preparó una serie de actos en los que tomarían parte tanto las élites como el común de indios de la ciudad de Lima para celebrar el ascenso al trono del nuevo rey, celebración que duró del 7 al 9 de febrero. Bartolomé de Mesa jugó un papel central en esa celebración, pues no solo la organizó, sino que corrió con los gastos de los cuatro carros alegóricos que se presentaron y contribuyó

El PDF se localiza en: https://repository.library.brown.edu/studio/item/bdr:13765/PDF/

24 La segunda de las ediciones, corregida y aumentada, incluía al final unas décimas cuyo tema era el elogio a Bartolomé Mesa. Terralla y Landa las reproduce al final de *El sol en el medio día*.

con cuatrocientos cincuenta pesos para cubrir el costo de la corrida de toros que el común de indios no había logrado reunir. Para guardar memoria de la celebración, Bartolomé de Mesa solicitó a don Esteban de Terralla y Landa escribir el relato de las celebraciones y pagó el costo de la publicación que tituló *El sol en el mediodía: año feliz, júbilo particular con que la nación indica de esta muy noble ciudad de Lima solemnizó la exaltación al trono de nuestro augustísimo monarca el señor don Carlos IV: En los días 7, 8 y 9 de febrero de 1790.* (Vergara 114)

La misma historiadora aporta las claves históricas fundamentales para la comprensión de la fiesta de la llamada "nación índica" en honor al monarca, la fidelidad superlativa expresada en todas las manifestaciones poéticas, y el protagonismo de Mesa, que se presentó ante el rey como representante de dicha nación:

El texto se imprimió en la Casa Real de Niños Expósitos y subraya la fidelidad de la nación índica a la Corona española y, en particular, la de Bartolomé de Mesa que no escatimó esfuerzos ni dinero para rendir homenaje y demostrar su fidelidad al nuevo rey. Es importante tener en cuenta que estas acciones ocurrieron en un momento complicado para las élites indígenas del virreinato. La rebelión de Túpac Amaru II y diversos levantamientos indígenas habían tenido lugar en numerosas regiones a lo largo de toda la década anterior, lo que generó un clima de profunda desconfianza de las autoridades coloniales con respecto a la fidelidad de las poblaciones indígenas. En ese contexto, era especialmente importante dejar constancia de la fidelidad de la nación índica residente en Lima a través no solo de la participación en las celebraciones, sino también dejando un texto que perennizara ese momento y en el que quedase por escrito los sentimientos de la nación índica hacia el nuevo monarca. [...] El financiamiento de las celebraciones y del texto, como el cuidado de cada detalle tenían para Bartolomé de Mesa una importancia capital porque era la manera de demostrar la fidelidad de los indios de Lima –élite y comunes–, es decir, de la nación índica de la ciudad en su conjunto, a la Corona española. Desde una perspectiva más individual, estas acciones debían permitirle alcanzar sus metas personales. (Vergara 114–115)

Como he señalado a lo largo de este libro, y han explicado sobradamente autores como Cañeque y Barbón, entre otros, en la fiesta entraban en juego intereses económicos, que en este caso se concretan en prestigio de cada reducción de indios y pretendidos réditos sociales para el comisario. Por ello, esta fiesta es ejemplo paradigmático de tal escenario de intereses y encrucijadas identitarias. Otemberg subraya a este propósito que en esta ocasión "se va decantando así el principio según el cual toda fiesta del poder es también una fiesta de promoción de una persona, grupo o institución" (2014, 157).

Pero añadamos más información sobre nuestro nuevo protagonista. El nombre completo de Bartolomé de Mesa es Bartolomé de Mesa Túpac Yupanqui, como ya sabemos miembro de la élite comercial limeña de origen indígena. Su posición política –informa Vergara– pasó "de la total fidelidad a la Corona española, pues fue el principal financista de las fiestas indígenas en honor de Carlos IV que se realizaron en 1790, a participar activamente en las conspiraciones que ocurrieron en la ciudad con el objetivo de conseguir una mayor autonomía para las élites locales" (105–106). Sabemos que Mesa nació en San Jerónimo, pueblo de indios situado en el Valle de Mantaro, a lo que Vergara apostilla:

> El hecho de que Bartolomé de Mesa no hubiese nacido en el Cuzco, si bien no cuestiona el hecho de que sea miembro de la élite inca, evidencia que forma parte de una élite inca regional y, por lo tanto, segunda en términos de cómo podría ser considerado por un miembro de la élite inca de la ciudad del Cuzco. Sin embargo, los Túpac Inca Yupanqui de San Jerónimo eran indios principales, cuyo poder devenía justamente de la conquista de la región por Túpac Inca Yupanqui. La importancia de este linaje se mantuvo durante todo el periodo colonial y pasó al periodo republicano, porque tan tarde como en 1907, Teodomiro Gutiérrez Cuevas denuncia los abusos del gobernador de San Jerónimo de apellido Túpac Yupanqui (Arroyo Reyes, 2005, p. 92). (111–112)

Sobre el protagonismo de Mesa en la fiesta, Barbón concluye que, efectivamente, tal y como vamos a ver en el análisis de los textos, la relevancia de la "nación índica" y su representante Mesa terminaron siendo incluso superiores a la del monarca: "We argue that during the festivities for the new king it was the *nación índica* (and in particular the afore mentioned Bartolomé de Mesa) rather than the Spanish monarch, who emerged as the real protagonist of this evento" (2006a, 150).

1. Introducción y estructura del texto

Como ya hemos visto, según Terralla y Landa se imprimieron no menos de 1500 ejemplares en dos ediciones sucesivas de la "Explicación previa" (cfr. Barbón, 2006a, 153). El texto da comienzo con una primera parte titulada "Los comisarios de los naturales al público", seguida de un "Romance", la "Mojiganga" y los bailes, que incluye las poesías correspondientes al primer carro. Tras esta primera parte, la estructura siempre es la misma: descripción de los tres carros siguientes, cada uno acompañado de sus respectivos poemas, que contienen información muy valiosa para ensanchar la interpretación de la fiesta conocida por el texto de Arrese, en el que no se encuentran estos poemas. Cabrá fijarse en las diferencias entre el texto de Arrese, criollo de la élite letrada de Lima, y los textos encargados por Mesa, representante de la "Nación índica".

En esta presentación –"Los comisarios de los naturales al público"– se comienza por enfocar el motivo del texto, "la exaltación de Nuestro Augusto Monarca Don Carlos IV al Trono de las Españas" que "ha puesto en festivo movimiento a sus vasallos felices"[25]. Esta exaltación del poder ligada a la felicidad de los vasallos en el hecho festivo es el arranque del texto, que prosigue haciendo hincapié en todas las cualidades morales del rey que merecen "júbilo universal", siendo Lima el centro del mismo. Todo ello aparece seguido del anuncio de prosperidad y bonanza que va aparejado a la coronación. Así, todos los que conforman la sociedad, desde el sabio hasta el indigente, concurrirán para dar las "demostraciones del placer que los agita":

> Pero si todos los gremios de acuerdo común han producido pruebas reales de amor y lealtad al Soberano en las alegres aclamaciones con que han generado su Coronación; parece que los Naturales de esta ciudad del Perú, doblando la fuerza y el esmero, han hecho un empeño doble en manifestar su júbilo. Asombra que estos Naturales a quienes siguen con frecuencia las escases [sic], y las necesidades, han podido hacer unos esfuerzos tan activos, y fuera de la esfera de sus fortunas para celebrar dignamente tan fausto día. Pero el amor, ese fiel amor que anima los pechos de los Indianos, que agita su lealtad, y pone en acción los muelles de sus finezas, parece que han juzgado unos resortes invisibles para desempeñar con lustre esplendor y magnificencia, el soberano asunto que los impele.

---

25 El volumen manejado carece de foliación, por lo que remito al enlace a la reproducción digital referenciado en "Fuentes impresas".

Como vemos, el relator remarca el esfuerzo desplegado en todos los sentidos por los indígenas (indianos en el texto) por festejar al monarca y mostrar la fidelidad. La utilización de un campo semántico destinado a transmitir el enardecimiento preeminente de los indígenas es visible en el texto con expresiones como "fuego que los enardece", "afectos", "gozo", "satisfacciones de su corazón", "ardor", "gratitud". Este campo semántico sirve como preámbulo para llegar a la presentación del tema del texto, planteado en tiempo futuro: "Ella [la fiesta] se compondrá de cuatro Carros con diversas alusiones, y alegrías [alegorías], que descifran varias ideas relativas a la dignidad de tan ilustres regocijos que al público manifiesta dicha Nación". Vemos así la aparición del concepto "nación" en todos estos textos, en referencia a la "nación índica" del título del texto, que José Antonio Mazzotti explica a partir del concepto de "nación étnica":

> [...] para hablar de 'nación étnica' se necesitaba aludir inevitablemente al concepto de nación que se manejaba en la época: el de grupo familiar extenso o social-regional, con fuertes rasgos de unidad racial, cultural y lingüística, muchas veces coincidente con el concepto de "casta", y casi siempre identificable por la aceptación común de una dinastía fundadora (Smith introd.) (2000, 144–145).

En lo que atañe al término nación índica,

> corresponde a una definición escolástica (aristotélico-tomista) de cuerpo de nación, que se refiere al estatus socio-cultural y jurídico del conjunto de la población indígena americana. En los hechos, aparece circunscrito a espacios territoriales concretos como el virreinato del Perú, donde se habla de una nación española, una nación índica y una nación etíope o afroperuana correspondientes a los tres grupos étnicos del virreinato (Vergara 113).

Esencial resulta, en relación con Bartolomé de Mesa y su presentación como representante de la "nación índica", añadir el conjunto de hechos históricos que explica Teresa Vergara, pues comprendemos mejor la intencionalidad del pago de las fiestas y de su protagonismo en las mismas frente al poder virreinal:

> Bartolomé de Mesa era mestizo y así lo muestra su retrato pintado por el reconocido pintor José Vásquez en 1790. Él se identificaba como miembro

de la nación índica. La razón se relaciona con los espacios de poder que las élites indígenas habían logrado alcanzar, en especial la élite de la ciudad de Lima durante el siglo XVIII. Los miembros de la élite indígena limeña habían logrado que se hiciese efectiva la real cédula de 1697, conocida como la "cédula de los honores", otorgada a la nación índica por el último de los Habsburgo. Esta real cédula les permitía acceder a posiciones de poder dentro de la esfera civil y religiosa anteriormente reservadas para los españoles. Desde la década de 1730 podían ser ordenados sacerdotes, a partir de 1763 consiguieron ser nombrados procuradores de naturales y años más tarde comenzaron a ingresar cada vez en mayor número a la Universidad de San Marcos para seguir estudios de teología y leyes e ingresar como catedráticos en la universidad. Está claro que Bartolomé de Mesa podía obtener mayor reconocimiento en la sociedad colonial si se identificaba como miembro de la nación índica que si lo hacía como mestizo. Para aspirar a los derechos que la "cédula de los honores" otorgaba a los miembros de la nación índica se exigía como requisito ser puro de sangre o indio por sus cuatro costados. El ser mestizo, aunque se fuese rico como Bartolomé de Mesa, no proporcionaba el mismo prestigio que identificarse como miembro de la nación índica, con mayor razón si se era parte de la élite indígena. (113)

A lo que Vergara añade: "Identificarse como miembro de la nación índica no era solo de nombre, Bartolomé de Mesa se consideraba realmente parte de ese grupo étnico. Por pertenecer a la élite indígena de la ciudad, se encontraba dentro de los miembros dirigentes de ese cuerpo social y pudo llegar a actuar en 1790 como su benefactor" (114). Desde tales determinantes identitarios, sociales y económicos, se comprenderá mejor el entramado interno de esta fiesta y sus diferentes versiones según el relator y el auspiciador.

2. La lógica topográfica y el componente literario en la configuración de la "nación índica"

La descripción de los festejos se realiza a través de un relato que, nuevamente, sigue una lógica topográfica, de modo que al igual que en el texto de Arrese, la ciudad cobra todo su protagonismo. Así, desde la Pila de la plaza Mayor, tal y como hemos visto en el texto anterior, la máscara avanza hasta la plaza de la Inquisición y regresa a la plaza Mayor. Pero esta relación ofrece nuevos detalles, no descritos por Arrese, así por ejemplo, en la descripción de los atuendos de los participantes. El embajador que iba vestido "a lo índico", lleva un "manto regio encarnado", imagen de realeza, "con un castillo en la cabeza orlado de laurel", símbolo de sabiduría:

> [...] el Sol a la derecha del turbante, y la Luna a la izquierda, y un Lucero en la sima del castillo, símbolo de la Monarquía española, el mismo que lleva el gobierno y dirección de la dicha máscara. Se coloca el Embajador en el sitio frontero del excelentísimo, el que por la relación siguiente, pide el permiso para que se le admita la humilde ofrenda que presenta a nombre de su Nación.

El párrafo es de especial interés en lo relativo a la imagen del embajador de la "nación índica", que va revestido por un castillo que simboliza a la monarquía española, en señal de acatamiento, para presentar a continuación su ofrenda en representación de los suyos.

Como he señalado, gracias a este volumen conocemos el contenido de los poemas que acompañan a los carros, ricos en claves de interpretación de este periodo ya posterior a los cambios históricos más relevantes del siglo XVIII, desde las reformas borbónicas y las consecuencias que estas tuvieron en la economía limeña[26] hasta la rebelión de Túpac Amaru II en 1780. En este contexto hay que tener presente la mentada búsqueda de una buena posición en la estructura social por parte de la "nación índica". Así puede observarse en el primer romance que el embajador declama ante el virrey al comienzo de la fiesta, tras la salida de la máscara, en el que leemos versos como los siguientes: "[...] de los fieles naturales / el ilustre antiguo Gremio / que igualmente como todos / goza el mismo privilegio / de ser su vasallo, viene / a dar de su leal afecto / y de su fidelidad / incontestable argumento". La calificación de la nación índica como gremio ilustre y antiguo es una muestra de orgullo puesta en escena en el fasto para enaltecer antigüedad indígena, que en su cualidad ilustre remarca el origen noble y distinguido de tal nación.

---

26 Sobre las reformas borbónicas y el impacto en el comercio limeño, véanse los estudios de Mazzeo de Vivó (1994) y de Parrón Salas (1984).

Para festejar al rey el texto informa de que se ha organizado una máscara, y a continuación comienza a desarrollar el sentido de ofrenda que ya conocemos por el contenido de los carros descrito en la relación de Arrese: "Vienen el Oro, la Plata / y Azogue Metales bellos / la fidelidad, amor / y lealtad de todo el Reino; / Amaltea con sus frutos / y Flora con sus esmeros". Versos que compendian todo lo que el Perú sigue dando de sus entrañas a la monarquía española, el fruto de sus minas y de su agricultura, todo ello envuelto por cualidades morales como el amor y la fidelidad, que se reiteran con insistencia.

Interesa a continuación en el romance el modo en que toda la escenificación se sintetiza y concentra en la ciudad de Lima, representando y sintetizando al Perú: "Lima urbana, dando amante / pruebas de su rendimiento / su abundancia, y su alegría / darán esmalte al obsequio / el Perú alegre y festivo…". Es decir, la ciudad, distinguida en su cualidad urbanita, como espacio que "rinde" para España, que engrandece y magnifica la ofrenda de "los Peruanos", cuyos metales –oro, plata y azogue– tendrán después su desarrollo como los "tesoros" del "centro" del Perú.

No menos interés suscitan los versos con los que el embajador sigue configurando el gremio de los naturales en relación con la monarquía: "Decorosa se presenta / la fidelidad del Gremio / diciendo a pesar del mundo / mi carácter es perpetuo". Un verso con el que se remacha la idea de perpetuidad de la fidelidad a la corona, que como he reiterado tenía en las fiestas un vehículo primordial ("lealtad que no espira", "y su ardor que será eterno", leemos más abajo), aderezada de nuevo con el amor y la lealtad, la pureza y la ternura, que trazan la consabida bondad del indio, al compás en que se desarrolla la idea del Perú como tierra de la abundancia y la prosperidad ligada al carácter de sus antiguos moradores: "[…] cuya abundancia / cuyos frutos, cuyo aumento / en la fértil cornucopia / se está claramente viendo". Asimismo, es de destacar la aparición del "Ayuntamiento de los Indios", que harán todo el esfuerzo para seguir en ese estado de supuesta prosperidad. Concluye el soneto con el concepto de "nación indiana", de modo que se produce una fluctuación terminológica (entre indiana e índica) que, en cualquier caso, abunda en el sentido de pertenencia al grupo étnico que hemos visto esclarecido páginas atrás por Mazzotti al tratar sobre el término "nación étnica".

Sigue en la estructura del texto la "mojiganga", en la que el relator presenta la escena cómica que ya hemos visto en la relación anterior, conformada por los enanos y las figuras burlescas. Las danzas de pallas y chimbos preceden después al primero de los carros, presidido por un joven vestido "a lo español" y representando el "arte metalúrgico", seguido de las "tres minas de Oro, Azogue y Plata"[27], que sabemos por la relación de Arrese que están representadas por tres ninfas. Llama la atención el inciso que a continuación introduce el autor del texto para enfatizar la importancia de la minería, interrumpiendo la descripción de la fiesta:

> La alusión es clara. Las Minas que son en la Academia el origen de la abundancia y la grandeza ofrecen al Soberano todas sus producciones, proponiéndole los medios para prosperar en su Reinado. En las actuales circunstancias es un asunto de la mayor atención. La Minería es el objeto más interesante de la Nación. Hoy nuestro monarca (a solicitud del excelentísimo señor Virrey de estos Reinos Don Teodoro de Croix) favorece con todo empeño a este ramo. Remite operarios y procura todos los productos posibles para dilatarlo y felicitar sus progresos perfeccionando las Artes y labores relativas a este objeto.

Así, la Minería aparece de forma explícita como la mayor fuente de riqueza del Perú, puesta a disposición de la monarquía española. Tras esta acotación el autor sigue describiendo el carro, con una alegoría del tiempo, Ceres, Flora y las ninfas, tal y como hemos visto en el texto anterior, ofreciendo los productos de la tierra al soberano. Cierran el carro varias danzas de pueblos de la región.

Interesa sobremanera detenerse en las "Poesías del primer carro", presentadas de forma dramatizada con la participación de varios interlocutores: el arte metalúrgico, la mina de oro, la de plata y la de azogue, así como la Música, que presenta el acto insistiendo en lo que estos

---

27 Como apunta Otemberg, "la centralidad de la temática minera signará meses después el programa diseñado por el mismo Terralla para celebrar el recibimiento del virrey Gil de Taboada" (2014, 159), que se materializa en la obra del poeta español titulada *Alegría Universal: Lima festiva y encomio poético que al feliz, cuanto plausible recibimiento del ínclito Héroe contenido en las iniciales del acróstico dedicatorio, que se presenta. Dispuso Don Esteban de Terralla y Landa, Natural de los Reinos de España en el de Sevilla, y Minero de S. M. en las provincias de Cajamarca y Huamachuco. Hácela pública Don Alonso Romero, Capitán de Dragones por S. M. y su Minero en el Cerro de Hualgayoc de dicha Provincia de Caxamarca.* 1790.

personajes van a ofrendar a Carlos: "lo que oculta la tierra en sus entrañas". Los versos iniciales del "arte" inciden en la idea de la riqueza del Perú puesta a disposición de la monarquía:

> Minas recomendables
> depósitos ricos y apreciables
> cuyo seno fecundo
> adorna de esplendor a todo el Mundo; hoy es el fausto día,
> en que el fiel Perú la Monarquía,
> con tierno vasallaje
> ofrece a nuestro Rey justo homenaje.

Los versos que siguen a continuación, expresados por las figuras que representan cada mineral, arengan para que los indios abran "las ricas venas" de la tierra donde está el tesoro del Perú, para contribuir a la mayor grandeza del monarca, en un discurso que a su vez ensalza al Perú como centro universal de la riqueza. Esta idea de las venas que han de abrirse, que de inmediato nos evocan el título de Eduardo Galeano, *Las venas abiertas de América Latina* y que hemos visto como imagen central en las fiestas por Felipe Próspero, se reitera en cada discurso poético pronunciado, así como también la de la ofrenda.

Especial interés presentan los versos declamados por la figura de la Plata, puesto que configuran el Perú como ese centro del universo de la grandeza y la riqueza:

> Yo producto de la Luna
> origen de la riqueza
> que formo del Universo
> el primor y las grandezas;
> De mis entrañas los frutos,
> es razón que fiel ofrezca,
> a un Rey que forma el honor
> y la gloria de esta esfera.

La arenga que sigue a los indios sella el sentido político de esta "fiesta de los naturales", con la particularidad de que en este caso son ellos mismos quienes protagonizan dicho sentido:

> Indios constantes, venid,
> abrid las ocultas puertas
> del centro para que todo
> hoy a Carlos IV ceda.
> Presentad con fino esmero
> metales de Ley suprema
> y no se omitan trabajos
> que tienen fiel recompensa.
> Apurad vuestros sudores
> porque el universo entienda
> que por el Rey, y Señor
> el postrer aliento dieras.

Con este discurso, los indígenas de Lima se posicionaban ante el rey como la parte de la población necesaria para seguir con la extracción de las riquezas, y los mandatarios indígenas utilizaban este poder para presentarse ante la monarquía como la pieza ineludible del entramado colonial. El discurso a continuación de la figura que representa el Azogue hace aparecer de nuevo el término "nación indiana".

Los poemas concluyen con la idea de las ventajas de esta ofrenda a "quien es del todo dueño". Con ella se refleja que los tesoros son originariamente de "los naturales" de esta tierra, adjetivados al principio como ilustres, y que son ellos quienes los extraen y quienes los ofrecen a unos mandatarios en última instancia foráneos. Con todo ello, el poder de "la nación indiana" está funcionando en el seno del texto en tanto que se insiste en la dependencia de la monarquía con respecto a tal nación para poder obtener las riquezas. Las poesías de este primer carro se cierran con un "aria" en la que Carlos IV recibe amorosamente la ofrenda y las figuras de los minerales lanzan versos festejando las riquezas del Perú, puestas a los pies del soberano, "que sabe hacer feliz a quien impera".

Sigue esta *Explicación previa* con el apartado correspondiente al segundo carro, que en el texto anterior hemos visto descrito al detalle: con la inscripción que lo preside, "Lima feliz", y protagonizado por una matrona representando a España y su dominio en las Indias, con todos sus atuendos simbólicos para tal representación, y acompañada por tres matronas americanas engalanadas, renovando su fidelidad a la monarquía, así como por danzas de la región. A diferencia del texto de Arrese, en este caso se alteran los carros. Precedido por danzas de matachines y de jíbaros, "lleva en lo superior una Águila con las Armas de la Ciudad" (que en el texto de Arrese aparece en el tercer carro), pero no está protagonizado por España, sino por "el Perú festivo, acompañado de algunos genios, de la virtud, del día, de varias ninfas con figuras alegóricas, y la Abundancia". La alteración en los dos textos se evidencia en este punto del desfile, puesto que en el texto de Arrese el carro que representa al Perú festivo era el tercero y no el segundo. Por tanto, si este texto se imprimió como "explicación previa" de la fiesta por parte de Mesa, podemos conjeturar que Mesa, auspiciador de la fiesta, proyectó que el segundo carro representara al Perú:

El Perú se ostenta en el último exceso del gozo, como transportado de su júbilo. Hace toda su gloria en el Vasallaje que rinde al Soberano. Aquí viene como reiterando sus primeros votos, y juramentos, y presta una fe imperturbable que establezca perpetuamente, y sin interrupción, los antiguos derechos del Monarca, para dominarlo. No conoce otra felicidad que ser de sus amados súbditos, y es por esto, que quiere dejar a las Naciones, y a la posteridad notorios testimonios de su fidelidad.

Seguramente en el transcurso entre la "explicación previa" y la realización efectiva de la fiesta se produjo el cambio en el orden de los carros, de modo que tras el primer carro que ofrecía al monarca las riquezas mineras del Perú, sucedió finalmente un segundo carro protagonizado por España con las matronas americanas acompañándola, en muestra de su fidelidad.

Siguiendo con el texto, a continuación se encuentran los poemas del segundo carro, nuevamente con una estructura dialogada en la que los interlocutores son la música y tres matronas, que son las descritas en el texto de Arrese como las matronas americanas que rinden fidelidad a España. Los poemas que declama cada una de las matronas renuevan el mensaje de vasallaje y su juramento, lealtad y solicitud de perpetuidad al monarca, con una reiteración del campo léxico que abunda en el sentido de entusiasmo en esta adhesión a la corona: "pecho rendido", "ardientes", "amantes", "mayor fuego", etc. Más allá de lo consabido, merece destacarse de estos poemas el mismo sentido de glorificación del Perú sustentado en ese vasallaje ("humilde el Hemisferio Peruano / hace su gloria mayor / de nombrarse su Vasallo"), así como la alusión a la conquista en los términos de acontecimiento venturoso para los antiguos moradores del Perú: "Feliz se muestra este reino / después de ser conquistado / cuando antes en confusiones, / triste estaba vacilando". Esta concepción del hecho histórico de la conquista y sus consecuencias se completa en los poemas, casi tres siglos después, con el refuerzo de lo venturoso del acontecimiento y su consolidación por parte de la monarquía española en su dimensión universal, tanto en el poema de la "Matrona 2": "Nuestra fortuna está en ser / súbditas de un Soberano / que en el Universo todo es preferido, es amado", como en el aria final, en la voz de la "Matrona 1", "España, sin duda, has hecho / nuestro suelo afortunado / como el nuevo Rey que das / al feliz país que habitamos". Por último, cabe señalar la aparición nuevamente de Lima representando al Perú y asumiendo este mensaje en el poema de la "Matrona 3": "Ya puede Lima decir, / que llegaron sus contentos / a una gloria inimitable / y a un placer que será extremo". De este modo, vemos la apropiación de la Lima criolla por parte de la "nación índica", reflejo de esas interferencias identitarias antes señaladas que se están produciendo en el complejo espacio social de la ciudad.

Concluida la parte dedicada al segundo carro, pasamos al tercero, que en el texto de Arrese era el segundo, y que corresponde con la representación simbólica de España. Por ello, tras dar noticia de las danzas de diferentes pueblos que lo acompañan, el primer dato que este texto ofrece es el de la inscripción que preside este carro, "*Lima feliz*", seguido de la descripción de la representación en el centro de "España sentada en un trono circunvalado de nubes, y estrellas". Coincidentemente con el texto de Arrese, "va esta figura adornada con vestiduras reales llevando sobre la cabeza un castillo guarnecido de laurel, una palma en la mano izquierda, y en la derecha el Cetro Real, símbolo de la dominación". Asimismo, el acompañamiento es el mismo que el descrito por Arrese: "Le hacen corte tres matronas americanas con bastones en la mano izquierda, una llave en la derecha que ofrecen a los pies de la España con demostraciones rendidas". Y concluye remarcando la sumisión con la alusión a la conquista: "Ellas representan las

Américas conquistadas por las Armas". Asimismo, interesa destacar, de las líneas que cito a continuación, la referencia a la "verdadera" cultura como clave para esa interpretación del acontecimiento feliz que fue la conquista; mensaje esencial del texto y, por tanto, de la fiesta relatada:

> Católicas que renuevan los votos hechos a los antiguos Reyes, y declaran los deseos ardientes que tienen de permanecer hasta el fin de los tiempos, sujetas a las leyes, y potestad del Imperio Español que las hace felices habiendo conducido a estas [...] incultas la verdadera Ley, la política, las Ciencias, las Artes, y todos los medios que hacen la prosperidad de esta Nación. Este es un justo reconocimiento: jamás olvidarán las América que la España ha sido el origen de sus establecimientos útiles. Ni el tiempo fugaz ni la vanidad de las cosas, ni las variaciones de la fortuna borrarán de su grata memoria estos bienes imponderables. Ellos quedarán esculpidos en los mármoles, en los bronces, y en los corazones de la Nación para testimonio permanente de la beneficencia española, y la gratitud de los americanos.

El mensaje de gratitud de los americanos a España evidencia un desplazamiento semántico que no es baladí. De la "nación índica" o "indiana" hemos pasado a escuchar las voces de las matronas americanas que representan lo peruano, identificado con lo indígena, hasta este párrafo en el que lo indígena representa lo americano, en una figuración femenina, siguiendo la tradicional alegoría de América.

En lo relativo a los poemas que acompañan al carro, cuyos interlocutores son Perú, la Virtud, el Día y la Música, abundan en los mismos sentidos de vasallaje feliz que hemos visto en los poemas de los carros anteriores. No obstante, cabe destacar en la voz del personaje que representa al Perú, la construcción mitificadora:

> La gloria que me distingue,
> la majestad con que brillo,
> la ostentación que en mí luce,
> y el valor con que me animo;
> todos son obras preciosas,
> de los monarcas invictos,
> que siendo el honor de España,
> son de la América hechizo.

Nuevamente comprobamos la glorificación de la propia nación, siempre ligada a España. Por último, en lo relativo a nuevos argumentos que estos poemas contienen para la insistencia en los mismos mensajes, aparecen Fernando e Isabel como origen del presente glorioso para "este hemisferio" (término recurrente en el texto para designar el "hemisferio peruano"), siendo Carlos IV heredero de todas sus virtudes.

Finaliza el texto con el cuarto carro, descrito de forma coincidente con el texto de Arrese: presidido por los bustos de los soberanos en "magnífico trono", de nuevo simbolizando "la firmeza y duración de la Monarquía española", y a su derecha una matrona que representa a "la Capital de Lima", acompañada de ninfas que en el texto de Arrese "indicaban las familias nobles de la ciudad", y aquí "las nobles familias de estos países". Resulta interesante de nuevo esta diferencia terminológica, pues ahora se entiende con mayor claridad que tales familias hacen referencia a los pueblos indígenas de la región, que –sigue el texto– "con insignias y atributos [...] alegóricamente demuestren su aseo, pulidez, y el político gobierno que sostiene esta Ciudad, con belleza, y las demás cualidades que la recomiendan".

La ciudad, como hemos señalado en el texto de Arrese, se erige en el centro de esta reafirmación identitaria y como capital de la cultura, pues de nuevo vemos que va acompañada por las alegorías de las Ciencias y las Artes. Tal mitificación se completa con las líneas finales: "De sus majestades es la gloria de los adelantamientos visibles que hoy se conocen en la América sobre todas las facultades. Son pues estos dignos de inmortales elogios, dignos del amor, y fe de los indianos, y acreedores a ser eternizados sus nombres en lápidas incorruptibles". Lo más interesante sin duda se encuentra en esta última exclamación, cuando el autor enumera la serie de quienes aclaman al rey: "La nación indiana, Lima, su cabildo fiel, hacen pues hoy rendidas demostraciones de su agradecimiento, y se tiene por fortunada con la sujeción a Carlos IV, cuya coronación celebra con los más fieles juramentos". Con dicha enumeración, el texto enfoca a la "nación indiana" representada por su cabildo para celebrar al rey. El mensaje se consuma así con este último carro, cuyos poemas merecen atención.

Los interlocutores de estos poemas presentan un especial interés, pues son Lima, el Cabildo de indios y el Perú. Tras situar a Lima en su clímax en la fiesta indígena ("jamás ha gozado Lima / gesto tan dulce, y completo / gloria, y placer tan cabales / ni jamás aquí se vieron / tan puras las complacencias..."), sucede la arenga del Cabildo de indios, visiblemente significativa en lo concerniente a la exaltación de la contribución de "los naturales" a tal situación arcádica:

> Yo que soy órgano amante
> del Leal y fiel Regimiento
> de los Naturales [...] no acierto
> a dar una justa idea,
> de sus fieles sentimientos [...]
> Quede memoria en el Orbe
> del sagrado rendimiento,
> de la estimable lealtad,
> del amor puro y sincero;
> que a nuestro nuevo Monarca,
> doblar saben sus empeños.

A continuación, las seguidillas profundizan en el sentido encomiástico de "los naturales": "Lima con el Cabildo / de naturales / hacen de su fortuna / público alarde". La afirmación de Lima como *axis mundi* que plantea y teoriza José Antonio Mazzotti en su *Lima fundida* (305), tiene en este momento de la *Explicación previa* una manifestación paradigmática aplicada al Perú:

> No hay nación en el mundo,
> tan complacida
> que le iguale en los gozos,
> glorias, y dichas.
> Porque gozosa
> hace de su monarca
> su suerte toda.

La intervención última del personaje que representa al Perú regresa al tema inicial del texto, es decir, a la configuración del primer carro representando el oro, la plata y el azogue para cerrar todo este despliegue poético con el sentido de ofrenda del que este texto es un ejemplo principal:

> Con acentos graves,
> dulces consonancias,
> ofrezcan a Carlos,
> augusto Monarca,
> sus preciosos frutos,
> el oro, la Plata,
> el Azogue, y todo
> lo que oculta la tierra en sus entrañas.

Pero el texto no se cierra con los poemas del cuarto carro sino con una "Conclusión", que contiene la significación última de la *Explicación*, sintetizadora de los objetivos que movieron a Mesa a auspiciar la fiesta y los textos para la misma:

Estas son las señales con las que la Nación Índica ha demostrado a su Majestad su amor, y júbilo en su feliz coronación. Ella quisiera dar pruebas más activas de su celo, de su gratitud, y sus finezas, pero la grandeza de estas su mismo tamaño hace imposible el desempeño. Un amor sin límites, una fe que no es ceñida, una voluntad que se dilata sin que ningunos términos la opriman. Son objetos inexplicables, y nunca menos se expresan, que cuando se emplean las mejores pinceladas en su dibujo. Carácter es de asuntos grandes, no poder sujetarse a las explicaciones. Hagan pues el corazón, y los afectos, lo que no pueden los labios, las plumas, la elocuencia, ni los rasgos más finos. Y quede la nación con la pena de que no es posible formar una completa idea de la gloria que la exalta, y del gozo que le inspira la Coronación Augusta del Soberano, dignamente aplaudido el Señor Don Carlos IV, que Dios guarde. FIN.

Vemos de nuevo el desplazamiento de "la nación indiana" a la "nación índica", como términos sinónimos, en esta última expresión de amor superlativo y de supuesto acatamiento rotundo por parte de los indígenas al poder español, producida en esta última década del siglo XVIII en la que Mesa, como representante de la élite indígena limeña, está buscando un lugar privilegiado frente al poder. Sin embargo, los acontecimientos que se iban a desencadenar en los años venideros le harían variar su posicionamiento y convertirse en un instigador para preservar los derechos de las élites locales.

Es de notar también que estamos en 1790 y la representación de los indígenas ya no incluye ese desfile que hemos visto producirse en el siglo XVII en las relaciones de Ojeda y de Salas y Valdés, y reiterarse en las fiestas dieciochescas hasta la *Lima gozosa* de 1760. Tras ocho años de la rebelión de Túpac Amaru, que significó la prohibición de toda representación o manifestación simbólica del incaísmo, ya no cabía en la fiesta el incario prehispánico, sino la representación folclórica de una cultura que aparece en buena medida españolizada, y de la que sacan pecho en la fiesta sus mandatarios presentes, representantes del cabildo indígena. Ahora bien, como apunta Pablo Otemberg:

> La ausencia de escenificaciones incaístas no significó un sentimiento de pérdida o avasallamiento de sus privilegios para los indios de Lima y los pueblos vecinos. Representó más bien una oportunidad para reforzar su lugar en el sistema colonial, lo que le permitiría lucir nuevamente sus autoridades e instituciones locales. Mientras cada pueblo exhibía sus danzas y consagraba a sus líderes –como Bartolomé de Mesa–, se le recordaba a Carlos IV que la economía de la monarquía dependía del trabajo indígena en las minas americanas. (2014, 160)

Por tanto, el protagonismo de los mandatarios incas prehispánicos sería sustituido por el de los dirigentes del presente. Así las cosas, este texto resulta de gran interés para comprender de forma más cabal la evolución de la historia a la luz de la fiesta, y como complemento del de Arrese, en su aporte del contenido de las loas de la "fiesta de los naturales" y la incorporación de los matices propios de un texto auspiciado por quien fue un representante principal de la "nación étnica" en la Lima de finales del setecientos.

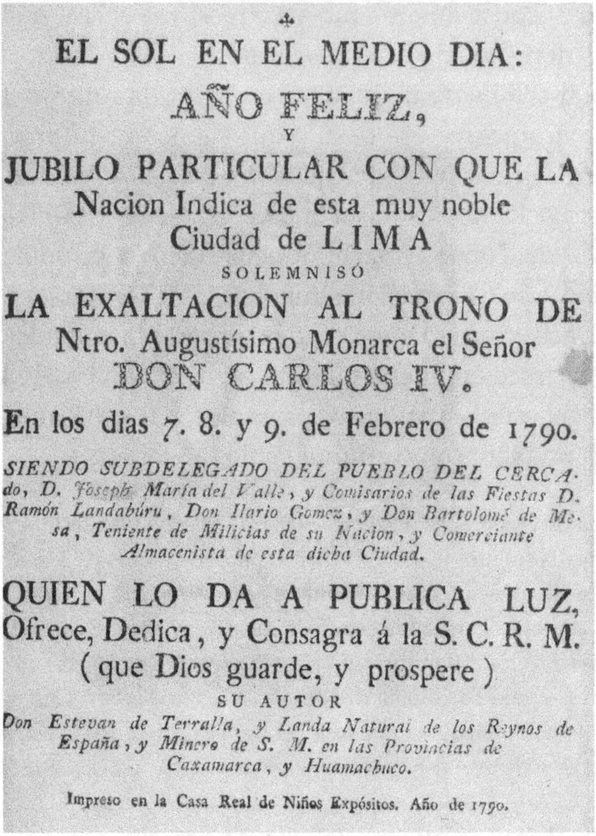

✦
EL SOL EN EL MEDIO DIA:
AÑO FELIZ,
Y
JUBILO PARTICULAR CON QUE LA
Nacion Indica de esta muy noble
Ciudad de LIMA
SOLEMNISÓ
LA EXALTACION AL TRONO DE
Ntro. Augustísimo Monarca el Señor
DON CARLOS IV.
En los dias 7. 8. y 9. de Febrero de 1790.

SIENDO SUBDELEGADO DEL PUEBLO DEL CERCA-
do, D. Joseph María del Valle, y Comisarios de las Fiestas D.
Ramón Landabúru, Don Ilario Gomez, y Don Bartolomé de Me-
sa, Teniente de Milicias de su Nacion, y Comerciante
Almacenista de esta dicha Ciudad.

QUIEN LO DA A PUBLICA LUZ,
Ofrece, Dedica, y Consagra á la S. C. R. M.
(que Dios guarde, y prospere)
SU AUTOR
Don Estevan de Terralla, y Landa Naturai de los Reynos de
España, y Minero de S. M. en las Provincias de
Caxamarca, y Huamachuco.

Impreso en la Casa Real de Niños Expósitos. Año de 1790.

Figure 1.9. Portada de Esteban de Terralla y Landa, *El sol en el medio día: año feliz y júbilo particular con que la Nación Índica de esta muy noble Ciudad de Lima solemnizó la exaltación al trono de Ntro. Augustísimo Monarca el Señor don Carlos IV...* (1790).

El sol en el medio día de Esteban de Terralla y Landa (1790)

1. Introducción al autor y estructura del texto

La parte de la fiesta indígena por la coronación de Carlos IV, que hemos visto relatada al final de la relación del cronista oficial Arrese, y cuyas loas ya conocemos por la *Explicación previa de los carros...*, tiene, como ya hemos adelantado, otra versión fundamental para completar las diferentes perspectivas con que se aborda el hecho histórico de esta celebración. La cubierta del texto del poeta andaluz afincado en Lima Esteban de Terralla y Landa reza: *El sol en el medio día: año feliz y júbilo particular con que la Nación Índica de esta muy noble Ciudad de Lima solemnizó la exaltación al trono de Ntro. Augustísimo Monarca el Señor don Carlos IV. En los días 7, 8 y 9 de febrero de 1790. Siendo subdelegado del pueblo del Cercado D. José María del Valle, y Comisarios de las Fiestas D. Ramón Landaburu, Don Ilario Gómez, y Don Bartolomé de Mesa, Teniente de Milicias de su Nación, y Comerciante Almacenista de esta dichosa Ciudad. Quien lo da a pública luz, ofrece, dedica, y consagra a la S.C.R.M. (que Dios guarde, y prospere). Su autor don Esteban de Terralla y Landa, Natural de los Reinos de España, y Minero de S. M. en las provincias de Cajamarca, y Huamachuco.* Impreso en la Casa Real de Niños Expósitos. Año de 1790[28].

La metáfora del título remite a la llegada del sol, que representa a Carlos IV, al hemisferio sur hispanoamericano, con el que se identifica geográficamente el mediodía; hemisferio cuyo centro durante la colonia fue Lima, aunque a fines del siglo XVIII ya no gozara de esa supremacía. Por ello, en la "Canción oncena, y última" del texto, Terralla poetiza la idea:

> Con atención al principal respeto,
> y a la alta dignidad de tanto objeto:
> esta la que demuestra claramente
> desde Oriente a Occidente,
> y desde Septentrión al *Medio-día*,
> el júbilo, contento, y alegría…

Es decir, desde el norte hasta el sur se festeja al monarca,

> que aunque en el mar del norte
> tiene su cetro, su diadema y corte,
> su potestad dilata con su imperio
> no solo a este vastísimo hemisferio
> del opulento clima peruano;
> sino al de Santa Fe, y al mexicano.

28 Cito el ejemplar de John Carter Brown Library en su reproducción digital: https://archive.org/details/elsolenelmediodi00terr/page/n11/mode/2up

La relevancia de la obra va más allá del aporte de una nueva perspectiva para el relato de estas fiestas, y atañe tanto a la importancia del autor, sus circunstancias vitales en el momento de la composición del texto y los determinantes históricos en que este se forja, como al carácter netamente literario de esta relación de fiesta escrita en verso. Pero antes de entrar en sus páginas se impone introducir al autor, al menos en lo relativo a algunos de sus datos biográficos más relevantes. Llegado al Perú en 1787, Terralla y Landa se dedicó a la minería en las provincias de Cajamarca y Huamachuco. Diez años después aparecería publicado su conocido y controvertido poema *Lima por dentro y fuera* (1797), uno de los principales testimonios sobre Lima en la literatura virreinal y ejemplo tardío de estilo conceptista en el que el poeta lanzó una visión muy crítica sobre la ciudad[29]. Lo hizo Terralla a través de la creación de un gran cuadro costumbrista salpicado de localismos peruanos, donde caben todos los tipos sociales de la Lima colonial. Cáustico y socarrón, el andaluz descargó allí todo su sarcasmo en una diatriba contra la ciudad de los virreyes, sus grandezas y miserias, por lo que años después el poema sería requisado por las autoridades[30], como también sería prohibida finalmente la circulación de *El Sol en el medio día*, que publicó unos años antes de *Lima por dentro y fuera*, en 1790.

Los motivos de una y otra prohibición serían bien distintos, y en el caso de *El sol en el medio día* no se derivan de ninguna visión crítica de la ciudad. La prohibición vendría en este caso determinada por otra circunstancia, muy significativa cuando hablamos de los determinantes del autor y sus circunstancias para entender las complejidades identitarias y sociales que encierran estos textos, nunca iguales unos a otros, como se dijo en el pasado. En el caso que me ocupa, hay que tener en cuenta que es un texto escrito por encargo, en este caso no del virrey sino del propio organizador de la fiesta y representante, como ya sabemos, de la denominada "nación índica", Bartolomé de Mesa Túpac Yupanki. Este dato lo convierte en un texto extraordinario y será decisivo, como veremos, para su futura circulación.

---

29 Véase Thomas C. Meehan y John T. Cull, " 'El poeta de las adivinanzas': Esteban de Terralla y Landa" (1984).
30 Véase Barbón, 2010.

Sobre Terralla, es importante conocer también, para entender cabalmente su implicación en este texto tan representativo de la participación de la "nación índica" en las fiestas virreinales, que

> tuvo como mecenas al virrey Teodoro de la Croix y cuando este regresó a España, se quedó sin respaldo, porque las familias acomodadas lo encontraban peligroso y libertino (siempre siguiendo lo que afirma Palma). Lo cierto es que la élite criolla, "la república de españoles" del Perú le da la espalda y, por ello, a Terralla no le queda más que vincularse con la llamada "república de indios". (Vinatea 286)

Este vínculo lo establecería precisamente a través de Mesa y de la obra *El sol en el medio día*. Cabe añadir en esta introducción al autor que escribió, además de las obras citadas, *Lamento métrico general, llanto funesto y gemido triste por el nunca bien sentido doloroso ocaso de nuestro augusto monarca don Carlos III*, publicado en Lima, en 1789, también encargado por Bartolomé de Mesa, según informa Otemberg (2014, 159); y *Alegría universal: Lima festiva y encomio poético*, dedicada al recibimiento de Francisco Gil de Taboada y Lemus, virrey del Perú, y publicada en Lima en 1790.

Abramos el volumen *El sol en el medio día* para descubrir la primera llamada de atención: tras la cubierta, el pórtico es un retrato de Bartolomé de Mesa, todo un atrevimiento que escandalizaría a las autoridades limeñas por cuanto era inaceptable que una relación no fuera precedida, como era costumbre, de un retrato del homenajeado, Carlos IV, sino del súbdito que lo festeja (Barbón, 2010, 167). Tal retrato serviría como motivo para que el cabildo solicitara al virrey la aludida supresión del texto. Aparece Mesa vestido con atuendo español (casaca, chaleco, peluca, que es símbolo de riqueza), con dos inscripciones que rezan: "Bartolomé de Mesa, Teniente de Milicias", "Comerciante Almacenero y comisario de las funciones de la nación índica". A los pies del retrato, en letra minúscula, se lee: "Costeó, el día suntuoso, y aplaudido, de máscara, loas y carros en las fiestas R del S d. Carlos IV; en Lima en 8 de febrero de 1790". Tal pórtico a la relación sellaba desde el principio el protagonismo del auspiciador de esta fiesta, de quien ya sabemos, por todo lo dicho sobre esta figura histórica en los textos anteriores, que se presentó en su cualidad de descendiente de la realeza incaica. En ese sentido, resulta cuando menos significativo que, siendo el patrocinador de la propia "fiesta de los naturales", Francisco de Arrese ni lo mencione en su relación oficial.

El resto de datos esenciales sobre Mesa se encuentra en el capítulo precedente. Sintetizando la encrucijada que nos plantea este conjunto de textos, la cuestión es que nos situamos ahora, por tanto, ante un texto escrito por un poeta español, Esteban de Terralla y Landa, solicitado y auspiciado por el propio comisario, patrocinador de la fiesta y representante de la "nación índica", Bartolomé Mesa, y cuyo contenido discurre a través de un discurso epidíctico destinado a la exaltación del propio Mesa y de la "nación índica", configurada en los términos de mejor vasalla de la monarquía. En este sentido, Otemberg plantea que nos encontramos ante un ejemplo paradigmático de lo que denomina "el doble vínculo" (concepto que he comentado en la "introducción" a partir de la noción de fiesta confiscada):

> Nuevamente el panegírico del festejado se convierte una vez más en el del festejante –expresión del doble vínculo en su sentido amplio de mensajes paradojales de la comunicación festiva–, pues Terralla le recordaba al rey la importancia de América y de los "peruanos" en el Imperio. El disfraz permite decir cosas que no pueden decirse con el discurso directo. (Otemberg, 2014, 160)

Tal intersección de identidades y la complejidad a la que aboca convierten este texto en uno de los más interesantes en el corpus festivo para el estudio de las alteridades varias que se determinan mutuamente en el convulso ocaso de la colonia.

Sigue al retrato de Bartolomé de Mesa la dedicatoria al rey, "S. C. R. M. –Sacra Católica Real Majestad"–, en la que este consagra al rey la relación de Terralla, al tiempo que presenta el asunto del texto: el "justo debido aplauso, que unido a los de mi Nación ha podido contribuir nuestra inseparable lealtad"[31]. La afirmación de la nación étnica indígena, que va a aplaudir y loar la coronación de Carlos IV, va seguida de la autoafirmación personal en la que se erige como representante ante el rey: "[…] tuve el incomparable honor de haber sido electo comisario

---

31 Este texto carece de foliación, por lo que no se indica número del folio.

para el desempeño de la celebridad en la noticia de la exaltación al trono de la augusta real persona de V. M. (que Dios guarde)". Tras esta referencia al hecho de haber sido los indígenas "los últimos en la sucesión del tiempo", o sea, los últimos en la fiesta y, sin embargo –apostilla– no los últimos "en el júbilo, contento, y alegría", ofrece "la descripción" al rey desde la "obediencia y leal vasallaje", "para aumento de la monarquía, y conservación de sus dominios". Firmado "el más humilde, y reverente vasallo de V. M.". Por tanto, esta dedicatoria, fechada en Lima a 8 de mayo, "reafirmaba los juramentos de fidelidad, obediencia y vasallaje tres meses después de la jornada de febrero, lo que evidencia el afán de ascenso social", como apunta Chauca García (1942).

Así pues, si esta obra es un ejemplo principal de esa búsqueda del posicionamiento social por parte de la élite indígena en las fiestas, a la que se han referido, como ya hemos visto, varios especialistas, cabe añadir lo apuntado por Víctor Mínguez: "La fiesta sirvió además de catalizador de los intereses de los diferentes grupos, especialmente entre las clases indígenas, pues suponía una de las pocas oportunidades de participación en el ámbito social y de emprender reclamaciones que les permitieran equipararse a los españoles" (2012, 140). En esta búsqueda de un rédito en cuyo fondo está dicha equiparación, es fundamental la conclusión a la que llega Barbón tras su examen de la documentación existente posterior a esta fiesta y relativa a la petición de compensación:

> What makes Mesa's case stand out when compared to these two and also to the petitions filed by the cabildo once the celebrations for Charles IV were concluded is that he did not ask for any sort of tangible compensation in return–just the recognition of his merits. This discrepancy, I believe, cannot be exclusively attributed to his better economic standing. (2019, 102)

Esta solicitud de reconocimiento de méritos, y no tanto de rédito económico, va en consonancia con el retrato en el pórtico de la obra. Como afirma Barbón, en él estaba Mesa asumiendo un papel cultural y social, mostrando una imagen de seguridad y serenidad. Todo ello se refuerza con el escudo acompañando al retrato en el que el comisario muestra el orgullo de pertenencia a la nación índica ("Comisario de las funciones de la Nación índica"). A ello cabe añadir, con Barbón:

At the same time, however, the engraving, though monochromatic, clearly foregrounds the darker tint of his skin, thereby stressing his affiliation with the indigenous community. [...] Witness furthermore the fact that José Vásquez, the engraver, was particularly well known for his portraits of the highest political and ecclesiastical authorities. Mesa's picture was hence in most illustrious company. It was on a par with the portraits made by José Vásquez of Archbishop Diego Antonio de Parada (1781), Viceroy Agustin de Jáuregui (1783), and King Charles III (1769), portraits destined to illustrate their respective panegyrics. (2019, 102)

Por consiguiente, nos encontramos ante la configuración de la imagen de Mesa como líder de la comunidad. A continuación, entra la voz narrativa del autor del texto, Terralla y Landa, con el clásico proemio titulado "Del autor al que leyere". Empieza con la habitual *captatio benevolentiae* dirigiéndose al lector "benévolo, y benigno" y situando en el primer párrafo tanto el asunto de la fiesta, como, de inmediato, a su financiador (del festejo y de la relación): "[...] costeado por el comisario de sus fiestas don Bartolomé de Mesa, quien deseando dar vivas señales de su fidelidad, ha querido completar su deseo con publicar las funciones de los indios naturales de la jurisdicción del Pueblo del Cercado de Lima". Sobre Bartolomé Mesa nos dirá también Terralla, para su alabanza, que "ha puesto toda la eficacia, y actividad posible, esmerándose en coadyuvar en todo".

Lo que resta es una explicación sobre la premura con que hubo de escribir la relación, y acerca de las circunstancias por las que tuvo tan escaso tiempo para componerla, como también para escribir los poemas que habían de decorar los escenarios urbanos para la fiesta, es decir, la escritura monumental. Pero a pesar de esa estrechez de tiempo, informa que escribió "más de ciento ochenta tarjas, que dispuse entre encomios, jeroglíficos, enigmas, y otros metros ...", razón por la cual se especula que las loas publicadas en la *Explicación previa* pudieran estar escritas por el propio Terralla, aunque él nos diga que son de "otro ingenio" más adelante. Aparece también el virrey del momento, Teodoro de Croix, y Terralla explica el origen de la relación de la fiesta:

Habiendo dicho comisario habládome para que le formase una breve descripción de sus carros, danzas y toros, fuimos de dictamen, que saliesen en ella a pública luz tan debidos encomios, y que no se sepultasen en el olvido estos aplausos: por eso van impresas después de la métrica descripción.

Es decir, que la serie de metros escritos para la decoración de los escenarios se incluye en este texto detrás de la relación propiamente dicha, tipificada como "la métrica descripción"; por tanto, una relación en verso, tal y como nos dice a renglón seguido con la siguiente justificación:

> Esta va en verso pareado, para que esté más próximo el consonante, y aunque se pudiera haber escrito en prosa, me pareció conveniente ejecutarlo en metro, para mayor gusto de los aficionados, quienes dispensarán los pleonasmos, redundancias, e impropiedades de voces, que por la celeridad del tiempo, no he podido retocar como merece un asunto tan grande.

Como vemos, Terralla explica su elección del verso para la relación de la fiesta con base en el objetivo estético y, por tanto, literario, que se cifra en el deleite –o "gusto" del lector–, marcando con ello el sesgo plenamente literario de la presente relación, como lo fue la primera de Carvajal y Robles, también escrita en verso. Sigue a continuación este proemio reiterando las disculpas por los posibles errores, derivados de "la brevedad con que se ha tomado esta obra", que

> se determinó que fuese a España en el navío más próximo en su salida, que fue la Princesa, lo que no se pudo verificar, por haberse estado imprimiendo en la oficina una obra bastantemente abultada, y extensiva perteneciente a la Real Hacienda, que debía ser privilegiada.
>
> Todo este cúmulo de circunstancias, han dado mérito a que no haya salido con la prolijidad, que corresponde, y a que tenga algunos yerros de imprenta.

Estas líneas ilustran sobre la premura con que la relación debía viajar a España, y por tanto sobre el afán de que llegara a la corte lo antes posible con el fin de obtener la debida recompensa. En lo que resta del proemio, Terralla sintetiza el contenido del texto, que incluye al final, tras el relato de la fiesta de los indígenas, sus carros, toros y danzas, la serie de "enigmas, que formé para la diversión del público, y recreo del discurso", incidiendo con ello en el objetivo estético tanto de la fiesta (para el público) como del texto (el discurso para el lector). Por último, nos dice que se incorporan asimismo otros poemas y las loas. De estas últimas Terralla informa que se imprimieron 1500 ejemplares del folleto que las contiene. Concluye el proemio remachando el protagonismo del comisario Mesa, que "dirigió, y costeó la función de carros de la tarde del día ocho poniendo el mayor esfuerzo a fin de que saliese todo con el lustre, y esplendor que se vio"; y sellando los sentidos de este texto, relativos tanto a la forma como al contenido: "[...] mi deseo ha sido el de acercar, y hacer presente en un estilo claro, y natural la celebridad, y júbilo de los indios: disimula lo malo, y diviértete con lo que hubiere menos malo, que no todas las hojas de un árbol son pálidas, y macilentas, y VALE".

La estructura del texto, que en total ocupa trescientas ocho páginas, se organiza en las siguientes partes:

- Del autor al que leyere. Proemio.
- Introducción preambular invocatoria.
- Adorno y colocación de la Plaza Mayor, y de su hermosa fuente. Canción primera.
- Salida, adorno, y paseo de la comitiva desde la Real Universidad de San Marcos. Canción segunda.
- Entrada del paseo en la Plaza Mayor: adorno, disposición, y acompañamiento de los carros, y danzas, que a su vez se subdivide de la siguiente forma: Carro primero. Canción tercera; Adorno y disposición del carro segundo. Canción cuarta; Adorno y disposición del carro tercero. Canción quinta; Adorno y disposición del carro cuarto. Canción sexta.
- Representación de loas y celebridad de la Plaza. Canción séptima.
- Puntual descripción de la Fiesta de Toros, y encierro de ellos. Canción octava.
- Disposición, adorno, y dirección de la tarde, compostura de toreros, parlampanes[32], rejoneadores, chulos, y mojiganga.
- Corrida de toros, nombres de ellos, y lugares de donde se condujeron. Canción décima.

---

32 Personajes disfrazados de figuras grotescas en las corridas de toros.

- Conclusión. Canción oncena, y última.
- Vista, adorno y colocación de la parte exterior de la fachada del Palacio de S. E.
- Laberinto acróstico forzado. Octavas, sonetos, quintillas...
- Vista, adorno, y colocación de la parte exterior de los portales del muy ilustre Cabildo, con quintillas, endechas, enigmas...
- Vista, adorno, y colocación de la fachada del Portal de Botoneros, con octavas, seguidillas, enigmas, quintillas...
- Vista, adorno, y colocación de la fachada de la Santa Iglesia Catedral, con sonetos, décimas, quintillas.
- Tarjas para el arco, que se ha de formar desde la esquina del Palacio arzobispal, hasta la de los Cajones de la Ribera, con octavas, enigmas y décimas.
- Vista, adorno, y colocación de la famosa Fuente de la Plaza mayor, que se hará de la forma siguiente, con sonetos, acróstico forzado y décimas de cada población de Lima.
- Significación de los enigmas.
- Representación del embajador.
- Loas.
- Nota.
- Canción única, con décimas en aplauso a Bartolomé Mesa.

Como vemos, el volumen se organiza en numerosos apartados, de los que nos interesa subrayar dos ejes: el relativo a Lima como ciudad-teatro, y el concerniente a los modos de representación de la comunidad indígena en esta fiesta por ella protagonizada.

2. La ciudad de tablas y carros: Lima efímera en las postrimerías del siglo XVIII

Desde la "Introducción preambular invocatoria" que sigue al proemio, Terralla nos sitúa en la óptica personal y poética con la que vamos a introducirnos, desde otra perspectiva, en la misma fiesta contada por Arrese y descrita en la *Explicación previa*; una perspectiva distinta, en principio por lo más elemental, y es que se trata de la relación en verso de un poeta: "la dulce fantasía del campo imaginario de mi idea", plasmada en "acorde melodía". Desde esa atalaya estética, Terralla nos relatará extensamente la "regia exaltación" y el "índico pasmo", es decir, la fiesta asombrosa del pueblo indígena ante el motivo de la fiesta, la coronación de quien se nos dice ser "rey de dos mundos", Carlos IV, cual "Atalante" que sostiene dos cielos, "este cielo del sur, y aquel del norte; que aunque en efecto es uno, dividido por Thetis, y Neptuno, cuyas ondas supera azul cuaderno, son dos cielos sin duda en el gobierno". Esta visión del imperio no es baladí, pues expresa la conciencia de dos mundos separados y, por tanto, de la diferenciación entre ambos. Y nos aclimata ante un texto cuajado, como veremos, de referencias mitológicas para la construcción de una fiesta que va a estar protagonizada por los indígenas.

Con tal perspectiva, se trata a continuación de reconstruir la idea de ciudad mutante que es consubstancial a la fiesta, y que se produce a lo largo de todo el texto. Para empezar, con la utilización del tópico de su "bello clima", Terralla nos introduce en esa "Corte de Lima" idílica que será escenario para el desfile de "los hermosos carros" que ya hemos conocido en los dos textos anteriores, acompañados de "danzas muy vistosas, de inventivas, de ideas primorosas, y alusivas, de mojigangas célebres, de toros, con que los indios muestran sus decoros". Es decir, una fiesta que va a ser motivo de demostración de ingenio e inteligencia en su invención y en las ideas que la sustentan y arropan, y que Terralla nos va a ofrecer a través de una serie de canciones: "yo entre sombras, y borrones canto todas sus fiestas en canciones".

Así, la "Canción primera", cuyo asunto es el "adorno, y colocación de la Plaza mayor, y de su hermosa fuente", nos sitúa en primer lugar ante el protagonismo de los elementos urbanísticos de Lima y lo hace, al comenzar el texto, con una perspectiva de enmarcación geográfica de la ciudad: "mirando el horizonte, el valle, prado, mar, collado, y monte", palabras con las que el poeta nos ubica ante los espacios naturales sobre los que se asienta y se rodea la ciudad, potenciando su idealización: en el valle del Rímac, frente al mar, y con sus famosos cerros en sus inmediaciones.

La fiesta, como ya hemos visto en la relación de Arrese y en la *Explicación previa*, tiene su epicentro en la fuente de la plaza Mayor: "su adorno empieza por la hermosa fuente", desde la cual comenzamos a visualizar

con Terralla las geometrías de la ciudad, los "armoniosos arcos enreja-
dos, que visten su especial circunferencia / de variedad vistosa, y apa-
riencia". Merece destacarse también en esta canción primera, hacia el
final, la proyección expresa de otra visión consubstancial a la ciudad, la
del laberinto: "De la Plaza mayor todo el recinto / era una confusión,
y un laberinto". Con la idea del laberinto del damero en fiesta, Terralla
intensifica la sensación del bullicio y la confusión propia de la fiesta,
para devolvernos de inmediato a la imagen de los elementos arquitectónicos, tanto los propios de la ciudad como los efímeros: "Enfrente
del Palacio, en opulencia / (para que nada pierda su excelencia,) / ele-
vóse un tablado primoroso, / serio, y en construcción, majestuoso, / de
alfombras ricas todo entapizado, / y otro, para la música, a su lado …".
Todo ello resumido, versos después, como "aquel teatro" en el que aparecerán las "máquinas movibles", de modo que Terralla hace explícita
la idea de la transformación de la ciudad en teatro para la actuación, un
teatro tan geométrico en su trazado como laberíntico en su bullicio. La
proyección del teatro construido para la ocasión se reiterará a lo largo
del texto. Por ejemplo, en la canción séptima, dedicada a la "Representación de loas, y celebridad de la Plaza", Terralla relata el momento en
que los personajes se bajan de los carros y "suben pues, al Teatro pron-
tamente, / y puestos del Palacio al mismo frente, / las tres Minas…".
Como también subirá versos después "el Perú festivo / para expresar la
causa, y el motivo / del júbilo…".

Más adelante se reitera la equivalencia entre los toreros y los gladiadores, representados en este texto por indígenas con los que de nuevo
se realiza el proceso mimético del Perú con la antigua Roma: "[…] una
fiesta gentilicia de aquellas, / que al antiguo siguiéndole las huellas / en
ellas imitaron al romano; / siendo alguno de ellos el cristiano: / lucha
de fiera, fiesta gladiatoria". Fiesta nuevamente vinculada con la noción
de la ciudad-teatro a renglón seguido: "[…] pugilantes a un tiempo, y
gladiatores, / y luchando feroces con las fieras, / aclamaban victorias
verdaderas; / siendo de lo inhumano los teatros, / los de la expectación
anfiteatros". Esta equivalencia no se queda en la mera sugerencia, sino
que Terralla hace palmaria a continuación la imitación deliberada, con
la referencia primero al elemento urbanístico del circo, que "completo
se veía / de una gran multitud de espectadores": "[…] y lo mismo la

América sin tedio / medio mundo imitando, al otro medio; / y así los naturales sin desdoros / lidian feroces fieras, que son toros". Con ello, se realiza el deslizamiento del Perú a América como reproducción del Viejo Mundo.

Al concepto del teatro se suma la reiteración de nociones geométricas para la descripción de los elementos arquitectónicos de la ciudad: "[...] no solo en el Teatro, que lucía, / frente la galería / del Palacio, que habita su excelencia, / sino en toda la gran circunferencia, / de la extensiva primorosa Plaza". Una plaza cuyas dimensiones serán variables dependiendo de la visión que en cada momento arroja Terralla, pues más adelante, en la "Canción novena", el poeta introduce el perspectivismo espacial en esta reflexión: "[...] la mayor Plaza daba seña / de ser la más sucinta, y más pequeña, / a vista de un concurso innumerable, / y por su variedad muy delectable; / ostentándose en coches, y carrozas / jardines de azucenas, y de rosas, / con tan raros adornos, y matices, / que eran, sin duda, ensayos de países". El poeta incorpora así la variación de la percepción espacial determinada por el acontecimiento festivo, así como la visión de ese espacio, que es la plaza, acogiendo a los "países", en su significado etimológico derivado de la deformación del latín tardío *page(n)sis*, habitante de un *pagus*, es decir, de un pueblo. Ello casa con la actuación en esta fiesta de todos los pueblos de Lima y colindantes a la misma.

La sensación de confusión a través de la imagen del laberinto se intensifica a continuación con la descripción poética del gentío: "[...] pues a tal hora un cuerpo no cabía; / ¿pero qué digo un cuerpo con tal calma / cuando ya no cabía ni a un alma?". Interesa especialmente este fragmento de la "Canción novena" como ejemplo paradigmático de construcción literaria de la ciudad en la que se produce una equivalencia entre la elevada concurrencia de personas y la profusión de elementos urbanos −tanto elementos constitutivos de la ciudad como elementos efímeros y decorativos para la ocasión−. De este modo, la construcción física de la ciudad-teatro profundiza en la creación anímica de la ciudad en este momento álgido de la vida colonial que es el de la fiesta. Así, los versos citados se suceden con dicha profusión de elementos, ofrecidos como enumeración interminable: "Gradas, barandas, vallas, velas, techos, galerías, cornisas, sobretechos, / palizadas, remates, y resquicios". Todo ello aglomerado en "el gran circo los andamios", que "sufren pues, la molesta pesadumbre / de sostener la inmensa muchedumbre". La equivalencia entre el gentío y la cantidad de elementos urbanísticos y arquitectónicos intensifica la buscada sensación de confusión y bullicio de la fiesta, que Terralla sabe transmitir con recursos poéticos para la construcción espacial como el que acabamos de observar.

La canción segunda también se ofrece bajo un título que sigue una lógica topográfica: "Salida, adorno, y paseo de la comitiva desde la Real Universidad de San Marcos", de modo que este nuevo segmento de la fiesta tiene ese otro punto de referencia de la ciudad, que se añade al de la plaza Mayor de la canción primera y que es la Universidad. Así, la imagen previa del laberinto bullicioso se desplaza ahora a ese espacio sagrado de la "ciudad letrada" –el universitario–, convertido en nuevo punto de visualización de la ciudad efímera: "En la Universidad, que es de San Marcos, / se juntan todos, para ver los Arcos, / que en la Plaza mayor se colocaban, / y hasta ella lucidos caminaban / con grande ostentación…". Después, el desfile de la comitiva, carros, danzas, etc., se dirige desde la universidad hacia sus calles principales: "[…] por las hermosas calles transitaban, / que de mucho gentío se poblaban, / alegres todos, todos", y por ellas hasta la plaza Mayor que, hacia el final del texto, en el "Apéndice. Canción única", vuelve a configurarse desde el perspectivismo urbano que Terralla ensaya a lo largo de este texto: "la dilatada, hermosa, bella plaza / en un cuadro que, en ella bien se traza; / porque en una función tan celebrada / dos veces se tuviese por cuadrada". Vemos en estos versos cómo se utiliza de nuevo la imagen geométrica –ahora el cuadrilátero que contiene al círculo antes enfocado–, y su hábil manejo a través de la duplicación (dos veces cuadrada) para conseguir el efecto multiplicador de la aglomeración festiva que el texto quiere transmitir.

Otros elementos urbanísticos reseñables van apareciendo a lo largo del amplio texto. Así por ejemplo, en la "Canción cuarta" que describe el segundo carro se hace referencia al pueblo de los protagonistas de la fiesta: el "Pueblo del Cercado, que se halla / Cerca de aquí de Lima, y su muralla"[33]. Plaza Mayor, universidad y calles son, en definitiva, los espacios en los que el relator nos permite introducirnos, con la paulatina aparición de elementos urbanísticos, tanto propios de la ciudad, tales como la fuente, la catedral, el palacio, etc., como elementos ajenos y efímeros colocados para la ocasión, para adorno de la capital y para la realización de las funciones. Todo ello convierte a Lima en esa ciudad-teatro que en este texto tiene una configuración explícita como tal. Por ello hay que destacar que las peculiaridades espaciales señaladas convierten *El sol en el medio día* en obra paradigmática para la configuración de la ciudad de Lima en una relación de fiesta escrita en verso por un destacado autor de la literatura peruana colonial.

3. La representación de la "nación índica" por Terralla y Landa

Ya hemos visto en el texto anterior la descripción de los carros y la incorporación de las loas, así como los matices que en *Explicación previa* se producen con respecto al texto de Arrese. También conocemos la intencionalidad del comisario de la fiesta, Bartolomé de Mesa, y su papel como representante de la "nación índica", o "indiana", como aparece en ocasiones denominada en *Explicación previa*. Es momento ahora de introducirnos en la descripción de la fiesta, mucho más extensa, de Terralla y Landa, texto como ya sabemos de encargo, pero no del poder virreinal, sino del sector indígena. Con el recorrido por la descripción de la fiesta podremos introducirnos en los modos de representación de la "nación índica", o de la comunidad indígena en la fiesta, desde esta visión peculiar en la que se combina la identidad española del poeta y la identidad indígena del auspiciador.

En este sentido, para adentrarnos en la construcción de la alteridad que discurre a lo largo de la relación de Terralla, y por tanto en los trazos rastreables de la *civitas* limeña, es preciso señalar las dos dimensiones que se dan cita en el texto: por un lado, la que atañe a la fiesta en sí

---

33 Recordemos que la ciudad de Lima se encontraba circundada, desde el año 1685, por unas murallas que marcaban no solo sus límites, sino también su fisonomía de reducto espiritual de élite. Pero, como toda ciudad, Lima no pudo substraerse al mandato de las mutaciones y, en 1870, cuando presidía el país José Balta, el ingeniero Henry Meiggs obtuvo el permiso para que los viejos muros fueran derruidos.

misma, organizada por el comisario indígena, y por otro, la relativa al relato del acontecimiento, en el que encontramos tanto la descripción de la fiesta indígena, como por supuesto la subjetividad de la perspectiva occidental del autor, especialmente visible en pasajes de reflexión sobre los indígenas y su cultura, la conquista, la evangelización, o incluso sobre el factor idiomático; reflexiones, o digresiones, que Terralla añade y que, en su conjunto, son fundamentales para la encrucijada de la alteridad que el texto convoca. Por consiguiente, en esta relación convergen la esfera de la realidad del acontecimiento dirigido y configurado por el propio sector indígena, y la del constructo escritural o relato desarrollado por un autor español.

Comentado ya el proemio, entramos de lleno en el texto, comenzando por la primera aparición de la "nación índica" en la "Introducción preambular invocatoria": "[...] siempre augusto en su ser, siempre laudable / es a quien hoy rendida, y obediente / la Índica Nación muy gratamente / aplaude de placer tan revestida, / que en Carlos funda, su consuelo, y vida". Nada nuevo aportan estas líneas a lo que ya conocemos por los otros textos, la obediencia placentera al rey y el vasallaje (la "gran fidelidad, / que profesa a su ínclito monarca, / la Índica Nación"), si no fuera porque Terralla añade a continuación una reflexión sobre la necesidad del idioma español para relatar la fiesta de los indios: "[...] y pues no alcanza su lenguaje índico, / para que exprese encomios el fiel indio / natural, del país, con eco llano / desempeñe en metro castellano / [...] un numen, que bebió de Guadalete". Con ello, Terralla estaba afirmando la superioridad del castellano para el canto de los grandes asuntos, ese castellano venido de Castilla con la referencia al río Guadalete: "[...] porque queden su timbre honor, y gloria / estampados del tiempo en la memoria". Esta expresión abierta de superioridad continuará más adelante en el texto con nuevos matices a los que cabrá referirse. Asimismo, en esta "introducción invocatoria" Terralla explicita que "los naturales" que protagonizan esta fiesta son "de una jurisdicción, que es la más pobre", la del Cercado, aquel primer reducto de indios originario de la Lima colonial: "[...] los indios del Rímac siempre leales / celebran en su hermoso bello clima, / asiento de un virrey, Corte de Lima". En la "Canción tercera" que describe el primer carro, el

Cercado aparecerá en la configuración urbanística originaria a la que se refiere su nombre: "del intramuro pueblo del Cercado".

La compleja ecuación entre indios pobres y espacio arcádico nos retrotrae a los textos que relatan los tiempos de la conquista, es decir, al tópico del indio dócil viviendo en una América idílica que Terralla nos dirá más adelante, tuvo la fortuna de ser colonizada por los españoles. Desde la reproducción de esta misma perspectiva en este texto de fines del siglo XVIII, los indios seguirán festejando al nuevo rey, "sacando sus trofeos a la plaza": "los hermosos carros", las "danzas muy vistosas, de inventivas, de ideas primorosas, y alusivas / de mojigangas célebres, de toros, / con que los indios muestran sus decoros". El tono exaltador de la fiesta queda bien marcado, como vemos, desde estas partes iniciales del texto, preparatorias de la descripción del desfile.

Empieza así la "canción primera", descriptiva del escenario de la plaza y la fuente, mitificado desde los primeros versos a través de la alusión al "gran Ataúlfo", primero de los reyes godos que se traspone a este contexto con ese afán encomiástico del Perú virreinal. Así pues, desde la alusión a esta figura histórica, Terralla introduce a Mesa: "[...] comisario de la fiesta electo, / a inventar empezó lo más perfecto; / buscando de su fe las recompensas / de su industria, y peculio a las impensas", explicitando de este modo la búsqueda del favor real que estaría en el origen de esta fiesta. Un poder que aparece personificado, en la "canción segunda", en el virrey del momento, "Croix insigne caballero; / pues del Perú dirige el Real Tesoro / un virrey tan cabal, como un Teodoro". Es decir, el virrey Teodoro de Croix.

La representación efectiva del indígena en la fiesta comienza con la salida del embajador de esta "nación índica", que ya hemos visto en los textos anteriores: un indígena mestizado, que Terralla eleva nuevamente a través de la comparación con figuras míticas del viejo mundo: "entró como otro Ciro Rey de Persia / un serio Embajador, cuyo ropaje / de la Índica Nación denota el traje, / en un hijo de Boreas, todo nieve...". Si bien se nos dice que el embajador va vestido a lo índico, como en los textos anteriores, su equiparación con el rey de Persia y con un hijo de Boreas introduce sentidos ajenos al mundo incaico para la configuración del personaje que lo representa, con estas referencias a grandes personajes históricos y mitológicos para presentarlo bajo un halo regio y mítico; así, en su aparición como Boreas, dios del frío, va vestido con el gran manto de "nácar de tisú", joyas y preseas[34]. La transformación del indígena establece el contraste con la esfera de lo real, puesto que el engalanamiento excesivo choca radicalmente con la realidad de ese pueblo del Cercado que Terralla nos acaba de presentar en su pobreza.

El personaje del embajador aparece junto a otro "gran personaje", también vestido de blanco, con manto y turbante. Ambos van a caballo, "denotando con júbilo incesante / el sol de España, y luna sin menguante", y acompañados de doce lacayos "en cueros; siendo su vestuario viva copia / del color de su cuerpo, y carne propia", con turbantes que deslumbraban por sus brillantes. La equivalencia con el Viejo Mundo, a través de la alusión a la ciudad mencionada en la Biblia que fue famosa por su riqueza, "si Ophir en oro, Potosí en la plata", contribuye al efecto mitificador. Tras la escena, el embajador pronuncia el discurso, o embajada, que hemos conocido en *Explicación previa*, mientras "el teatro garvoso paseaba". Terralla no incorpora en este caso dicho discurso, pero lo sintetiza ("Echó su relación, con la que abona de que dio relación de su persona / y de los cuatro carros, que tenía / dispuestos allá fuera en simetría") y lo califica de "métrico proemio". Una escena que concluye nuevamente con la comparación con un capítulo de la mitología clásica, cuando tras el discurso sucede

---

34 Sobre la habitual introducción de elementos históricos y mitológicos en los textos hispanoamericanos coloniales y su asimilación por las élites indígenas, es fundamental la reflexión de Karine Périssat: "La analogía no es tan sólo la obra de espectadores criollos o españoles avezados en la cultura antigua; es también voluntariamente aceptada por los caciques nobles, educados en colegios jesuitas, que dominan, ellos también, los gustos y las tradiciones culturales de la época [...] La rehabilitación de los incas, para gozar de una total aceptación por parte de los criollos y españoles, hubo de manifestar sin falta analogías con las culturas europeas reconocidas como inigualadas, y pasar tanto por una valoración moral como por una valoración física. Estas analogías no son inconscientes. Para los criollos, españoles y también para las elites indígenas formadas en los colegios jesuitas, quedaba claro que el paganismo de la Antigüedad greco-latina era aceptado a condición de que tomara la forma de una alegoría y que se refiriera a una moral religiosa contra-reformista. Los indígenas nobles habían sido educados en esta cultura clásica por religiosos que veían en ella una manera de acercar los dos mundos y de extraer las mismas conclusiones precristianas" (Périssat, 2000b, 649).

una lluvia de plata para premio;
pues así como en Leda, por tesoro
Júpiter derramó lluvia de oro,
y entre tanta riqueza se desata;
asimismo llovió la fina plata
sobre el embajador de naturales
dando el concurso en esto, sus señales,
de su aplauso festivo, cuya gloria
vivirá eternamente en la memoria.

Evidentemente, esta continua equiparación con elementos culturales del viejo mundo para describir la fiesta de los indígenas y todos sus elementos se sitúa en la línea de los textos coloniales que realizan una construcción mitificadora del indígena a través de su inclusión en el contexto cultural occidental, que deriva a la postre en un proceso de transformación aculturadora. El uso constante de la cultura europea por parte de Terralla, en la línea explicada por Périssat, se convierte de este modo en el eje de articulación principal de la visión del indígena y de su pasado en la dimensión del texto.

Sigue a continuación la explicación poética de cada uno de los carros, que nos aporta una nueva versión del desfile que ya conocemos y que contiene nuevos elementos sustanciales para el análisis de la representación del indígena en la fiesta por la entronización de Carlos IV. Concluida la embajada, la descripción del "Carro primero", en la "Canción tercera", da inicio con una escena burlesca, protagonizada por ocho enanos y calificada por Terralla como "risueña mojiganga", que incluye cabezones de dos caras caminando "a la burlesca" y que causa "risa y diversión". Una diversión que se intensifica con la aparición de un mono, cuya intervención en la fiesta da pie a la primera ambigüedad en la construcción del indígena: "[…] cuyos gestos, figuras, y visajes / eran la diversión de los salvajes, / que esta especie de brutos es de suerte, / que lo que es material, más los divierte". Resulta cuando menos llamativa la tipificación del indígena como salvaje y su vinculación con los instintos más materiales en un texto encargado por un representante de la nación indígena. Tal uso impone un evidente contraste con la imagen previa del embajador idealizado y atestigua la continuidad de figuraciones estereotipadas del indígena a fines del siglo XVIII.

A la descripción de las varias danzas que preceden a este primer carro, siguen varios folios dedicados a la aparición del conjunto de llamas, adornadas de cintas y cargando para "el reino del Perú" "el mayor tesoro / de plata barras, y en los tejos oro, / que conducen galanas / como acémilas fuerte peruanas; llevan sus herramientas minerales / que sirven de extracción de los metales". Las acompañan seis indígenas, de modo que el conjunto que precede al carro sella el sentido de ofrenda de los indios al monarca que va a presidir esta festividad. Dichos indios van en caballos engalanados y portando banderas blancas, "que en varios caracteres castellanos, / víctores del monarca se escribían / […] a Carlos Cuarto, en voces, que poblaban las esferas, / y en letras, que ocupaban las banderas". Un detalle de esta escena resulta relevante: las llamas representan "el mineral trabajo", "siendo animales para Lima extraños / pues no se ven en ella, en muchos años, / por ser propios carneros de la tierra". Esta expresión de extrañeza con respecto a las llamas en la ciudad de Lima es un signo más del secular divorcio de la capital con respecto a la realidad andina, que solo a mediados del siglo XX cambiaría de dirección con la masiva migración del campo a la ciudad. En este texto, el detalle es sustancial, no solo como reflejo de dicho divorcio, sino también por el hecho de que la escena de esas llamas venidas de la sierra, cargando los instrumentos para la extracción del mineral, vuelve a remachar la idea de unas riquezas que son propiedad de los indígenas y que estos ofrecen, con su trabajo, a la monarquía. La escena se cierra con la alusión de nuevo a quien corre con los gastos de la conducción de las llamas hasta Lima, el comisario Mesa, marcando en todo momento su protagonismo.

Pero fijémonos a continuación en los modos con que Terralla presenta este primer carro del desfile, que hemos conocido en las versiones de Arrese y de *Explicación previa*. Descrito con todo tipo de pinturas, entre las que podemos destacar las de los "cerros minerales", el carro aparece portando un "magnífico trono" protagonizado por "la gran metalurgia". No ofrece Terralla el detalle explícito sobre quién representa a "la gran metalurgia", como sí aparece en *Explicación previa*: "En lo superior del carro va un hermoso joven vestido a lo español con turbante, que es el arte metalúrgico". Tampoco Arrese se refiere a este joven, sino que describe directamente a las ninfas que representan el oro, la plata y el azogue. En su poetización de la alegoría, Terralla no es explícito en la descripción de los personajes que van en el carro, intensificando con ello el nivel de abstracción en su relato. Así, tampoco se refiere a las ninfas, sino a "tres bellezas" que equipara con Palas, Venus y Juno, transponiendo nuevamente la cultura clásica para la representación aculturadora de las tres indias que representan los tres minerales principales, "del Perú demostrando la grandeza". Las tres serán descritas en todo su engalanamiento de trajes y joyas, con mantos "de tisú a la heroica", en una configuración alegórica que se atiene a la evolución experimentada por la alegoría de América en el siglo XVIII, cuando "la amazona desenfrenada y caníbal" de los orígenes de la alegoría en la *Iconología* de Cesare Ripa (1600) se convierte en "una belleza serena y erótica"[35].

Con respecto a estas representaciones de la mujer, quiero destacar la clarividente advertencia de Otemberg, al referirse al hecho de que en este tipo de "ritual político virreinal" las mujeres "representaban la virtud por su pureza, inocencia y virginidad", siguiendo "el repertorio alegórico clásico de lejana tradición renacentista", y, lo que resulta cardinal, "podían interpretar como estatuas vivientes los valores del buen gobierno asociados al nuevo soberano: la Prudencia, la Justicia, la Caridad, etc." (Otemberg, 2011, 107). Un claro sesgo político en la función que cumplía la mujer que Otemberg amplía e ilumina:

> El cuadro se ofrecía como prueba de fidelidad y a la vez constituía una suerte de educación política dirigida al público, así como también una exigencia dramatizada hacia las autoridades (metropolitanas y locales) sobre cuál era su deber. Las mujeres también podían representar alegorías identitarias como América, España, África, Perú y Lima, en paralelo a las estatuas que cumplían la misma función. En este juego actoral participaban tanto indias como criollas, de acuerdo a la fase del espectáculo. (2011, 107)

---

35 Friedrich Polleros, "La transformación de la imagen de América" (1992, 287). Sobre la alegoría de América, véase los trabajos de Zugasti, 2004 y 2005.

En esta línea de construcción simbólico-política de la mujer, Terralla aporta la visión poética sobre la alegoría del tiempo acompañado de dos genios, y por Ceres y Flora como diosas de la abundancia, acentuando el protagonismo de la mujer como representante de América en el festejo. Tras esta escena se alude a Carlos de Borbón como el receptor de todos estos frutos de la tierra y de nuevo son diez ninfas las que cierran el "carro reluciente", cuyo objetivo es "alumbrar la plaza, y su contorno". Estas ninfas aparecen acompañadas de los bailes de los diferentes pueblos, que ya conocemos por los textos anteriores, "al uso de su nación, y estilo antiguo"; nueva alusión a esa continuidad de las costumbres indígenas que estas fiestas propician. Asimismo, la referencia a la concurrencia de "español, chino, zambo", introduce, a través de los asistentes a la festividad, la configuración social heterogénea de la ciudad.

Sigamos con el segundo de los carros en la "canción cuarta". Precedido "de doce campeones, que vestido / cada cual en el traje a la española", se inicia este segmento del desfile con las correspondientes danzas, en este caso las de tijeras del pueblo del Cercado (entre otras de Huamanguina y de Huaylillas), así como con la aparición de cuatro payas cantando. Trajes "a la española" se mezclan con las danzas típicas indígenas en la esfera de la fiesta. Con esta compañía previa aparece el segundo carro, que representa "la célebre península de España / de riquísimas joyas alhajada, / y primorosamente matizada". De nuevo Terralla no nos dice que quien representa a España es una matrona. Obvia el detalle y pasa directamente a describir su alhajas y vestido. Sí detalla que va "en un trono de antorchas estrellado", "en claro cielo", así como sus insignias principales, "del laurel un castillo guarnecido, / ostenta en su cabeza / pues ha sido en todo el universo laureada", coincidiendo con los textos anteriores, como también coincide la inscripción que preside el carro: "Lima feliz". El conjunto es significativo pues abunda, como he indicado más arriba, en el carácter español de la capital: "[...] feliz, y muy dichosa, / con el grande monarca, de que goza".

A continuación, aparecen también las tres matronas engalanadas y el resto de los doce personajes que van en este carro pródigo en "trajes, grandezas exquisitas, y tesoros", como también en los frutos territoriales que se añaden a la ofrenda de minerales y que "le tributan con gusto a su monarca". A todos los sentidos ya explicados para este segundo carro en el análisis de la relación de Arrese, cabe añadir un nuevo detalle en el texto de Terralla, que aparece al final de esta "canción cuarta", cuando el poeta nos dice que el último baile "demuestra el uso antiguo, / que no está del presente muy contiguo" y que se realiza "imitando sus índicas escuelas". Con tal comentario acentúa Terralla la distancia temporal que separa estas costumbres de ese origen tipificado como "uso antiguo" y, por tanto, subraya la aceptación en la esfera festiva de las tradiciones indígenas antiguas porque –remacha el autor– ya pertenecían a la esfera de lo histórico, sobre todo cuando nos situamos a finales del siglo XVIII.

El tercer carro será descrito en la "Canción quinta". Se inicia esta parte con bailes de matachines del pueblo de Magdalena y jíbaros del pueblo de Bellavista, todos ellos adornados con plumajes de oreja a oreja que "remontan al cielo" "y adornan a lo indio los ropajes". Lo esencial de este carro viene a continuación, cuando Terralla añade información relevante sobre su protagonista. Sabemos, por los dos textos anteriores, que este carro lo preside el "reino peruano", pero el poeta español agrega que dicho reino peruano va "vestido a lo español, con manto regio, / como que goza el alto privilegio / de ser pues, dominado por España / teniendo su obediencia por hazaña". Por tanto, el proceso de desrealización y anonimato del inca estereotipado para representar al carro del Perú que habíamos señalado en textos del siglo XVII, evoluciona en este texto de finales de la colonia hacia una representación del carro del Perú totalmente españolizada, tal y como la diseñara el propio comisario Mesa. Esta evolución se produce en un contexto finisecular muy representativo de los estertores del mundo colonial, en el que los usos antiguos de la nación índica se conjugan con un evidente proceso de españolización de la misma transcurridos dos siglos y medio desde la fundación del virreinato. Con ello los organizadores, y en especial el comisario Mesa, estaban reflejando las problemáticas identitarias en la esfera de esa realidad singular que es la ficción festiva, con el interés puesto en la recompensa y el posicionamiento social en el contexto de la Lima de este tiempo convulso ubicado entre la rebelión de Tupac Amaru II y el período preindependentista.

Acompañado el carro de genios y ninfas, resta reparar en un último detalle: la referencia a Pachacámac, el dios creador de los incas, celebrando "a Carlos en un Lima". De este modo, no solo los pueblos indígenas celebran a Carlos V, sino también sus mismos dioses que, como vemos, siguen muy presentes en el contexto de la época y en un texto escrito por un poeta español.

Con toda esta descripción pormenorizada de cada uno de los carros, llegamos al último, el cuarto, en la "Canción sexta", que cierra el desfile portando, como es habitual en la configuración de las fiestas por la entronización de reyes, los bustos del rey y la reina; ese rey ausente que, como he desarrollado a través de las voces de diversos historiadores en el capítulo introductorio, y hemos visto ejemplificarse en diversos textos, siempre fue en América una representación, pues nunca ningún monarca español visitó sus dominios ultramarinos[36].

Denominado por Terralla el Carro del Sol, "astro luciente del hispano suelo", "se presenta en el circo suntuoso, / magnífico, marcial, majestuoso, / como aquellos, que a Augusto, y a Tiberio, erigía el Romano Sacro Imperio", nueva equiparación con el imperio romano. Va acompañado de una "danza a la criolla", meticulosamente descrita, "que en obsequio de Carlos soberano, / hasta el indio gentil se hace cristiano", profundizando de nuevo en la conversión espiritual de los orígenes de la conquista y, por tanto, abundando en la carga historicista que siempre mantienen las relaciones de fiestas, con su afán de solidificar las bases del mundo colonial. También acompañan al carro los "regidores / de los pueblos de indios principales, / dando de lealtad finas señales / al monarca de España proclamando / al trono augusto y regio exaltando", nueva muestra de fidelidad de los pueblos indígenas al rey. Al referirse a los bustos, Terralla los presenta a través del imaginario mitológico para la descripción de los reyes, como "regios magníficos Athlantes [...] que el Ophir poderoso peruano / a España le rindió, con franca mano", equiparación reiterada de Lima con la ciudad famosa por su riqueza que aparece en los textos bíblicos. En esta línea, Carlos IV es identificado después con Marte, dios de la guerra, y la escena es

---

36 Véase Osorio (2009)

asimilada con el "carro de Phebo", referencia al dios sol que aparece en la poesía clásica latina. Asimismo, la alusión contiene la metáfora del sol que tal carro representa en la tradición poética occidental.

Para el enaltecimiento de toda esta escena "se ostenta Lima con su propio traje", detalladamente descrito y representando las riquezas del Perú: "Si un caudal peruano lleva encima, / en joyas de diamantes, solo Lima; / que serían las ninfas, que por norte, / conduce en compañía, cuyo importe, / de alhajas ricas, y admirables joyas, / denotan del Perú las grandes boyas". A esta riqueza de la capital, como centro de la prosperidad, se une la serie de ninfas que representan a "las familias ilustres" de la misma, que en *Explicación previa* hemos visto referidas como "las nobles familias de estos países" y cuya representación política sucede a continuación: "[…] el Cabildo actual de naturales, / con cuatro acompañados de oficiales, / de uniformes vestidos, va en su asiento / denotando su noble ayuntamiento, / con todas las insignias, que lo explican, y el índico gobierno testifican". Así, vemos en el texto el protagonismo que Terralla confiere a los mandatarios indígenas, que correspondería al que tendrían en la fiesta, dada su configuración por Mesa.

Otro dato interesante en la descripción de este último carro es la aparición de unas ninfas representando las artes y las ciencias, que simbolizan "el valor, / y el fomento, que a Lima le acompaña / por estar dominada por España". Versos con los que Terralla incide en la vieja idea etnocentrista de culturización de América gracias a la conquista. Asimismo, el texto insiste en la idealización de los indios a través de su presentación como caciques: "Para que el lustre más se multiplique / un indio bien vestido a lo cacique / la danza presidía". La descripción de los carros concluye con "el índico celo" puesto en el desfile con centro en la plaza Mayor, "haciendo los carros de tramoya". Una referencia a las arquitecturas efímeras que son los carros como andamiaje principal del teatro urbano que sintetiza toda la escenificación, "a vista del concurso de la gente".

Sigue en el texto la parte titulada "Representación de las loas y celebridad de la Plaza" en la "canción séptima", que ya conocemos gracias a *Explicación previa*, de la que cabría destacar, con relación al tema de este epígrafe –la representación de la "nación étnica"– la parte en la que las tres matronas que representan la metalurgia aparecen "en el traje de Américas". Sumamente interesante resulta esta parte porque profundiza en el mensaje político esencial del texto, la integración de España y América a través de la "fiesta de los naturales": "[...] en el traje de Américas han dado / señas de lo que son; más no se extraña, / que las tres vayan juntas con España / que aunque se ven tan lejos / son de la misma España los espejos". Una afirmación de unión y de pertenencia al imperio que se metaforiza, de nuevo, en la imagen del espejo de América en el que España se refleja. Tras las matronas siguen subiendo todos los protagonistas de los carros a declamar las loas que hemos conocido en *Explicación previa* y que Terralla, como sabemos, también añade al final del volumen. Todo ello rematado por el poeta con la idea de las "fiestas reales / ensalzando los brillos naturales / de la índica nación", juego de palabras en el que esos brillos naturales que metaforizan a los propios "naturales" acentúan el objetivo de esta fiesta: ensalzar a la "nación índica".

Especial interés concentra para el asunto de este epígrafe la "canción octava" que sigue en el texto, y que contiene la descripción de la fiesta de toros, en la que Terralla establece ahora su equiparación con la "fiesta gladiatoria" y, por ende, la de los indios con los gladiadores: "Empieza la índica nación / a celebrar con suma ostentación / una fiesta gentílica de aquellas, / que al antiguo siguiéndole las huellas / en ellas imitaron al romano; / siendo alguno de ellos el cristiano: / lucha de fiera, fiesta gladiatoria". Fijémonos en el adjetivo de la fiesta, "gentílica", para sustentar el parangón entre incas y romanos vinculados por su gentilidad. Interesa también subrayar en este punto el desarrollo de la mencionada imagen del espejo a través de la alusión explícita a la reproducción de Europa en América en todas sus dimensiones: "Y lo mismo la América, sin tedio / medio mundo imitando, al otro medio; / y así los naturales sin desdoros / lidian feroces fieras, que son toros".

De la canción novena, cabe destacar nuevamente la españolización de los personajes que representan a la "nación índica": "De la índica nación, dos receptores / a mula, y con golilla, / y a la española antigua la ropilla; / pero con mucho adorno, y lucimiento / denotando su noble Ayuntamiento". Nobleza y engalanamiento, pero al estilo español. Una aculturación que se materializa también en la propia fiesta de toros realizada por los indígenas y que Terralla, con gracia, expresa en esta "canción": "[...] no fue allí de la índica nación, / dando a entender los indios placenteros, / que por amar al rey se hacen toreros"[37].

La "Conclusión" que se presenta como última parte de la obra nos dará las claves finales para sintetizar la encrucijada cultural que autor y auspiciador protagonizan y desarrollan en sus páginas, encrucijada que reúne fiesta y relato de la misma, o sea, proyecto del organizador y pensamiento del autor. No obstante, antes de entrar en esa parte final, conviene remarcar una idea fundamental planteada por Barbón a propósito de la configuración de la fiesta que acabamos de recorrer:

> In the celebrations of 1790, Bartolomé de Mesa Túpac Yupanqui and the Amerindians appropriated the Creole discourse of loyalty and used it for their own ends. They now emphasized that they were the ones who created the wealth of the viceroyalty. Although the most important float was traditionally the last one, the one displaying the image of the new monarch, a closer look at the poetic narrative commissioned by Mesa reveals that it was in fact the first float that set the tone.
>
> From the outset, the natural resources of Peru and the generosity of its original native inhabitants become quite clearly the central leitmotif of the procession. This theme is reiterated over and over again in the following floats and is underscored by the sumptuous costumes of the actors. It is this voluntary rendition of riches to Charles IV that, ultimately, sustains the empire: "so that Charles IV may permanently / Enjoy a peaceful and prosperous reign" (para que Carlos Quarto permanente / goze un Reynado quieto y floreciente) (*El sol en el medio día*, fol. [22r]). (2019, 96–97)

Como vemos, Barbón remarca el factor más original de esta fiesta: más allá de la apropiación por parte de la comunidad indígena del discurso de lealtad de los criollos, que ya venía produciéndose desde que actuaron como grupo aparte en las fiestas dieciochescas, el

---

37 Sobre esta participación de los indígenas como toreadores en la fiesta, Juan Bromley aporta información esencial: "Los individuos que lidiaban a los toros se distinguían en cuatro clases; la gente del pueblo, que toreaba a pie; los caballeros, que lo hacían a caballo; los espontáneos o ventureros, a pie o a caballo; y los toreros de ridículo o de mojiganga, que ejecutaban lances que se describirán después. Entre los toreros de a pie se contaba a los indios que, aficionados al espectáculo, pero poco duchos en el arte, eran frecuentes víctimas de los cornúpetos, por lo que en ciertas veces se les impidió intervenir en las corridas" (Bromley, 1964, 206–207).

texto efectivamente pone en el foco principal de la fiesta el tema de los recursos naturales que ofrecen los indígenas al monarca y que se entregan voluntariamente. Si bien este asunto ya había aparecido reiteradamente en las fiestas limeñas, la de 1780 lo coloca en el centro principal, de tal modo que los amerindios, que desde el principio del texto reciben el panegírico de Terralla, serán los protagonistas del sustento de la monarquía y, es más, reemplazarán al monarca en su centralidad en la fiesta. A lo que Barbón añade una cuestión muy relevante: la autoimagen que la nación índica se construye como una población segura de sí misma, frente a la de una comunidad encorvada y sojuzgada (2019, 97).

4. *Digresiones finales: conquista, evangelización, cultura e idioma*

Resta comentar la parte titulada "Conclusión", correspondiente a la "canción oncena, y última". Con unos versos iniciales dedicados a la síntesis de la fiesta real que "aventaron los indios naturales / de la ciudad de Lima y su comarca", Terralla sazona esta última parte de la relación, previa a los anexos de poemas y loas, con referencias varias a algunas claves del texto. Así por ejemplo la que alude, en el primer folio de esta conclusión, a la extensión del imperio "desde Oriente a Occidente, / desde Septentrión al Medio-día", y, por tanto, al título del texto que hace referencia a ese sur que es el "medio día", ese "vastísimo hemisferio / del opulento clima peruano" que incluye también "el de Santa Fe, y al mexicano" (Argentina y México), para que "la cristiandad se extienda". La síntesis del texto aparece a continuación:

> Esta es la narración en que se expresa
> la lealtad presente, que profesa
> el congreso de indios naturales
> de los pueblos, estancias, y arrabales,
> que el Rímac caudaloso en su desvelo
> con lengua de cristales lame el suelo.

Tras esta poetización del asunto del texto y de la fiesta, cabe destacar la reiteración de la conquista espiritual como el mayor bien de la conquista: "[...] la nación de los indios ya ilustrada, / y en acuerdos sacros dogmas doctrinada, / la idolatría detestando vana, / por abrazar la religión cristiana". Versos tras los cuales Terralla se explaya en la idea de salvación por la religión cristiana que trajo consigo la corona de España, haciendo referencia a los capítulos más conocidos de la conquista:

> De nada a esta nación le serviría
> conservar tanto imperio, y monarquía,
> si un monarca español desde su imperio
> no hubiera iluminado este hemisferio,
> con aquella española fiel conquista,
> que en su luz evangélica dio vista;
> alcanzando por ella, y su victoria,
> y esperanza del reino de la gloria,
> ¿De qué le aprovechara a infiel monarca
> el tesoro sin par de la Caxamarca?
> ¿De qué pues a el famoso Huáscar Inga,
> que entre todos los suyos se distinga,
> si con tanta riqueza, y tanto oro
> perdió sin duda el principal tesoro?

Las referencias constantes a la invalidez de la riqueza, si está desprovista de la luz de la fe cristiana, siguen a continuación con tres versos de especial significación: "¿De qué le aprovechará la grandeza / en la que el orbe todo se interesa / de este opulento Reino Peruano?". Fijémonos en que Terralla magnifica el Perú al situarlo en centro de interés del mundo entero, en la línea ya desarrollada a partir de la argumentación de José Antonio Mazzotti referente a la construcción de Lima como *axis mundi* que se va delineando en los textos coloniales a través de los siglos. "¿De qué el rico tesoro?", se pregunta el minero Terralla, insistiendo en la temática de la fiesta protagonizada desde el comienzo por la metalurgia. A lo que sigue una descripción pormenorizada de todos los lugares del Perú que guardan sus riquezas: Huancay, Angaraes, Huantajaya, Carabaya, Parinacocha, Huarochirí, Achocaya, etc. Por supuesto, Terralla subrayará en esta enumeración el cerro de Potosí como símbolo del tesoro del Perú, contribuyendo de nuevo a abultar la idea del Perú como *axis mundi*: "De qué de Potosí la mucha plata, / que por toda la tierra se dilata, / en que haya cerro alguno, que le estorbe / el ser más poderoso en todo el orbe?". Una idea que a continuación se remacha con la utilización del tópico que desde los textos de Colón equipara América con el paraíso, en este caso circunscrita al Perú:

> Y últimamente ¿de qué aquella montaña,
> que oculta en lo inferior de dura entraña
> en metales de azogue, plata, y oro
> el mayor de los reinos el tesoro,
> en bálsamos, resinas, en olores,
> en plantas aromáticas, en flores,
> en variedad de primorosos brutos,
> en pájaros pintados, yerbas, frutos,
> y otros del orbe asombrosos vegetales
> que dan de paraíso las señales?

Toda esta descripción mitificadora de los frutos de la tierra peruana, tipificada en la visión de América como paraíso terrenal, es utilizada por Terralla para a continuación expresar su ínfimo valor de no haber sido conquistada por España, y, por tanto, evangelizada:

> De nada le sirviera,
> si conquistado en parte no estuviera;
> si en él no hubiera religión cristiana.
> Esta fiel reflexión el indio hace,
> y grato a su monarca le complace:
> vive reconocido,
> de que a dios por España ha conocido.

Como consecuencia, según Terralla el indio vive eternamente agradecido al monarca, un agradecimiento cuyos motivos enumera en un discurso poético en el que la exageración y el tono superlativo denotan la necesidad de sustentar, con todo tipo de argumentos, la justificación de la conquista y la colonización:

> Y así desea con afecto innato,
> en su aplauso mostrar todo el conato,
> su actividad, su ansia, su desvelo,
> su eficacia, su amor, su afán, y anhelo:
> ama a su rey con celo sin segundo.
> tiénelo por mayor en todo el mundo,
> en gobierno, en política, en riqueza,
> en religión, en ánimo, en grandeza,
> en piedad, en justicia, en enseñanza,
> en fortaleza, en armas, en templanza,
> en magnanimidad, en opulencia,
> en valor, en esfuerzo, y en prudencia.

Todo este abultado encomio, en el capítulo conclusivo de la relación de la fiesta, tiene a continuación otro resorte principal, que se ha desarrollado a lo largo del volumen, esto es, el paralelismo del imperio hispánico con el romano:

> Conoce sin augurios vaticinios,
> de Carlos la extensión de sus dominios;
> y que así como Roma fue señora
> de cuanto baña el mar, y Febo dora,
> dominando su heroico sacro imperio,
> cuando abraza, y contiene el hemisferio:
> así España y su término fecundo
> cambien lo que es de casi medio mundo…

Asimismo, a la justificación por la evangelización, la equiparación de América con el paraíso terrenal, y la mímesis del imperio hispánico con el romano, se suma por último otro factor de especial relevancia para la glorificación de la monarquía: el factor lingüístico, cultural y literario, argumentado desde la perspectiva de los beneficios derivados de la imposición del castellano, heredero de la tradición cultural grecor romana y, por tanto, portador de toda la cultura clásica:

> Y solo siente el indio, que su labio
> no es bastante a formar elogio sabio,

ni su elocuente lengua nunca alcanza;
aunque alguno conciba
de que pudiera ser más expresiva;
pues para describir grandezas sumas
era fuerza tener las sabias plumas
de los Ennios, los Plautos, los Emilios,
los Catulos, los Dantes, los Manilios,
los Tibulos, los Varios, los Lucrecios,
los Tazos, los Ovidios, los Propercios,
los Terencios, Petrarcas, los Oracios,
los Píndaros, los Linos, los Estacios,
los Virgilios, Bocacios, Juvenales,
los Museos, Lucanos, Los Marciales,
los Homeros, Ovenes, Hesíodos,
y últimamente las de aquellos todos,
que en natural dulciosa cadencia
registraron del Pindo la eminencia;
bebiendo de las limfas de Hipocrene
transparente cristal, jugo perenne
entre el griego, el latino, y el romano
y aun del parnaso nuestro castellano
conjugando las flores, y matices,
de Vegas, Calderones, y Solises,
de Mendozas, de Vargas, de Boscanes,
Leivas, Ercillas, Silvas, Montalvanes,
Mesas, Riveras, Escovares, Dazas,
Góngoras, Cuevas, Cánceres, Terrazas,
Zamoras, Mendinillas, y Cubillos,
Revolledos, Guzmanes,
Cangas, Villarroeles, Y linares,
Rufos, Molinas, Polos, y Toledos,
Argensolas, Ledesmas, y Quevedos,
Villegas, Campos, Plazas, y Leones,
Iriartes, Padillas, Concepciones,
Sotos, Morillos, Tapias, Cañizares,
y otros muchos ingenios, que a millares

> pasearon la verde alegre falda
> vestida de finísima esmeralda.

Esta casi interminable enumeración de autores de la clasicidad greco latina, seguida de las grandes figuras de la tradición literaria hispánica –en la que brillan algunas ausencias–, abunda en ese exceso constante del texto que, a la postre, transmite un afán desmedido de afirmación de todos y cada uno de los resortes principales de la conquista: la imposición de la religión, de la cultura y, por último, del idioma español como garante y transmisor de dicha cultura; idioma que Terralla vuelve a poner en comparación, en los versos recién citados, con las lenguas indígenas, insuficientes a su modo de ver para "formar elogio sabio".

Por último, cierra Terralla la conclusión reiterando las disculpas por no alcanzar en su texto a merecer tan magno aplauso como es el que atañe al asunto de la fiesta relatada, si bien tal texto será calificado, finalmente, como "fiel trofeo" al soberano:

> Mas no por esto, no, se tenga a mengua,
> que mi incipiente pluma, y tarda lengua
> erija a tal monarca el fiel trofeo
> de la Índica Nación, en el deseo que
> tuvo de aplaudir a un soberano,
> que empuña heroico cetro en sabia mano.

En suma, la relación de la fiesta aparece en su cualidad más material, cosificada como el trofeo de la "índica nación" al monarca, y se cierra con el sentido principal de ofrenda que la "fiesta de naturales" tiene en esta fiesta:

> Dispense la humildad del fiel afecto
> recibiendo la causa, no el efecto:
> supla la cortedad de la pobreza,
> que aunque pisa del mundo la riqueza
> de toda esta comarca,
> la quisiera invertir en su monarca,

que ciñe sabiamente
soberano laurel de augusta frente,
y siendo de esplendor, y luces parto
clama por su rey, a Carlos IV.

El resto del volumen contiene las partes dedicadas a las vistas y adornos de fachadas y portales, el laberinto acróstico, las tarjas y enigmas para la decoración de las arquitecturas efímeras y los poemas que conocemos por el texto *Explicación previa*, tanto el discurso poético del embajador, como las loas de los cuatro carros, ya comentadas en el capítulo dedicado a dicho texto previo cuya publicación, como sabemos, fue también financiada por Mesa.

Por último, cierra el volumen la parte titulada "Apéndix. Canción única", de la que cabe reparar en algunas cuestiones para concluir el comentario sobre *El Sol en el medio día*. Escrito a modo de balance final, en él conocemos detalles como son el hecho de que a algunas funciones solo asistió la nobleza de Lima; la centralidad del virrey Teodoro de Croix como presencia principal de la fiesta, de cuya ofrenda aparece como receptor representante de la monarquía en todas las secciones del texto; o el número total de los participantes en la fiesta ("cuatrocientas y tres son las personas / entre genios, danzantes, y matronas, / que aplauden con amor, y celo harto / a nuestro invicto rey d. Carlos IV").

Más allá de estos detalles, en este balance final hay que destacar dos cuestiones enlazadas. En primer lugar, el sentido mitificador final de la "nación índica" que imprimen partes como las siguientes: "[…] el timbre, y el blasón, que el indio cobra / en sus carros famosos, y triunfales"; "los indios fieles, y leales, / lucieron con primor, y con grandeza / como el público todo lo confiesa; excediéndose en todo, como es llano, / el porte primoroso, siempre ufano / de la Índica Nación, / que en este imperio / llenó del todo tanto ministerio; desempeñando alegre sus deberes"; "Por eso esta Nación bien arreglada, / con idea especial proporcionada / salió en todo el proyecto tan lucida, / que al público dio gusto, a su honor vida". En segundo lugar, el aplauso y loa a quien representa a tal nación y quien es, a la postre, el responsable de todo este esplendor de los indígenas en la fiesta, tanto en lo que atañe a su

organización y configuración como a su patrocinio, Bartolomé de Mesa
Túpac Yupanki:

> Fue en las ideas principal cabeza
> el Comisario Mesa,
> de quien es la inventiva, y dirección;
> porque luciese más la Real función,
> y después de dispuesta e ideada
> toda la primer tarde costeada,
> como lo testifican, y no varios,
> los Alcaldes de Indios, Comisarios,
> [...]
> y para más honor, y nombre eterno
> el Informe especial de este Gobierno
> Superior del Perú, que parte ha dado
> al mismo que fue en Lima proclamado.
> Omito pues, en tanto lucimiento
> el cierto, y efectivo suplemento
> de cantidad de pesos que gastada
> fue por el mismo Mesa condonada
> de toda la Nación en beneficio
> y en honor de un monarca tan propicio.

Unos gastos que Terralla ha querido resaltar, entre los cuales como
sabemos se cuenta la impresión de las loas, que aparecen a continuación
de forma explícita[38]:

---

38 Barbón resume toda la actuación de Mesa, como forjador de las ideas y la inventiva,
y como financiador: "Shortly after the conclusion of the festivities, on March 10, 1790,
and then until June 17 of the same year, Mesa filed no less than six petitions detailing
his particular contributions to the event and requesting that Charles IV be informed
of his services. As it turns out, he financed practically all of the celebrations, plus
the two editions of their preliminary description (*Explicación previa*); he designed the
arrangement of the processional carts, choreographed the performances, commis-
sioned two copies of a painting of the festivities (one to be sent to Madrid, the other
one to remain in Lima), and paid the 450 peso debt the Amerindian community had
incurred for festivity-related expenses and was now unable to pay back, to the tune
of several thousand pesos. The actual whereabouts of the two canvases still remains

gastos de los que sirven de Ejemplares
de Narración y loas, que en sucesos y
en la fama y papel corren impresos,
y al erudito, sabio y muy docente
se hizo repartición graciosamente
por dicho Mesa, que en funciones tales
prefiere a jueces, y otros principales;
del mismo modo, que ostentó su punto
en costear de tarjas el conjunto.

Como vemos, llegados al final del volumen, el texto que sirve de apéndice se afana en el enaltecimiento de Mesa por parte de Terralla, confiriéndole el protagonismo con el cual se pretendía afirmar su relevante posición en la sociedad limeña de los últimos años del siglo XVIII. Desde esa posición asentada en la esfera de la realidad –la fiesta organizada– y en la dimensión del testimonio o esfera letrada –los textos encargados para dejar memoria de la misma–, el comisario esperaría obtener los beneficios correspondientes por la organización y financiación del gran festejo de la comunidad indígena en honor al nuevo monarca. Con todo ello, el texto de Terralla se erige al final del volumen en el testimonio que confiere perpetuidad al acontecimiento: "[…] existiendo perpetua en los Anales / la oblación de los Indios Naturales: / quienes por mayor fruto / este tributo añaden al tributo / repitiendo por timbre, y por hazaña: / que viva Carlos IV. Rey de España". Un final tras el cual se añaden las dos décimas a las que ya he hecho alusión, bajo el título "Un apasionado de don Bartolomé Mesa", la primera, y "En aplauso de don Bartolomé de Mesa, y del desempeño con que acreditó su amor y fidelidad en las Reales Funciones produjo un afecto las

unknown. Ricardo Estabridis Cárdenas ("La fiesta y el arte", 121–22) has indicated that isolated scenes of the painting surfaced fifteen years later in the twenty plates illustrating Joseph Skinner's (1805) The Present State of Peru (fig. 3.3). Skinner claims to have come into the possession of the sources for his book —namely, Mesa's painting and some issues of the Peruvian periodical *Mercurio peruano*— when the British captured the Santiago, a ship bound from Lima to Cádiz in 1793 (ix–x)" (2019, 97–98).

siguientes", la segunda. Tales aplausos sellan el protagonismo de Mesa en esta fiesta por encima incluso del festejado monarca: "Lució Mesa en la función / como el público confiesa"[39], y nos permiten imaginar toda una compleja escenificación indígena en el centro de Lima, en la que se intensifica tanto su representación folclórica como su figuración estereotipada, y españolizada, al tiempo que cargada de orgullo identitario.

Lima regocijada en las puertas de la Independencia: entre España y América (1807)

Tras las fiestas por la llegada al trono de Carlos IV que, como hemos podido analizar en varios textos que las describen, marcan un momento fundamental para el estudio de la evolución de los modos con que se produce la participación y representación de la comunidad indígena

---

39 El futuro de Mesa no sería sin embargo halagüeño, dada su caída en desgracia ante el poder virreinal. Lo relata extensamente Teresa Vergara hasta el año de la muerte de Mesa en 1810 (2019). Jorge Chauca (2012) detalla el futuro más inmediato de Mesa tras las fiestas por la coronación de Carlos IV: "El nuevo virrey del Perú notificó al secretario de Estado de Indias los servicios de que se había hecho acreedor el comisario. El cabildo de Lima comunicó a la Corte en junio de 1791 las fiestas reales celebradas, recibiendo a finales de año acuse de recibo en agradecimiento por las 'demostraciones de amor, fidelidad, y respeto con que siempre se ha distinguido y son tan características de esa noble y fidelísima Capital del Imperio Peruano'. Bartolomé de Mesa Túpac Yupanqui Inca solicitó en 1794 el grado de coronel del ejército. Había esgrimido su genealogía familiar en servicio a la corona y ser descendiente de los incas según certificó el virrey duque de la Palata en 1687; también su contribución personal en la proclamación del rey y en las exequias del monarca difunto. El militar y futuro virrey Gabriel de Avilés, experimentado en la revuelta de Túpac Amaru, informaba que 'notorios descendientes de los antiguos yncas se hallan muchos Caciques en la Ciudad de Cuzco, los quales tienen el merito de haver acreditado su lealtad en las pasadas revoluciones', además 'si por razon de la ilustre prosapia yndia se ha de conceder [...] sera preciso condecorar con las mismas distinciones a todos los Yndios, que prueben igual nobleza (que seran infinitos) o dexarlos descontentos a todos por haverlo concedido a Mesa'. Sin mérito resaltable consideraba más digno del grado a cualquier soldado del ejército de Cataluña en la campaña pirenaica, pragmatismo que nos desvela lo que encubrían las relaciones de fiestas que pretendían ser relaciones de méritos, la distancia entre las noticias impresas llegadas a la Corte y las informaciones emanadas de los poderes locales. El aporte de su caudal 'por no haver sufragado la derrama hecha en todos los de su Nacion, y que á un toro le puso una enjalma con pechera y tarja de plata en la

en las festividades limeñas virreinales⁴⁰, concluyo mi recorrido con un último texto que nos sitúa en la Lima de los años previos a la Independencia, cuando esta comenzaba a fraguarse en el Virreinato del Río de la Plata.

1. Sobre el contenido de Demostración de los regocijos públicos en Lima

A diferencia de los textos estudiados, todos ellos de gran extensión, nos situamos ahora ante una relación en prosa de ocho folios que se titula *Demostración de los regocijos públicos en Lima, con motivo de la derrota de los ingleses en el Río de la Plata*, impreso, tal y como aparece en nota al pie, en el "Suplemento a la *Minerva Peruana* del miércoles 26 de agosto de 1807". El asunto adelantado en el título ya nos sitúa ante uno de los acontecimientos históricos de los orígenes de la Independencia hispanoamericana: el triunfo logrado por los bonaerenses frente a los ingleses que invadieron el Virreinato del Río de la Plata en 1806 y 1807. Recordemos que este hecho, el triunfo sobre los ingleses por parte de los argentinos, fue fundamental para la afirmación de la conciencia patria y para el posterior desarrollo de la Emancipación en la Revolución de mayo de 1810 que dio inicio al proceso. Cabe asimismo recordar, en primer lugar, cómo fue recibida en Londres la noticia de la invasión, previa a su derrota, tal y como la recoge Molinari en *Buenos Aires. 4 siglos*:

> El famoso diario *"The Times"* de Londres publicó en su edición del sábado 13 de setiembre de 1806 la noticia recién llegada a la capital británica de la ocupación de Buenos Aires por las fuerzas del general Beresford –Sábado, 3 de la mañana. Debemos congratular al público con motivo de un comunicado urgente que acabamos de recibir de Portsmouth sobre uno de los más importantes acontecimientos de la presente guerra. En este momento Buenos Aires forma parte del Imperio Británico, y cuando consideramos las consecuencias resultantes de su situación y sus posibilidades comerciales, así como también de su influencia política, no sabemos cómo expresarnos en términos

---

frente' sumaban 550 pesos, precio al que si 'se feriasen tan distinguidos grados [...] decaeria su estimacion'. En 1795 la petición fue denegada" (Chauca 1943).
40 Véase Barbón, 2019, capítulo 3, "Staging the Incas", 77–104.

adecuados a nuestra idea de las ventajas que se derivarán para la nación a partir de esta conquista. (226)

Si Londres celebró aquella noticia, otro tanto ocurriría en las ciudades americanas cuando los ingleses fueron derrotados. Como vamos a ver en el análisis del contenido del texto, "los regocijos públicos de Lima" organizados para aplaudir y celebrar tal acontecimiento, que son descritos en esta relación, resultan especialmente significativos como expresión, en un documento histórico, del sesgo diametralmente opuesto que el proceso de la emancipación tomaría en ambos virreinatos. Por ello, el texto cobra una especial relevancia como manifestación escrita explicativa de dicha diferencia.

El relato comienza con el clima que se vivía en Lima con respecto a los acontecimientos del Río de la Plata, cuyos habitantes aparecen como "los amados hermanos de Buenos-Aires", expresión del sentimiento de comunidad hispanoamericana que a comienzos del siglo XIX sobrevivía a pesar de las crecientes diferencias históricas y de la fragmentación geográfica del Virreinato del Perú acaecida en el siglo anterior. En ese clima de debate sobre el futuro de los vecinos, llega la noticia:

> Cuando los pacíficos habitantes de esta capital, fatigados en discurrir sobre la futura suerte de sus amados hermanos de Buenos Aires se hallaban gozando el 18 de noviembre del corriente del más profundo sueño, llegó a esta ciudad a la una y media de la mañana de este día un extraordinario despachado a esta superioridad por el Sr. Gobernador Intendente de la Provincia de Arequipa, participándole el oficio que con fecha 10 de julio último había recibido del Cabildo de Buenos Aires con la plausible noticia, que el día 7 anterior los ingleses en número de más de 8000 hombres al mando de su general el Sr. D. Santiago Liniers, obligándolas a capitular; entre otras cosas la evacuación de Montevideo y del Río de la Plata (sin foliación)[41].

Recordemos que Santiago de Liniers protagonizó ese triunfo sobre las tropas inglesas, al frente de un ejército compuesto por milicias populares porteñas y de los pueblos cercanos, más los refuerzos llegados de Montevideo, en el proceso llamado de la Reconquista que continuó

---

41 Cito el ejemplar que se encuentra en la Biblioteca Nacional de España (VE/1504/24) referenciado en "Fuentes impresas".

con la segunda invasión inglesa. En esta última, acaecida en 1807, las tropas británicas tomaron Montevideo, pero fueron repelidas en Buenos Aires por las fuerzas defensoras en el proceso conocido como la Defensa; milicias compuestas por tropas regulares y urbanas que se habían organizado militarmente durante el transcurso de las invasiones. Este último dato es relevante para ir visibilizando el sesgo diferencial de la sociedad porteña con respecto a la limeña y sus consecuencias en lo relativo a la Independencia, que en Argentina no tardaría más de tres años en producirse, en la Revolución de Mayo de 1810. John Lynch explica esa configuración de las milicias que derrotaron a los ingleses desde el punto de vista de la evolución social de Buenos Aires:

> Los sectores sociales más prósperos carecían de inclinaciones militares. A sus ojos, Buenos Aires había dejado de ser una mera ciudad de guarnición para convertirse en un puerto en proceso de expansión comercial, en el que iba surgiendo una clase social intermedia con intereses nuevos y específicos. Por largo tiempo los comerciantes porteños trataron de asegurarse la exención del servicio en las milicias, pero hasta 1801 no la obtuvieron. En 1802 se contaban unos 1550 hombres de tropa regular y alrededor de un millar de milicianos; los primeros eran marginados de la sociedad peninsular mal remunerados, y los segundos, soldados renuentes. Cuando en 1806 y 1807 los ingleses invadieron el Río de la Plata, no fueron derrotados por esas fuerzas tradicionales, sino por unas milicias renovadas y reorganizadas que combatieron animadas por un nuevo espíritu de servicio al país. (En Romero, 2000, 53)

Y aquí está en buena medida el punto clave de la cuestión: quienes protagonizaron esa derrota estaban conformando una nueva sociedad, mientras que la que lo celebró en Lima seguía siendo una sociedad más conservadora y apegada a los modos de vida de la Colonia; ambas debatiéndose en las tensiones entre el preponderante afán criollo por tomar las riendas del destino, y la renuencia de la monarquía española, empeñada en mantener a raya dichos afanes, como ocurrió a partir de 1770 cuando Carlos III procuró reducir la participación de los criollos en los puestos de poder, tanto eclesiásticos como civiles.

A continuación, el texto prosigue con la expresión de arrebato y de alegría con que recibió tan "importante noticia" "nuestro ilustre jefe", que el relator erige como protagonista en la lucha por la libertad de los habitantes del Río de la Plata. Tal "jefe" es el virrey José Fernando de Abascal y Sousa, reputado militar oriundo de Cantabria que en 1804 había sido nombrado virrey del Río de la Plata, aunque no llegó a tomar posesión del cargo al ser nombrado virrey del Perú en el mismo año. Este cargo, sin embargo, no lo llegó a desempeñar hasta 1806, ya que fue apresado en su embarcación por los ingleses en su viaje a Lima. Es decir, que el virrey que protagoniza el texto, espíritu cultivado e ilustrado que centró sus políticas para la ciudad en la cultura y la salud y que gozó del apoyo de la élite social peruana de su época, tuvo una implicación directa en el proceso de las invasiones inglesas, lo cual explica en buena medida el regocijo superlativo expresado en las páginas de esta relación.

De hecho, en lo que atañe a las acciones de orden externo, destacaron las llevadas a cabo por el virrey a favor de Santiago de Liniers y Francisco Javier de Elío en la defensa de Buenos Aires y Montevideo, frente a los ataques ingleses comandados por William Carr Beresford y John Whitelocke, que ejemplificaron la nueva guerra entre España e Inglaterra por la hegemonía del mundo marítimo y que fueron repelidos con éxito por los criollos rioplatenses. Por eso en el texto leemos: "Esta importante noticia arrebató de alegría a nuestro ilustre jefe al ver rotas las cadenas que ligaban aquellos infelices habitantes; para cuya libertad había hecho tan grandes esfuerzos" [fol. 1].

Al recibimiento de la noticia, el virrey Abascal "dispone que se haga pública esta extraordinaria victoria" sin demora alguna, pues de inmediato "el repique general de campanas, anuncio feliz, penetra los oídos de sus moradores que gozaban del dulce sueño, los arranca de su blando lecho, y llenos de curiosidad corren, abren las puertas de sus casas, y atónitos preguntan lo que ha acontecido". El bando de Abascal corre por las calles e "inmediatamente resuena el aire de viva el Rey, viva Liniers" [fol. 1]. Notemos cómo en estos vítores –repetidos a lo largo de tantas relaciones de fiestas de los siglos anteriores– las circunstancias históricas imponen un cambio sustancial, pues estos ya no son solo para el rey, sino que van acompañados del aplauso a un héroe como Liniers, de cuya victoria surgirá, precisamente, el germen de la emancipación con respecto al primer aplaudido, el monarca español.

A partir de esta presentación del tema del texto, sucede toda la celebración, que nos introduce de nuevo en la ciudad-teatro que es Lima como escenario de los acontecimientos festivos.

2. Lima entre España y América

De nuevo la ciudad de Lima, a comienzos del siglo XIX, es espectadora y protagonista de los acontecimientos históricos que daban lugar a la celebración relatada en el texto: "[...] las calles se inundan de toda clase de personas que dan gracias al cielo, por tan brillante triunfo, y paralizadas de admiración prorrumpían en aquellas expresiones de entusiasmo propias del noble y generoso carácter español". Vemos pues cómo el texto subraya el peso identitario de lo español en Perú para festejar un hecho que desencadenará, paradójicamente, en la independencia con respecto a España. Y los vítores no solo van destinados al rey y a Liniers, sino también a quienes formaron las milicias triunfantes: "¡Ilustres campeones! Vuestro invencible brazo ha desconcertado los locos proyectos del infame gabinete de San James, y ha encadenado su orgullo; vuestros triunfos han agotado las glorias militares" [fol. 2]. Una victoria que desde el Perú se quiere agradecer con ayuda a viudas, hijos y parientes de quienes perdieron la vida en el campo de batalla.

De las calles, en un escenario nocturno, el texto nos conduce al palacio del virrey para conocer el contenido del segundo bando por él dispuesto, muy significativo para comprender el sesgo de la lectura política que se estaba dando desde el virreinato del Perú a esta noticia: exhortaba a los vecinos "a tributar las debidas gracias al Dios de los ejércitos por tan extraordinaria victoria de que depende la subsistencia de nuestra santa religión en este hemisferio, y la conservación de estos dominios a nuestro amabilísimo monarca". Por tanto, el júbilo se ciñe lógicamente al mantenimiento del dominio español, político y religioso, que debía ejecutarse en todas las iglesias de la capital y en la catedral, con "la pompa marcial correspondiente al acto"; y en las casas con luminarias y adornos: "[...] ordenando al mismo tiempo que en esta noche de su publicación y en las dos siguientes, todos los habitantes iluminasen sus casas, adornándolas exteriormente del modo posible, según las facultades de cada uno" [fol. 2]. Estas líneas nos trasladan una imagen arquetípica de Lima engalanada para la ocasión, puesta de nuevo "fuera de costumbre". Conocemos también que el alcalde ordinario Antonio Álvarez del Villar sería el encargado de la celebración y, en concreto, "de no omitir nada que pudiese contribuir a la magnificencia y brillantez de la función" [fol. 2].

El relator nos pormenoriza a continuación la descripción de la ciudad:

> En la misma tarde de la llegada del expreso de Arequipa, se empezaron a divisar las ricas colgaduras que ocultaban las puertas de las casas, y los preparativos para tablados de los coros de música, principalmente en el Cabildo, donde competía el gusto con el arte. La suntuosa tapicería que cubría aquellas galerías, las columnas, y paredes vestidas de riquísimos damascos de varios y exquisitos colores; las bellas arañas de plata, vistosas cornucopias y grandes espejos, el gran número de hachas de cera y otros bellos adornos que se hallaban allí reunidos, encantaban a los concurrentes, llenaban de admiración al atento observador al contemplar que en pocas horas se viesen reunidos en un solo punto tantos primores. [fol. 2]

El fragmento contiene detalles que cabe destacar en lo relativo a uno de los ejes centrales que he recorrido a lo largo de este libro, esto es, la transmutación del entorno urbano en escenario festivo, tales como los verbos empleados para referir la función de las "ricas colgaduras" o de la "suntuosa tapicería", que "ocultaban" las puertas de las casas, o "cubría" galerías y columnas. Ambos verbos, ocultar y cubrir, materializan en el texto esa Lima "tapada" que las fiestas representaron de forma paradigmática, traspasando siglos, con el objetivo puesto en la funcionalidad política. Asimismo, llama la atención la prosopopeya en "las paredes vestidas de riquísimos damascos", que enfoca a Lima como protagonista disfrazada para la ocasión. Por último, el párrafo concluye con el efecto que todo ello produce a los concurrentes, distinguidos como el "atento observador" que quedará "encantado" y "lleno de admiración" ante tal síntesis de imágenes en un solo espacio y en tan breve tiempo. Concurrentes encantados y admirados, o sea, impresionados y, por tanto, extasiados, estado ideal para la mejor transmisión del mensaje y la propaganda que, como ya hemos visto, se resume en glorificar el poder español en América, en este caso, frente al contrincante británico.

La descripción no concluye en el párrafo anterior, sino que prosigue enfocando de nuevo un escenario presidido por la luz y el sonido:

> Las calles y torres iluminadas todas en estas noches eran muy vistosas. Se veían muchas hachas en las barandas del palacio del Sexmo. Sr. Virrey, muchas en los balcones del Señor Arzobispo y del venerable Deán y Cabildo eclesiástico. La iluminación de las demás barandas de la plaza no cedía a las de las anteriores: en medio del repique general de campanas gozaba el público durante las tres noches de iluminación de la dulce melodía que prestaban los diversos coros de música, en que excedían a los demás los dos del Cabildo. [fol. 3]

Vemos de nuevo el mismo procedimiento narrativo: de la descripción del escenario visual y sonoro al goce del público que, a continuación, tendrá todo su protagonismo, como expresión de éxito de la finalidad de la fiesta:

> A cada momento se notaba que la alegría de los moradores tomaba mayor vuelo. ¡Qué parabienes! ¡Qué risas! ¡Qué cánticos! ¡Qué bailes! ¡Qué convites! El júbilo era general: los cafés que poco antes servían para desahogar el espíritu con reflexiones melancólicas y tal vez mal combinadas, ofrecían en este día un verdadero recreo; brindaban gratuitamente a todos con sus copiosos refrescos, y las selectas y numerosas músicas que allí se encontraban, convidaban al baile a sus alegres y vestidos concurrentes. [fol. 3]

El encantamiento anterior evoluciona hasta esta expresión de regocijo máximo, que sanciona la fiesta como ese lapso temporal en que todo, escenario y protagonistas, sale "de costumbre", proceso especialmente recreado en las líneas precedentes al enfocar los cafés, como espacio urbano surgido de la transformación de la ciudad en el siglo XVIII y convertido aquí en espacio central de la fiesta, marcando un cambio sustancial en la configuración urbana de las celebraciones a la que los textos anteriores nos tenían habituados.

Desde los cafés, el texto nos traslada a espacios exteriores como la "alameda" para el canto y el baile, y la plaza como lugar nocturno para "varias candeladas", la pila iluminada y alrededor "cuatro castillos de fuegos" [fol. 4]. El relator nos conduce visualmente, de nuevo como si de una cámara cinematográfica se tratara, por los espacios urbanos de la fiesta siguiendo a los ciudadanos que en ella participan en estado de éxtasis. Así, cuando están concluyendo los fuegos, "los concurrentes vuelven a inflamarse, y se encaminan con la música a situarse bajo los balcones del palacio de S. E. repitiendo vítores y aclamaciones. [...] Cantan, bailan y llenos de regocijo se retiran haciendo resonar el aire con las voces *viva el Rey, viva Abascal*" [fol. 4]. El lector del texto asiste a este desplazamiento de los participantes por los cafés, la Alameda, la plaza, los espacios situados debajo del Palacio, al son de la música y con los nuevos vítores. En ellos, hay que fijarse en el detalle de que Liniers ha desaparecido y todo el protagonismo –el de los vítores– se centra en el rey y el virrey.

La celebración continúa en la ciudad al amanecer del día 20 con nueva festividad en agradecimiento a dios "por tan gloriosa victoria", protagonizada por "más de seis mil hombres de tropas gallardamente vestidos y armados" que cubrirán la plaza y las calles, todos en dirección a la Iglesia Catedral, "a cuya entrada se hicieron las correspondientes salvas de artillería y fusilería" [fol. 4]. Sigue después una misa en la que se canta "al extraordinario triunfo de Buenos Aires, y arrebató la atención de los concurrentes". De nuevo el arrebato de la población es palabra elegida por el relator para transmitir el estupor general de la fiesta, en líneas en las que se reitera un lugar común de las relaciones de fiestas, la expresión de incapacidad de describir tanta magnificencia: "Es difícil dar una idea exacta de la suntuosidad con que se celebró esta fiesta, y de la grande concurrencia a ella" [fol. 4]. Esta fiesta tiene como parada en la mitad del día un gran almuerzo, de "abundancia exquisita", en "mesa de 60 cubiertos en el palacio", a la que concurren "personas de distinción". Tras él, la tarde concluye con baile y una "contradanza" y con "los corazones nobles inflamados con la gloria de este triunfo" [fol. 5].

Antes de terminar, el autor nos informa de que el cabildo, en pleno, acuerda asignar seiscientos pesos anuales para el hijo menor de Liniers y ofrecerle protección. Por último, de nuevo Lima adquiere todo el protagonismo a través de la prosopopeya: "Lima la grande manifestó su gozo por el glorioso triunfo que alcanzaron las armas de nuestro soberano en la capital del Río de la Plata" [fol. 5].

3. La carta del virrey a Liniers: una brecha histórica en los orígenes de la Emancipación

Tras la relación de la fiesta, el texto finaliza con dos cartas. En primer lugar, la breve "Carta del exmo. Señor virrey de Lima D. José de Abascal, al Sr. D. Santiago Liniers", fechada en Lima, a 26 de agosto de 1807. Esta carta contiene una serie de datos relevantes para la interpretación de la lectura del momento histórico derivado de la victoria en el Río de la Plata que se estaba celebrando desde Lima. Así, por ejemplo, el principio reza: "La noticia que V. S. me ha comunicado en fecha de 10 del pasado, del glorioso triunfo de nuestras armas en la defensa de esa Capital el 5 del mismo mes, llenó mi corazón de la más agradable sorpresa". Nótese el uso de la primera persona del plural en el posesivo para referirse a "nuestras armas" como afirmación de comunidad hispanoamericana. A continuación, el virrey informa a Liniers de las fiestas que se han celebrado y del júbilo que "ha correspondido a su amor al Rey y a la patria", así como la alabanza a las tropas y a su jefe –el propio Liniers– y la constatación de la dotación para la educación de su hijo.

Después encontramos la "Otra del exmo. Cabildo de Lima a dicho señor", carta en la que al comienzo se hace referencia a "la reconquista" de la ciudad de Buenos Aires y se erige el Cabildo de Lima en "el más constante celebrador de sus hazañas y méritos". Tanto es así que "hizo imprimir las demostraciones en la Minerva Peruana". La formulación de la pregunta a continuación contiene la síntesis del capítulo histórico celebrado:

> ¿Qué deberá pues esperar V. S. en la presente ocasión de la boca y pluma de este Cabildo, que ve una segunda reconquista, un formidable enemigo abatido y cubierto de ignominia, a Buenos Aires y Montevideo libres del furor, del libertinaje, y de la opresión de los orgullosos ingleses que la invadieron, que intentaron darles la ley, y la han recibido? [fol. 7]

A tal descripción del hecho histórico sucede la afirmación de los principios monárquicos que encarnaría Liniers desde la perspectiva del cabildo limeño:

Firme siempre el ánimo de V. S. en la defensa de la religión, del rey y de la patria, ha sabido proporcionar con destreza y acierto que el ilustre vecindario de Buenos Aires haga ver al mundo, que es invencible, que es fidelísimo a toda prueba, y que no conoce sino los extremos del vencer y del morir [fol. 7].

Para celebrarlo, Lima se erige de nuevo en protagonista: "[...] esta excelentísima, muy noble, muy leal e insigne ciudad que representa, las expresiones de su reconocimiento" [fol. 7], y la "gratitud de la capital del Perú comprehende la acta capitular que en testimonio se acompaña" [fol. 7]. Después conocemos que en tal acta se hace referencia a "la actual crítica situación del reino", dando entrada así al mundo en crisis que agonizaba en los estertores de la Colonia en el antiguo virreinato, una crisis económica que había comenzado ya en el siglo XVII Véase Adrien, 2020. Frente a ello el texto termina mitificando, en referencia al hijo de Liniers, "la nobleza de sangre, de la educación, y de los sentimientos del reconquistador de Buenos Aires y de Montevideo, del vencedor de una nación fuerte y atrevida, del redentor de las provincias del Río de la Plata" [fols. 7–8].

En este punto es preciso recordar que, en estos primeros años del siglo XIX, Buenos Aires y el virreinato estaban en un momento pujante de desarrollo que se había iniciado a mediados del siglo XVIII[42], como principal puerto comercial con Europa que había desbancado a Lima de su capitalidad sudamericana. Una etapa de pujanza que se traduce también en el paulatino incremento demográfico y, a su vez, en el crecimiento urbano, a la par que comercial[43].

42 Como explica John Lynch, "a partir de mediados del siglo XVIII, la ciudad comenzó a salir de su largo estancamiento, para entrar en una etapa de más acentuada función imperial, de expansión del comercio y de crecimiento demográfico. Ese surgimiento se debió en parte a la realización de su potencial económico, pero quizás aún más a su importancia estratégica. Comenzó a ser vista entonces como una base esencial en el Atlántico Sur, la custodia más efectiva de la ruta al Pacífico y el mejor foco de penetración al interior de Sudamérica" (en Romero, 2000, 48).

43 Esta floreciente situación alcanzada por la capital rioplatense a comienzos del siglo XIX a pesar de las trabas impuestas por el sistema comercial español, fue también orgullosamente expuesta por Mariano Moreno, el futuro gran prócer de la Revolución de Mayo, en una "Memoria" que redactó sobre la Primera Invasión inglesa de 1806. En ese documento Moreno destacaba el poder mercantil porteño calificando a la ciudad de "Primera puerta del Reyno del Perú" y señalando que la misma "reunía todas las esperanzas de quantos viven dedicados al comercio de estas poderosas

Cierra el texto el dato de la edición: "Con Licencia, Buenos Aires, en la Real Imprenta de los Niños Expósitos, Año de 1807". Proclamada la Independencia por San Martín en 1821 y consolidada definitivamente en 1824 por Bolívar y Sucre en la batalla de Ayacucho, no alcanzó en el Perú, como es bien conocido, el mismo cariz revolucionario que adquirió en otros países de América Latina. Lima, la hija de la Conquista –como la denominó Mariátegui– era una "criatura de un siglo aristocrático", nacida con un título de nobleza: la Ciudad de los Reyes (1979, 199). Convertida durante el virreinato en sede del dominio español en toda Sudamérica[44], admitió el advenimiento de la Independencia con resignación, pero sin demasiado entusiasmo, más bien dejándose llevar por el fervor revolucionario que se extendía por todo el continente. Además, durante algunos años la ciudad fue el centro de la resistencia española y el más sólido enclave del rey Fernando VII. Para explicar todo este proceso, el presente texto aporta un nuevo testimonio que enriquece la reconstrucción del conjunto histórico desde la plasmación real de un acontecimiento previo a la Emancipación, profundamente significativo para comprender ese sesgo pálido que esta tendría en Perú y su capital.

regiones". Agregaba a su vez: "Más de trescientos buques de comercio se presentan anualmente en sus Puertos [...] un millón de cueros se exporta cada año de sus distritos [...] Aquí se calcula, se emprende, se aventuran expediciones; no hay Puerto mercante en el Mundo, que no conozca nuestros frutos, y nuestra bandera; en fin, éste es el único Pueblo que en esta América puede llamarse comerciante" (Molinari 235).

44 "Lima fue, en realidad, alrededor de 1810, el cuartel general de la defensa española en América, sede de aprovisionamiento y robustísimo apoyo moral en los últimos días del Imperio colonial americano" (Miró Quesada 80–81).

COLOFÓN:
Lima festiva o el "mundo abreviado de maravillas"

Existe una relación de una mascarada celebrada en junio de 1747 en Sevilla que lleva por título *Nuevo mapa, descripción iconológica del mundo abreviado: real máscara de simbólicos triunfos [...] que ofreció la lealtad amante de los Dependientes de las Reales Fábricas del Tabaco, para celebrar la Real Jura de Fernando VI*, de Ramón Cansino Casafonda. Ollero Lobato, en su magnífico trabajo sobre la plaza efímera en el barroco hispánico, sintetiza, en la bellísima imagen de ese "mundo abreviado", la esencia de la plaza: "[...] el centro de lo forastero y lo propio, la representación y resumen adecuado de la sociedad ciudadana" (42). En dicho trabajo, nos explica el investigador que el título de la citada mascarada ("mundo abreviado") proviene del folleto titulado *Compendio curioso del Atlas abreviado*, de Campillo Ginés, publicado en 1746 en la misma ciudad, y redondea la belleza de la idea atribuyendo a la plaza "esa sensación de palimpsesto de lo conocido" (42–43), espacio central urbano que define, a través de otro texto mexicano posterior (1777), como "abreviado epílogo de maravillas"[1]. Tras el análisis de toda una serie de relaciones de

---

1 Juan de Vieyra, *Breve y compendiosa narración de la ciudad de México*, 1777.

fiestas celebradas en la Lima virreinal, desde 1557 hasta 1807, la imagen de la ciudad y de su corazón festivo se me antoja como ese "mundo abreviado de maravillas" que los acontecimientos relatados convocan. Un antojo que tiene su justificación, porque las continuas representaciones alegóricas de las cuatro partes del mundo en el centro de la ciudad convierten a la Lima festiva en ese "Atlas abreviado" que trató de erigirse en centro del universo hispánico.

Penetrar en este mundo abreviado y maravilloso de la ciudad, aquel damero de Pizarro en continua transformación –tantas veces sepultado y renacido– en los dilatados periodos en que la fiesta lo situaba "fuera de costumbre", me ha permitido hurgar en los códigos ideológicos y simbólicos de la propaganda imperial que se repiten en las relaciones de fiestas de la monarquía hispánica; analizar las formas y mecanismos con que se construye la ciudad de Lima en sus elementos urbanísticos y arquitectónicos, imbricados con la construcción de la sociedad en el escenario festivo; y profundizar en la representación de los diferentes sectores étnicos de dicha sociedad colonial limeña, sus tensiones y relaciones a lo largo de tres siglos. Tales ejes han sido fundamentales asimismo para ahondar, desde "los bordes del archivo indiano", en la evolución de la representación del indígena a través de los siglos, íntimamente ligada a la del criollismo limeño. Así, la tipificación del indígena en los textos analizados desde el punto de vista del sentido de ofrenda de los bienes de América (la riqueza de sus minas y de su naturaleza) a la monarquía, lo moldea como pieza fundamental del engranaje colonial, pues, como hemos visto, de su esfuerzo y trabajo dependía que tales riquezas pudieran ser extraídas y ofrendadas a España, de modo que en las relaciones de fiestas aparecen como los mejores fieles ante el monarca, formando parte de la configuración del Perú, y de Lima, como *axis mundi*.

La representación indígena se solapa en los textos con la perspectiva laudatoria de la ciudad con base en su dimensión y configuración española, como colonia que habría potenciado lo mejor de dicha herencia, sustentada en la apelación a la pureza de sangre que "ha florecido" en América, sugiriendo con ello esa conciencia de una hispanidad americana que va germinando en los textos. Todo ello se enfoca en estas relaciones a través de imágenes totalizadoras del escenario urbano, situado en un entorno natural idílico, en el que confluyen la representación del indígena para abrir las venas de América y ofrendar sus tesoros, con la de ese enaltecimiento de los descendientes de los españoles. A fin de cuentas, estas imágenes tratan de mostrar al Perú como el enclave más privilegiado del imperio del que sus habitantes se enorgullecen de formar parte; una afirmación identitaria profundamente imbricada con lo español que derivará, con el paso del tiempo, en la palidez del sentimiento independentista peruano, del que el último texto analizado es una muestra extraordinaria.

Redondear estas ideas resulta esencial para concluir. Así pues, desde la visión de la fiesta como acontecimiento ligado a la maquinaria de un poder que siempre tuvo en cuenta la risa y el divertimento como mecanismo principal para dominar las calles y sus gentes, en este libro he tratado de enfocar el escenario urbano como gran teatro del mundo, sin duda espacio "abreviado de maravillas" en el que dicho poder, sin embargo, no es unidireccional. Para ello, han sido fundamentales los citados estudios que en los últimos años han enfocado el fenómeno de la fiesta como espacio de negociación social, por consiguiente hegemónico y contrahegemónico.

Tanto las relaciones escritas por españoles, como las producidas por criollos letrados o la organizada (pensada y proyectada) y auspiciada por un representante de la élite indígena, enfocan las extraordinarias riquezas del Perú: por una parte, se muestra la tierra peruana y su capital como el centro de la riqueza del mundo, y, por otro, se manifiesta el orgullo de satisfacer las necesidades económicas de la Corona; riquezas que se representan claramente en los textos por la entronización de Carlos IV como dependientes de sus legítimos propietarios, los indígenas que las ofrendan al rey. Así es como el Perú se convierte en estos textos en el sustento y pilar principal del imperio hispánico. Un engrandecimiento que por otra parte es construido con la utilización constante de referencias del mundo clásico volcadas y aclimatadas sobre el peruano, en un proceso de equiparación mitificadora. Lima será configurada, así, como un centro arcádico del mundo. Además, tal y como hemos comprobado, toda esta exaltación se vincula en los textos con los conceptos providencialistas sobre el descubrimiento de América, así como con la potenciación del mito del Paraíso Terrenal hecho realidad en el Perú. En el corazón del Paraíso emerge Lima, convertida de este modo, con más motivo, en centro privilegiado de la cristiandad.

Para esta exaltación paradisíaca de Lima y el Perú, la construcción del indígena tendrá una relevancia cardinal, y si bien hemos visto en los textos la fluctuación entre el indio bárbaro y el ilustre inca de la dinastía imperial, también hemos podido observar una evolución muy significativa: desde la inclusión en el desfile, a mediados del siglo XVII, de los doce mandatarios incas formando parte de la genealogía del poder en el Perú (como origen glorioso de un virreinato al que suceden, en orden de continuidad, las genealogías de virreyes y reyes españoles), y conviviendo en un mismo texto con su representación progresivamente desrealizada y estereotipada, hasta los textos posteriores a la rebelión de Túpac Amaru II en cuyas fiestas tal rememoración del Incario sería prohibida. En estos textos últimos, la representación del indígena prueba el continuo cambio que se desarrolla en el interior de las relaciones de fiestas y, por tanto, en la fiesta misma (especialmente señalado por Pablo Otemberg para desmontar la idea de inmutabilidad del ritual festivo, definido por la marca de la continuidad que había de dar a la monarquía), como respuesta a las transformaciones históricas determinadas por acontecimientos clave y por el propio devenir de la sociedad.

En resumen, hemos visto cómo el tradicional desfile de los mandatarios incas aparece de forma exenta o seguida de los conquistadores o gobernantes españoles dependiendo de las circunstancias del momento. Circunstancias que en 1890 hacen desaparecer esa resurrección del incario y determinan la evolución de la representación indígena en la fiesta hacia una imagen cada vez más folclórica, cuando no, estereotipada, y por supuesto progresivamente más españolizada y aculturada. Esta imagen cambiante se traza sobre un *leitmotiv* sin embargo inmutable, el de la ofrenda indígena de todos los bienes de la tierra a España, con una fuerte presencia, en esta representación, de la imagen de la mujer que, como ha visto Otemberg, contiene un claro sesgo político, en tanto que portadora de altos valores morales a difundir, para representar los que debe encarnar el monarca festejado.

Sin embargo, no hay que perder de vista que el hueco por la prohibición en el desfile de los antiguos mandatarios incas con el fin de evitar esa glorificación y nostalgia del pasado sería llenado por el protagonismo en la fiesta de los mandatarios del presente, el cabildo de indígenas, y por la centralidad del promotor de la fiesta, Bartolomé de Mesa Túpac Yupanki, representante de la "nación índica" o "indiana". Tras la rebelión de Tupac Amaru II, esta nación se muestra de nuevo en la festividad como la mejor vasalla de la monarquía, que recibe el beneficio de pertenencia al imperio, pero que tiene un claro propósito de negociación social. Por consiguiente, es preciso remarcar que la construcción de la comunidad indígena en los textos no solo se realiza desde las élites criollas, siempre titubeantes ante la forma de incluirla en el programa ideológico festivo, sino también por parte de las propias élites indígenas. Un síntoma claro del proceso histórico en el que estas buscan reafirmarse a través del favor y la protección de la monarquía peninsular.

En este sentido, el auspicio de la fiesta y de los textos por la entronización de Carlos IV por parte de Bartolomé Mesa, con objetivo de ascenso social, o la escritura de la relación de la "fiesta de los naturales" por parte de un poeta español como Terralla y Landa, muestran el complejo entramado de relaciones entre los diferentes sectores de la sociedad, y abren nuevos ángulos de reflexión desde el punto de vista del retrato (*relatio* de los hechos) sobre la realidad festiva que tales textos plantean; muchos de ellos escritos desde una perspectiva netamente literaria, y otros desde una perspectiva histórica cuajada de elementos literarios. Los últimos textos analizados son profundamente significativos del momento histórico en el que conviven los movimientos de reivindicación indígena y la que Mazzotti considera la consolidación de una "identidad étnico-nacional criolla" (Mazzotti, 2016, 295), que venía fortaleciéndose paulatinamente desde comienzos del siglo XVIII.

La conclusión sobre la convivencia de la doble visión literaria de Lima, la crítica y satírica frente a la mitificadora desde los textos coloniales, que delineé en *Lima en la tradición literaria del Perú. De la leyenda urbana a la disolución del mito* (2003), cobra tras este estudio nuevas perspectivas. Si tal visión fue producida, en términos generales, por escritores peninsulares (la línea satírica), y por criollos (la mitificadora), estos textos, por su esencia panegírica, se revelan como expresiones superlativas de la línea mitificadora, pero no por ello desprovistas de momentos de crítica relativos a los excesivos gastos y a los afanes sociales y económicos de quienes los realizaban. Y es que fiesta y ciudad van de la mano del proyecto de fundación cultural de la urbe, que requiere situarla como la mejor colonia del imperio incluso en las puertas de la Independencia. El caso del texto de Terralla y Landa es especialmente interesante para observar los vaivenes en la visión de un mismo autor sobre una Lima satirizada y criticada en su *Lima por dentro y fuera* (1797), y la Lima exaltada de *El sol en el medio día* (1790), publicadas en el breve lapso de siete años. Tales vaivenes estarían motivados por cuestiones que atañen a intereses sociales específicos en cada momento puntual de la historia americana y de las fluctuantes circunstancias vitales de los autores, e incluso de los auspiciadores de las fiestas. Así, tanto el caso de Bartolomé de Mesa como el de Terralla y Landa ejemplifican la idea de la "identidad relacional", y no estática o esencialista, sobre la que han reflexionado diversos pensadores, entre ellos Antonio Cornejo Polar[2].

Por lo demás, el estudio de estos textos ha resultado muy fructífero para visualizar la ciudad de Lima desde la doble perspectiva que contienen, física y social (e identitaria), correspondiendo con la dualidad *urbs/civitas*, la urbe física y su ciudadanía; perspectiva esta última que permite seguir profundizando, desde las relaciones de fiestas, en la construcción textual de Lima, y que posibilita seguir penetrando en los entresijos de la sociedad que la habitó durante los siglos coloniales.

Por último, el análisis de las relaciones de fiestas limeñas seleccionadas, que comprenden un arco cronológico abarcador del período colonial, ha permitido comprobar que estos textos se erigen en complemento esencial de las obras estrictamente literarias para el estudio del inagotable panorama social, cultural, literario e histórico de la Lima virreinal, como documentos que absorbían la vida y al tiempo volcaban, en la voz del relator, las tensiones y problemáticas de la sociedad

---

2   Ver Mazzotti, 2016, capítulo 4. "La nación criolla". "Este modelo de los cambiantes límites identitarios tiene grandes ventajas con respecto al de las esencias, pues son las fronteras y no los contenidos supuestamente permanentes los que terminan definiendo la etnicidad. Cualquier contenido cultural o biológico será aleatorio y alterable mientras los mecanismos de separación con respecto a otros grupos se mantengan. [...] La teoría de los límites o fronteras grupales implica que la etnicidad se compone de interacciones cambiantes antes que de un componente esencial o inmanente de organización social" (35–36).

colonial y su relación con la metrópoli, generadas por un sistema de dominación y explotación que afectaba a las relaciones entre los diversos sectores étnicos de la sociedad. Las fiestas, en suma, consagraban, sancionaban y fortificaban el sistema, pero como hemos comprobado, también generaban un espacio para la reivindicación identitaria indígena e incluso para urdir planes contrahegemónicos. Los relatores, tanto españoles como criollos, elevaron exponencialmente la complejidad de dichos procesos al decidir ir más allá de la mera "copia" de las fiestas a través de la escritura y agregar en numerosas digresiones todo su pensamiento y sus condicionantes vitales para la visión del mundo americano.

De ese desarrollo escritural, que obviamente nace de un proceso previo igualmente instalado en la esfera letrada, es decir, de la composición intelectual de la fiesta, surgen todas las "Limas" que hemos visto a lo largo de estas páginas: desde la Lima femenina levantada del polvo y la ruina por la mano del virrey a finales del siglo XVI, a la Lima mineralógica cuya riqueza es instrumento para ganar la batalla al "turco" (una Lima mitológica que es Ophir poderoso, Peruana Roma y Atenas de América) y para alzarse como Lima tributaria que soporta el peso a la monarquía, pasando por la Lima fértil y madre de santa Rosa y de una ilustre sociedad. Muchas "Limas" que de un texto a otro hacen aflorar la imagen principal de su devenir histórico: ciudad fénix atravesada una y otra vez por la ruina y el renacimiento tenaz para mostrarse como capital crucial del imperio; o ciudad sepultada y surgida del polvo para lucir en la fiesta nuevamente cubierta, pero con un recubrimiento de otro calibre: tapada de arquitectura, de cultura, de ornamento, de escritura. Ciudad literaria al fin en ambos extremos, tanto en la ruina y la catástrofe como en el esplendor máximo.

Desde esa imagen de capital festiva, asombrada de luces y letras, concluyamos que los textos que relatan la fiesta limeña virreinal han permitido enfocar el escenario urbano como gran teatro del mundo, abreviado atlas de maravillas que sacaba al damero de su costumbre al tiempo que, paradójicamente, mantenía la fiesta como costumbre y tradición protagonizando el paréntesis anual de lo festivo, ese territorio de lo excepcional.

Breve epílogo

Me permito concluir con una voz distinta a las que han proporcionado la armazón teórica de este libro: la voz de un alumno inolvidable que tuve en un seminario sobre Lima en la literatura que impartí en la Casa de la Literatura Peruana en 2015, ese corazón de la ciudad letrada en cuyo edificio, la antigua estación de Desamparados, y en lo remoto Convento de Desamparados, se siente el latido de la ciudad colonial. Oriundo de Barrios Altos, donde reposa la memoria de aquel pueblo de Santiago del Cercado, cuya "nación índica" protagoniza el festejo que hemos visto por la entronización de Carlos IV, me escribió una extensa carta de agradecimiento tras el seminario, que guardo como uno de los más bellos textos que he leído sobre Lima. Algunas de sus líneas contienen en buena medida la esencia de mi recorrido por la Lima literaria y festiva, trabajo que comencé con el inicio de este siglo XXI y que he continuado hasta la actualidad.

Tras la investigación que he realizado en este libro tomo conciencia de que Danilo Efraín Jara Mancesidor esbozó en aquella carta una idea que entronca directamente con la formulación fundamental de Pablo Otemberg, centrada en el hecho de que –cito las palabras de este último– "en el corazón mismo de la hegemonía late la contrahegemonía, es decir, una visión alternativa del mundo":

> [...] yo pienso en la CIUDAD NÉMESIS, la oponente, la contradictoria, la vengativa, la que define a la otra, a la CIUDAD CANÓNICA y OFICIAL, la que la afirma negándola: Los Barrios Altos como ESPEJO FRAGMENTADO de la Lima Colonial. Esta Némesis no sería lineal ni sucedánea sino SIMULTÁNEA, pervive, alimenta, se alimenta, cual parásito voraz, a la OFICIAL[3].

La carta concluía con estas líneas que quiero que sirvan de subjetivo, sentido, reflexivo y bello colofón para este libro: "[...] esta grisácea Lima la Dorada, la Horrible, la Zamba vieja, la Tres veces coronada villa, la ciudad de la Gracia, la ciudad de las campanas y las campanillas, la Perla del Pacífico, el Núcleo purulento, la Desmemoriada, Ciudad Babélica, ciudad-Némesis, paraíso manzanero y sin serpientes, pero

---

3   Conservo y respeto las mayúsculas de la carta, por el énfasis que pretenden.

con harto veneno vertido a lo largo de los siglos". Gracias, Danilo, por regalarme aquellas ideas, construidas a lo largo de décadas de lectura y vivencia íntima de Lima. Con el tiempo, cobrarían en mi reflexión sobre la Lima festiva pleno sentido y cuerpo a lo largo de las páginas de este libro y de la investigación que las precede. Por ello, las traigo a esta última página para convertirlas en broche y cierre.

BIBLIOGRAFÍA

Acosta de Arias Schreiber, R. M. (1997). *Fiestas coloniales urbanas (Lima, Cuzco, Potosí)*. Otorongo.

Adrien, K. J. (2020). *Crisis y decadencia. El virreinato del Perú en el siglo XVII* (2011). Banco Central de Reserva del Perú.

Alenda y Mira, J. (1903). *Relaciones de solemnidades y fiestas públicas de España*, 2 vols. Sucesores de Ribadeneyra.

Álvarez Santaló, L. C. (1997). "Mensaje festivo y estética desgarrada: la dura pedagogía de la celebración barroca". En *Espacio, Tiempo y Forma* (págs. 33–52). Serie IV. Historia Moderna, 10.

—— (2001). "La fiesta barroca contada: una demostración retórica consciente". En M. Peña Díaz, P. Ruiz Pérez y J. Solano Pujalte (Eds.) *La cultura del libro en la Edad Moderna. Andalucía y América* (págs. 47–84). Universidad de Córdoba.

Arias Cuba, I. (2013). "En torno a las fiestas de beatificación de la Rosa indiana (1668–1671)". En C. López Calderón, MA Fernández Valle y MI Rodríguez Moya (Coords.), *Barroco iberoamericano: identidades culturales de un imperio*, vol. II. Andavira Editora.

Báez Rivera, E. R. (2012). *Las palabras del silencio de Santa Rosa de Lima o la poesía visual del Inefable*. Universidad de Navarra y Editorial Iberoamericana.

Bajtin, M. (1987). *La cultura popular en la Edad Media y en el Renacimiento*. Alianza Editorial.

Barbón, M. S. (2006a). " 'El Júbilo de la Nación Índica': Indigenous Celebrations in Lima in Honor of Charles IV (1790)". *Jahrbuch für Geschichte Lateinamerikas*, 43, 147–165.

—— (2006b). "Los palanganas reciben al virrey: sátira y panegírico en Lima durante la época colonial tardía". *Dieciocho*, 29: 1, 69–84.

—— (2010). "El Cabildo de Lima. Lector de Terralla y Landa". *Calíope*, XVI: 1, 161–177.

—— (2019). *Colonial Loyalties: Celebrating the Spanish Monarchy in Eighteenth-Century Lima*. University of Notre Dame Press.

Barriga Tello, M. (2013). *"Los júbilos de Lima* (1755), del marqués de Sotoflorido: el quiebre del paradigma". *América sin nombre*, 18, 34–44.

Bonet Correa, A. (1983). "La fiesta barroca como práctica del poder". En *El arte efímero en el mundo hispánico* (págs. 43–84). UNAM.

—— (1985). "Arquitecturas efímeras, ornatos y máscaras. El lugar y la teatralidad de la fiesta barroca". En JM Díez Borque (Dir.), *Teatro y fiesta en el Barroco. España e Iberoamérica* (págs. 41–70). Serbal.

—— (1990). *Fiesta, poder y arquitectura. Aproximaciones al Barroco español*. Akal.

Bravo, D. (2002). "Festejos, celebraciones y certámenes". En R. Chang-Rodríguez (Coord.), *Historia de la literatura mexicana desde sus orígenes hasta nuestros días* (págs. 85–110), vol. 2, *La cultura letrada en la Nueva España del siglo XVII*. Siglo XXI Editores.

Bromley, J. (1964). "Fiestas caballerescas, populares y religiosas en Lima virreinal". *Revista histórica*, 27, 200–220.

Burneo, A. (2017). *El damero de Pizarro. El trazo y la forja de Lima*. Municipalidad de Lima.

Buxó, J. P. (1998). "Prefacio". En D. Rodríguez, *Texto y fiesta en la literatura novohispana (1650–1700)*. UNAM.

—— (2009) (Ed.). *Arco y certamen de la poesía mexicana colonial (siglo XVII)*. Universidad Veracruzana.

—— (2015). *El resplandor intelectual de las imágenes. Estudios de emblemática y literatura novohispana*. Biblioteca Virtual Miguel de Cervantes. Edición digital a partir de la de México, UNAM, 2002. Recuperado el 15 de julio de 2021 de http://www.cerva ntesvirtual.com/obra/el-resplandor-intelectual-de-las-imagenes-estudios-de-emblematica-y-literatura-novohispana/

Cabranes-Grant, L. (2016). *From Scenarios to Networks: Performing the Intercultural in Colonial Mexico*. Northwestern University Press.

Campos y Fernández de Sevilla, F. J. (2012). *Fiestas barrocas en el mundo hispánico: Toledo y Lima*. Servicio de Publicaciones de R.C.U. Escorial.

Cañeque, A. (2004). *King's Living Image: The Culture and Politics of Viceregal Power in Colonial Mexico*. Routledge.

Castillo Gómez, A. (2000). "Artificios epigráficos. Lecturas emblemáticas del escribir monumental en la ciudad del Siglo de Oro". En V. Mínguez (Ed.), *Del libro de emblemas a la ciudad simbólica* (págs. 151–168). Vol I, Universitat Jaume I.

Chauca García, J. (2012). "La participación de los naturales en las fiestas reales indianas (siglo XVIII)". En M. J. Pérez Álvarez y A. Martín García (Eds.), *Campo y campesinos en la España Moderna. Culturas políticas en el mundo hispánico* (págs. 1935–1945). Fundación Española de Historia Moderna.

Checa Cremades, F. (1999). "Alegorías elocuentes: la imagen del poder en la España del Barroco". En J. Álvarez Lopera et al., *Figura e imágenes del Barroco. Estudios sobre el Barroco español y sobre la obra de Alonso Cano* (págs. 49–66). Fundación Argentaria..

—— (2016). "Fiestas imperiales. Una reflexión historiográfica". En I. Rodríguez Moya y V. Mínguez Cornelles, *Visiones de un imperio en fiesta* (págs. 61–92). Fundación Carlos de Amberes.

Chiva Beltrán, J. (2013). "Días de transición en la Lima Barroca. Entre las exequias de Felipe IV y la aclamación de Carlos II (1666)". En C. López Calderón, MA Fernández Valle y MI Rodríguez Moya (Eds.), *Barroco iberoamericano: identidades culturales de un imperio* (págs. 87–104), vol. II. Andavira Editora.

Cipolla, C. (1984). *¿Quién rompió las rejas de Montelupo?* Muchnik editores.

Clare, L. (1988). "Un nacimiento principesco en el Madrid de los Austrias (1657): Esbozo de una bibliografía". En M. L. López-Vidriero y P. M. Cátedra (Eds.). *El libro antiguo español. Actas del primer Coloquio Internacional (Madrid, 18 al 20 de diciembre de 1986)*. Ediciones de la Universidad de Salamanca-BNM-SEHL.

Curcio-Nagy, Linda A. (2004). *The Great Festivals of Colonial Mexico City: Performing Power and Identity*. University of New Mexico Press.

Dean, C. (1999). *Inca Bodies and Body of Christ. Corpus Christi in Colonial Cuzco*. Duke University Press.

Díez Borque, J. M. (1990). "Los textos de la fiesta: ritualizaciones celebrativas de la relación del juego de cañas". En P. Cordoba y JP Etienvre (Eds.), *La fiesta, la ceremonia, el rito* (págs. 181–193). Casa Velázquez-Universidad de Granada.

—— (1985). "Relaciones de teatro y fiesta en el teatro español". En JM Díez Borque (Dir.), *Teatro y fiesta en el Barroco. España e Iberoamérica* (págs. 11–40). Ediciones del Serbal.

Dueñas, A. (2010). *Indians and Mestizos in the "Lettered City" Reshaping Justice, Social Hierarchy, and Political Culture in Colonial Peru*. University Press of Colorado.

Durán Montero, M. A. (1990). "La entrada en Lima del virrey D. García Hurtado de Mendoza, Marqués de Cañete". *Laboratorio de arte, 3*, 57–62.

Farré Vidal, J. (Ed.) (2007). *Teatro y poder en la época de Carlos II. Fiestas en torno a reyes y virreyes*. Iberoamericana/Vervuert.

—— (2012). "Poéticas del espacio en las relaciones de festejos novohispanos: la beatificación de Santa Rosa de Lima". En J. Pascual Buxó (Ed.), *Teorías poéticas en la literatura colonial*. Universidad Nacional Autónoma de México.

Ferrer Valls, T. (1993). *Nobleza y espectáculo teatral (1535–1622).*UNED, Universidad de Sevilla, Universitat de València.

Folquer, C. (2010). "Rosa de Lima (1586–1617): la libertad de ser mujer en el Perú colonial". En J. Barrado Barquilla (Ed.). *La Orden de Predicadores en Iberoamérica en el siglo XVII* (págs. 209–244). Editorial San Esteban.

García Morales, A. (1987). "Las fiestas de Lima (1632) de Rodrigo de Carvajal y Robles". *Anuario de Estudios Americanos, 44*, 141–171.

Gerbi, A. (1945). *Diego de León Pinelo contra Justo Lipsio. Una de las primeras polémicas sobre el Nuevo Mundo, Fénix, 2*, 1–46.

—— (1960). *La disputa del Nuevo Mundo: historia de una polémica (1750–1900)*. En Antonio Alatorre (Trad.). Fondo de Cultura Económica.

Gil Amate, V. (2021). *"Glorias españolas y Crónica de España; La historia de España vindicada* de Pedro de Peralta Barnuevo". *Cuadernos de Ilustración y Romanticismo. Revista digital del grupo de Estudios del Siglo XVIII*, 27, 381– 409.

Gisbert, T. (1983). "La fiesta y la alegoría en el virreinato peruano". En *El arte efímero en el mundo hispánico* (págs. 145–171). Universidad Nacional Autónoma de México.

Gómez García, P. (1990). "Hipótesis sobre la estructura y función de las fiestas". En P. Cordoba y J. P. Etienvre (Eds.), *La fiesta, la ceremonia, el rito. Coloquio internacional (Granada, 1987)* (págs. 51–62). Universidad de Granada; Casa de Velázquez.

González de Zárate, J. M. (1987). *Emblemas regio-políticos de Juan de Solórzano*. Tuero.

Guillén Berrendero, J. A. (2014). "Valores nobiliarios, libros y linajes: Rodrigo Méndez de Silva, un nobilista portugués en la corte de Felipe IV", *Mediterranea. Ricerche storiche*, XI, 35–60.

Hampe, T. (1997). "Los testigos de Santa Rosa (una aproximación social a la identidad criolla en el Perú colonial)". *Revista Complutense de historia de América*, 23, 113–136.

—— (1998). *Santidad e identidad criolla: estudio del proceso de canonización de Santa Rosa de Lima*. Centro de Estudios Regionales Andinos Bartolomé de las Casas.

—— (comp.) (1999). *La tradición clásica en el Perú virreinal*. : Universidad Nacional Mayor de San Marcos, 115–127.

Iffland, J. (1999). *De fiestas y aguafiestas. Locura e ideología en Cervantes y Avellaneda*. Iberoamericana.

Iwasaki, F. (1993). "Mujeres al borde de la perfección. Rosa de Santa María y las alumbradas de Lima". *The Hispanic American Historical Review*. 73: 4, 581–613.

—— (2018). *¡Aplaca, Señor, tu ira! Lo maravilloso y lo imaginario en Lima colonial*. Fondo de Cultura Económica.

Jiménez Lozano, S. (2019). "Fiestas de exaltación al rey Carlos IV con motivo de su proclamación en la Ciudad de los Reyes". En MA Fernández, C. López e I. Rodríguez (Eds.), *Fastos y ceremonias del barroco iberoamericano* (págs. 65–80). Andavira Editora.

Lohmann Villena, G. (1944). "Los libros españoles en Indias". *Arbor*, II: 6, 221–249.

—— (1976). *Un tríptico del Perú virreinal: el virrey Amat, el Marqués de Soto Florido y La Perricholi. Drama de dos palanganas y su circunstancia*. Chapell Hill.

López, R. J. (1999). "Ceremonias y poder en el Antiguo Régimen: algunas reflexiones sobre fuentes y perspectivas de análisis". En A. González Enciso y JM Usunáriz Garayoa (Dirs.), *Imagen del rey, imagen de los reinos: las ceremonias públicas en la España Moderna* (págs. 19–61). EUNSA.

López Cantos, A. (1992). *Juegos, fiestas y diversiones en la América española*. Mapfre.

López Estrada, F. (ed.) (1950). Rodrigo de Carvajal y Robles, *Fiestas de Lima por el nacimiento del Príncipe Carlos (Lima, 1632)*. Sevilla.

—— (1952). "Datos para la biografía de Rodrigo de Carvajal y Robles". *Anuario de Estudios Americanos*, IX, 577–596.

—— (1982). "Fiestas y literatura en los Siglos de Oro: la Edad Media como asunto 'festivo' (el caso del 'Quijote')", *Bulletin Hispanique*, 84, 315–327.

Maravall, J. A. (1985). "Teatro, fiesta e ideología en el Barroco". En *Teatro y fiesta en el Barroco. España e Iberoamérica* (págs. 71–95). Serbal.

—— (1996). *La cultura del Barroco. Análisis de una estructura histórica* (1ª ed. 1975). Ariel.

Mariátegui, J. C. (1979). *Siete ensayos de interpretación de la realidad peruana* (1928). Era.

Marquard, O. (1993). "Pequeña filosofía de la fiesta". En U. Schultz (Dir.), *La fiesta: una historia cultural desde la Antigüedad hasta nuestros días* (págs. 357–366). Alianza.

Martínez Hernández, S. (2009). "Cultura festiva y poder en la monarquía hispánica y su mundo: convergencias historiográficas y perspectivas de análisis", *Studia Historica, Historia Moderna*, 31, 127–152.

Mazzeo de Vivó, C. A. (1994). *El comercio libre en el Perú, las estrategias de un comerciante criollo, José Antonio de Lavalle y Cortés 1777–1815*. Fondo Editorial Pontificia Universidad Católica del Perú.

Mazzotti, J. A. (2000). "Resentimiento criollo y nación étnica: el papel de la épica novohispana". En Mazzotti, JA (Ed.). *Agencias criollas. La ambigüedad "colonial" en las letras hispanoamericanas* (págs. 143–160). Instituto Internacional de Literatura Iberoamericana.

—— (2016). *Lima fundida. Épica y nación criolla en el Perú*. Iberoamericana.

Medina, J. T. (2003). *Escritores hispanoamericanos celebrados por Lope de Vega en* El laurel de Apolo. Biblioteca Virtual Miguel de Cervantes. Edición digital basada en la de Santiago de Chile, Imprenta Universitaria, 1922. Recuperado el 2 de marzo de 2021 de http://www.cervantesvirtual.com/obra-visor/escritores-hispanoamericanos-celebrados-por-lope-de-vega-en-el-laurel-de-apolo--0/html/ffb08 58c-82b1-11df-acc7-002185ce6064_12.html

Meehan, T. C. y J. T. Cull (1984). "'El poeta de las adivinanzas': Esteban de Terralla y Landa", *Revista de Crítica Literaria Latinoamericana*, 10: 19, 127–157.

Méndez, M. A. (Ed.) (2010). *Fiesta y celebración. Discurso y espacio novohispanos*. El Colegio de México, Centro de Estudios Lingüísticos y Literarios.

Menéndez Pelayo, M. (1948). *Historia de la poesía hispanoamericana*, tomo II. *Obras completas*, tomo XXVIII. Madrid.

Millar Carvacho, R. (2003). "Rosa de Santa María (1586–1617): Génesis de su santidad y primera hagiografía". *Historia*, 36, 255–273. Pontificia Universidad Católica de Chile.

Millones, L. (1993). *Una partecita del Cielo. La vida de Santa Rosa de Lima narrada por Don Gonzalo de la Maza a quien ella llamaba padre*. Editorial Horizonte.

Mínguez, V. (1999). "Los 'Reyes de las Américas'. Presencia y propaganda de la Monarquía hispánica en el Nuevo Mundo". En A. González Enciso y JM Usunáriz Garayoa (Dirs.), *Imagen del rey, imagen de los reinos. Las ceremonias públicas en la España Moderna (1500–1814)* (págs. 231–258). Eunsa.

—— (2004). "La fiesta política virreinal: propaganda y aculturación en el México del siglo XVII". En K. Kohut y S. V. Rose (Eds.), *La formación de la cultura virreinal. II. El siglo XVII* (págs. 359–374). Iberoamericana-Vervuert.

—— (2016a). "Un imperio simbólico. Cuatro décadas de estudios sobre la escenificación de 'La práctica del poder'". En I. Rodríguez Moya y V. Mínguez Cornelles (Coord.), *Visiones de un imperio en fiesta* (págs. 31–60). Fundación Carlos de Amberes.

—— (2016b). "La imagen del poder durante el reinado de Carlos II de Habsburgo: construcciones iconográficas para un rey enfermo". En *El arte de las Naciones. El barroco como Arte Global* (págs. 287–295). Museo Internacional del Barroco de Puebla – Ediciones El Viso.

—— (2021). "La estirpe de Cam. Imagen e integración del indio en la fiesta virreinal". En I. Álvarez Cuartero y A. Baena Zapatero (Eds.), *En compañía de salvajes. El sujeto indígena en la construcción del otro* (págs. 81–123). Iberoamericana-Vervuert.

—— et al. (2012). *La fiesta barroca: los virreinatos americanos (1560–1808). Triunfos barrocos*, vol. II. Publicacions de la Universitat Jaume I; Universidad de las Palmas de Gran Canaria.

—— et al. (2019). *Un planeta engalanado: la fiesta en los reinos hispánicos.* Publicacions de la Universitat Jaume I.

Mínguez, V., S. Knippschild y H. D. Heimann (Coords.) (2004). *Ceremoniales, ritos y representación del poder.* Universitat Jaume I.

Mínguez, V. e I. Rodríguez Moya (2006). *Las ciudades del absolutismo: arte, urbanismo y magnificencia en Europa y América durante los siglos XV -XVIII.* Publicacions de la Universitat Jaume I.

Miró Quesada, M. (1958). *Lima, tierra y mar.* Juan Mejía Baca.

Molinari, B. L. (s.f.). *Buenos Aires. 4 siglos.* Tipografía Editora Argentina.

Monteagudo Robledo, M. P. (1995). "Fiesta y poder: aportaciones historiográficas al estudio de las ceremonias políticas en su desarrollo histórico". *Revista d'Història Moderna*, 15, 173–204.

Moreno Cebrián, A. (1983) (Estudio preliminar y noras). *Relación y documentos de gobierno del virrey del Perú, José A. Manso de Velasco, conde de Superunda (1745-1761).* Consejo Superior de Investigaciones Científicas.

Muir, E. (2001) *Fiesta y rito en la Europa Moderna.* Editorial Complutense (La Mirada de la Historia).

Mujica Pinilla, R. (2005). *Rosa limensis. Mística, política e iconografía en torno a la patrona de América.* Instituto Francés de Estudios Andinos, Fondo de Cultura Económica.

Ollero Lobato, F. (2013). "Plazas efímeras del Barroco hispánico". En C. López Calderón, MA Fernández Valle y MI Rodríguez Moya (Coords.), *Barroco iberoamericano: identidades culturales de un imperio*, vol. II (págs. 27–56). Andavira Editora.

Osorio, A. (2008). *Inventing Lima: Baroque Modernity in Peru's South Sea metrópoli.* Palgrave MacMillan.

—— (2009). "El rey ausente: poder imperial y simulacro real en la Ciudad de los Reyes, Lima". En *La sociedad monárquica en la América hispánica* (págs. 83–118). Plural.

—— (2012). "El rey en Lima, simulacro real y el ejercicio del poder en la Lima del diecisiete". En O. Mazín (Ed.), *Las representaciones del poder en las sociedades hispánicas* (págs. 229–273). El Colegio de México.

Otemberg, P. (2011). "Apuntes sobre el lugar de la mujer en el ritual político limeño: de actrices durante el virreinato a actoras de la independencia", *Estudios Interdisciplinarios de América Latina y el Caribe*, 22: 1, 105–128.

—— (2014). *Rituales del poder en Lima (1735–1828). De la Monarquía a la República*. Fondo Editorial Pontificia Universidad Católica del Perú.

Palanco Romero, J. (1926). *Relaciones del siglo XVII*. Universidad de Granada.

Parodi, C. (2007). "El lenguaje de las fiestas: arcos triunfales y villancicos". En J. Farré Vidal (Coord.), *Teatro y poder en la época de Carlos II* (págs. 221–235). Iberoamericana Vervuert.

Parra Ortiz, R. (2021). "Máscaras, armonía e imperio: las fiestas de 'naturales'. Lima (siglo XVIII)". Recuperado el 24 de febrero de 2021 de https://www.elhablador. com/dossier17_parra1.html

Parrón Salas, C. (1984). *El comercio del Callao con España en vísperas de la emancipación (1797–1808)*. AREAS.

Paz, O. (1995). *Sor Juana Inés de la Cruz o las trampas de la fe*. Fondo de Cultura Económica.

Pena Sueiro, N. (2001). "Estado de la cuestión sobre el estudio de las relaciones de sucesos". *Pliegos de bibliofilia*, 13, 43–66.

Peralta y Barnuevo, P. de (2022). *Júbilos de Lima* (1723). Ignacio Arellano (Ed.). Iberoamericana-Vervuert.

—— (2023). *Júbilos de Lima y fiestas reales*. Enrique Cortez y José Eduardo Cornelio (Eds.). Pakarina Ediciones, Facultad de Letras y Ciencias Humanas-UNMSM.

Pérez, M. C. (2015). "Fomentando la identidad institucional dominicana en tres relaciones de fiestas para la beatificación de Santa Rosa de Lima". En A. Baraibar y M. Vinatea Recoba (Eds.), *Viajes y ciudades míticas* (págs. 123–130). Servicio de Publicaciones de la Universidad de Navarra.

Perilli, C. (2011). "El Doctor Lunarejo y la Rosa Indiana. Criollismo y religión en un sermón barroco del siglo XVII". *Cuadernos de CILHA*, 12: 15, 19–28.

Périssat, K. (2000a). "Las representaciones del espacio americano en las fiestas limeñas de la América colonial". *Criticón*, 78, 29–43.

—— (2000b). "Los incas representados (Lima–siglo XVIII): ¿supervivencia o renacimiento?". *Revista de Indias*, LX: 220, 623–649.

—— (2002). *Lima fête ses rois (XVIe-XVIIIe siècles): Hispanité et américanité dans les cérémonies royales*, París, Editions L'Harmattan.

—— (2007). "Les représentations iconographiques de Lima et du Pérou et leur place dans l'Empire espagnol colonial". En JL Guerena (Dir.), *Image et transmission des savoirs dans les mondes hispaniques et hispano-américains* (págs. 23–30). Presses universitaires François-Rabelais.

Pieper, J. (2006). *Una teoría de la fiesta*. Rialp.

Polleros, F. (1992). "La transformación de la imagen de América". En A. Sommer-Mathis et al. *El teatro descubre América. Fiestas y teatro en la Casa de Austria (1492–1700)* (págs. 273–288). Editorial Mapfre.

Porras Barrenechea, R. (1965). "Perspectiva y panorama de Lima". En *Pequeña antología de Lima. El río, el Puente y la Alameda* (págs. 17–44). Instituto Raúl Porras Barrenechea.

Rama, A. (1998). *La ciudad letrada* (1984). Arca.

Ramos Sosa, R. (1992). *Arte festivo en Lima virreinal (siglos XVI-XVII)*. Junta de Andalucía: Asesoría Quinto centenario.

—— (1997). "La fiesta barroca en Ciudad de México y Lima" (págs. 263–286). *Historia* 30.

Ripa, C. (1987). *Iconología*, 2 vols. Akal.

Rodilla, M. J. (2014). *'Aquestas son de México las señas'. La capital de la Nueva España según los cronistas, poetas y viajeros (siglos del XVI al XVIII)*. Iberoamericana-Vervuert.

Rodríguez, D. (1998). *Texto y fiesta en la literatura novohispana (1650–1700)*. UNAM.

—— (2007). "Los arcos triunfales en la época de Carlos II. Una aproximación desde la retórica". En J. Farré Vidal (Coord.), *Teatro y poder en la época de Carlos II* (págs. 267–285). Iberoamericana Vervuert.

—— (2022). "Conquista y renovación del poder real: usos de la historia en el canto intitulado *Mercurio*, de Arias de Villalobos". En E. Valero Juan (Coord.), "La ciudad colonial en los márgenes del archivo indiano: textos periféricos y escrituras efímeras". *Revista de Crítica Literaria Latinoamericana*, 95, 87–106.

Rodríguez, I. (2016). "La Esperanza de la monarquía. Fiestas en el imperio hispánico por Felipe Próspero". En I. Rodríguez Moya y VM Cornelles (Dirs.), *Visiones de un Imperio en fiesta* (págs. 93–119). Fundación Carlos Amberes.

Roiz, M. (1982). "Fiesta, comunicación y significado". En HM Velasco (Ed.), *Tiempo de fiesta: ensayos antropológicos sobre las fiestas en España* (pags. 95–150). Tres-Catorce-Diecisiete.

Romero, C. A. (1936). "Una supervivencia del inkanato durante la Colonia", *Revista histórica*, 10, 76–94.

Romero, J. L. (1976). *Latinoamérica, las ciudades y las ideas*. Siglo XXI Editores.

Romero, J. L. y Romero, L. A. (2000). *Buenos Aires. Historia de cuatro siglos*. Altamira.

Romero de Terreros, M. (Marqués de San Francisco) (1918). *Torneos, mascaradas y fiestas reales en la Nueva España*. Cultura, IX, 4.

Ross, W. (1973). "Santa Rosa de Lima y la formación del espíritu hispanoamericano". En *Ensayos sobre la geografía interior* (págs. 121–191). León Sánchez Cuesta Librero.

Rovira, J. C. (2005). *Ciudad y literatura en América Latina*. Síntesis.

Sebastián, S. (1992). *Iconografía del indio americano, siglos XVI-XVII*. Tuero.

Solano, F. de (1984). *Fiestas en la Ciudad de México: estudio historiográfico*. Service des publications, Université de la Sorbonne Nouvelle. Otra edición en *Ciudades hispanoamericanas y pueblos indios* (1990) (págs. 247–309). CSIC.

Solórzano Pereira, J. de (1653). *Emblemata Centum Regio Política*. L. Matheu y Sanz (Trad.), *Emblemas regio-políticos. Década primera* (Valencia, 1658). Bernardo Nogués.

Soto Caba, V. (1990). "Fiesta y ciudad en las noticias sobre la proclamación de Carlos IV". *Espacio, tiempo y forma*, Serie VII, 3, 259–271.

Suardo, J. A. (1935). *Diario de Lima (1629–1634)*. R. Vargas Ugarte (Ed., introducción y notas). Imp. C. Vásquez L.

Stastny, F. (1999). "Temas clásicos en el arte colonial hispanoamericano". En T. Hampe. *La tradición clásica en el Perú virreinal* (págs. 223–247). Universidad Nacional Mayor de San Marcos.

Toledo y Godoy (1950). *Cancionero Antequerano (1627–1628)*. D. Alonso y R. Ferreres (Eds.). Instituto Miguel de Cervantes, CSIC, Colección Cancioneros del Siglo de Oro I.

Toribio Medina, J. (2003). *Escritores hispanoamericanos celebrados por Lope de Vega en el Laurel de Apolo* (1922). Imprenta Universitaria. Edición digital en Biblioteca Virtual Miguel de Cervantes. Recuperado el 28 de febrero de 2021 de http://www.cervantesvirtual.com/obra-visor-din/escritores-hispanoamericanos-celebrados-por-lope-de-vega-en-el-laurel-de-apolo--0/html/

Torquemada, J. de (1975–1979). *Monarquía indiana*, 7 vols. Porrúa.

Torre Revello, J. (1991). *El libro, la imprenta y el periodismo en América durante la dominación española*. UNAM.

Uhagón, F. R. de (Ed.) (1986). *Relaciones históricas de los siglos XVI y XVII*. Vda. e hijos de M. Tello y A. Huarte y Echenique (1941–1950). *Relaciones de los reinados de Carlos V y Felipe II*. Sociedad de Bibliófilos Españoles, 2 vols.

Valero Juan, E. (2003). *Lima en la tradición literaria del Perú. De la leyenda urbana a la disolución del mito*. Universitat de Lleida.

—— (2010). *Tras las huellas del* Quijote *en la América virreinal*. Bulzoni, 2010.

—— (2017). "Las relaciones de fiestas: copiar la historia 'fuera de costumbre'". En R. Chang-Rodríguez y C. García Bedoya (Coords.), *Historia de las literaturas en el Perú*, vol. 2 (págs. 247–272). Fondo Editorial-Pontificia Universidad Católica del Perú.

—— (2019). "La mitificación de Lima en las relaciones de fiestas del virreinato del Perú". *Hipogrifo*, 7: 2, 887–898.

—— (2019). "Santa Rosa festejada: la exaltación del criollismo en Festiva Poma de Juan Meléndez (1671)". *Lexis. Revista de lingüística y literatura*, XLIII, 339–367.

—— (2022). "Perspectivas urbanas en la relación de las fiestas limeñas por la entronización de Carlos IV de Francisco de Arrese". En E. Valero Juan (coord.), "La ciudad colonial en los márgenes del archivo indiano: textos periféricos y escrituras efímeras". *Revista de Crítica Literaria Latinoamericana*, 95, 131–152.

Vargas Lugo, E. (1983). "Las fiestas de la beatificación de Santa Rosa de Lima". En M. Foncerrada de Molina *et al.* (Ed.), *El arte efímero en el mundo hispánico* (págs. 87–105). Universidad Nacional Autónoma de México.

—— (1998). "Iconografía de Santa Rosa de Lima en los virreinatos del Perú y de la Nueva España". En *Simpatías y diferencias. Relaciones del arte mexicano con el de América Latina* (págs. 221–228). Universidad Nacional Autónoma de México.

Vargas Ugarte, R. (1946). "Glosario de peruanismos". *Revista de la Universidad Católica del Perú*, Tomo XIV: 2, 151–179.

Velázquez Castro, M. (2013), *La mirada de los gallinazos. Cuerpo, fiesta y mercancía en el imaginario sobre Lima (1640–1895)*. Fondo Editorial del Congreso del Perú.

Vergara, T. (2019, mayo). "Bartolomé de Mesa Túpac Yupanqui: trayectoria de un comerciante de la élite indígena limeña (1774–1810)". *Revista del Instituto Riva-Agüero*, 4

(1), 105–150. Recuperado el 4 de marzo de 2021 de http://revistas.pucp.edu.pe/ index.php/revistaira/article/view/20497/20397

Vinatea, M. (2019). "La tres veces coronada villa: del mito de la ciudad paraíso al de la ciudad putrefacta". *Hipogrifo. Revista de literatura y cultura del Siglo de Oro*, 7: 2, 283–300.

Zugasti, M. (2004). "América y otras alegorías indianas en el ámbito colonial del siglo XVII: del arte efímero al teatro". En K. Kohut y SV Rose (Eds.), *La formación de la cultura virreinal. II. El siglo XVII* (págs. 289–332). Iberoamericana-Vervuert.

—— (2005). *La alegoría de América en el Barroco hispánico: del arte efímero al teatro.* Pre-textos.

—— (2013). "Santa Rosa de Lima, una santa del pueblo con sus fiestas y comedias para el pueblo". En J. M. Díez Borque, MS Arredondo Sirodey, A. Martínez Pareira y G. Fernández San Emeterio (Eds.), *Teatro español de los Siglos de Oro: dramaturgos, textos, escenarios, fiestas* (págs.117–151). Visor.

APÉNDICE
Fuentes impresas

"Jura de Felipe II en Lima", en *Colección de Documentos Inéditos de América y Oceanía, Colección de Documentos Inéditos relativos al descubrimiento, conquista y organización de las antiguas posesiones españolas de América y Oceanía*, Madrid 1869, t. IV, pp. 395–402. Madrid: Kraus reprint ltd.: Nendeln, Liechtenstein, 1966.

Anónimo. *Del recibimiento que esta insigne Cibdad [de los Reyes] hizo al Virrey Don García Hurtado de Mendoza*, en *Colección de Documentos Inéditos de América y Oceanía, Colección de Documentos Inéditos relativos al descubrimiento, conquista y organización de las antiguas posesiones españolas de América y Oceanía*, Madrid, 1867, t. VIII, pp. 311–327. Madrid: Kraus reprint ltd.: Nendeln, Liechtenstein, 1966.

Anónimo (1669). *Relación compendiosa y diaria de las fiestas que se celebraron por once días en el Convento del Señor de Santo Domingo y el Rosario, de la ciudad de Cádiz, a la esclarecida y bienaventurada Rosa de Santa María* ... s.n. Reproducción digital en Fondo Antiguo de la Universidad de Granada: https://granatensis.ugr.es/dis covery/fulldisplay?docid=alma991005306639704990&context= L&vid=34CBUA_UGR:VU1&search_scope=MyInstitution& tab=Granada&lang=es

Anónimo (1748), *El día de Lima. Proclamación real que del nombre Augusto del supremo señor D. Fernando el VI, Rey Católico de las Españas y Emperador de las Indias. N. S. Q. D. G. hizo la muy noble y muy leal ciudad de los Reyes Lima, cabeza de la América Austral, fervorizada a influjo del celo fiel, del cuidadoso empeño y de la amante lealtad del excelentísimo señor don José Manso de Velasco [...] Virrey, Gobernador y Capitán General de estos Reinos del Perú y Chile, etc.; de cuyo orden se imprime. Con la relación de tan fausto felice aplauso, y de las reales fiestas con que se celebró.* Lima, s.e.

Anónimo (1760). *Lima Gozosa. Descripción de las festivas demostraciones con que esta ciudad, Capital de la América Meridional, celebró la Real Proclamación del nombre Augusto del Católico Monarca el Señor Don Carlos III nuestro señor (que Dios guarde), a influjo del activo celo de Don José Antonio Manso de Velasco.* Lima, Plazuela de San Cristóbal, 1760[1]. Reproducción en Biblioteca Digital Hispánica: http://bdh-rd.bne.es/viewer.vm?id=0000115659&page=1

Anónimo (1790). *Explicación previa de los carros y máscara con que la nación Índica de esta Capital de Lima y sus Pueblos comarcanos celebra la feliz Exaltación al Trono de Nuestro Augusto Monarca el Señor Don Carlos IV (que Dios guarde). Bajo el Gobierno del Señor Subdelegado del Partido de Santiago del Cercado, y su Jurisdicción Don Manuel María del Valle y Portillo, Agente Asesor de este Superior Gobierno. Siendo comisarios Don Bartolomé de Mesa, Don Ramón Landaburu y Don Ilario Gómez. Costeada por dicho D. Bartolomé Mesa, Teniente de Milicias de su Nación y comerciante de esta Ciudad.* Reproducción digital en John Carter Brown Library: https://archive.org/deta ils/explicacionprevi00meza/page/n5/mode/2up

---

1   Atribuido por Guillermo Lohmann Villena a Francisco Antonio Ruiz Cano, en *Un tríptico del Perú virreinal: el virrey Amat, el Marqués de Soto Florido y La Perricholi. Drama de dos palanganas y su circunstancia*, Chapell Hill, 1976, pp. 30–31.

Anónimo (1807). *Demostración de los regocijos públicos en Lima con motivo de la derrota de los ingleses en el Río de la Plata.* Buenos Aires, Real Imprenta de los Niños Expósitos.

Arrese y Layseca, Francisco de (1790). *Descripción de las reales fiestas, que por la feliz exaltación del Señor Don Carlos IV al Trono de España, y de las Indias, celebró la muy Noble Ciudad de Lima Capital del Perú.* Lima, Imprenta Real de los Niños Expósitos. Reproducción en Biblioteca Digital Hispánica: http://bdh-rd.bne.es/viewer.vm?id=0000089675&page=1

Bolibar, Baltasar de (1668). *Relación breve de las fiestas que el real convento de Santa Cruz de Granada dispuso y hizo en la beatificación de la venerable y Esclarecida Virgen la Bienaventurada Rosa de Santa María.* Granada.

Campo de la Rinaga, Nicolás M (1668). *Rasgo breve, disceño corto del religioso culto que la nobleza peruana consagró en el Real Convento de Santo Domingo de esta corte, a la bienaventurada Rosa de Santa María, natural de la ciudad de Lima, en obsequio de su solemne beatificación.* Madrid, Mateo de Espinosa y Arteaga.

Carvajal y Robles, Rodrigo de (1632). *Fiestas que celebró la ciudad de los Reyes del Pirú, al nacimiento del serenísimo Príncipe Don Baltasar Carlos de Austria nuestro señor. A don Francisco Fausto Fernández de Cabrera y Bobadilla, niño de dos años, y primogénito del Excelentísimo señor Conde de Chinchón, Virrey del Pirú. Por el Capitán D. Rodrigo de Carvajal y Robles, Corregidor, y Justicia mayor de la Provincia de Colesuyo, por su Majestad. A la dedicatoria al hijo del virrey siguen dos licencias, que obedecen a las dos autoridades, civil y eclesiástica, la primera por el virrey y por Feliciano de Vega, la segunda por el Obispo de Popayán.* Lima, Gerónimo de Contreras, 1632. Reproducción en Biblioteca Digital Hispánica: http://bdh-rd.bne.es/viewer.vm?id=0000264481&page=1

Espinosa y Medrano, J. (1695). "Oración Panegírica a la Gloriosa Santa Rosa", en *La novena maravilla nuevamente hallada en los panegíricos sagrados que en varias festividades dixo el Sr. Arcediano Dr. D. Juan de Espinosa Medrano, primer Canónigo magistral, Tesorero, Chantre y finalmente Arcediano de la Catedral del Cuzco en los reinos del Perú. Presentóles con fineza al Orden del Gran Patriarca,*

Santo Domingo, el Maestro Agustín Cortés de la Cruz. Capellán Real de la gran ciudad del Cuzco, discípulo del autor que los saca a luz y los imprime a su costa. Valladolid.

Fernández de Castro, Jerónimo (1725). *Elisio Peruano. Solemnidades heroicas, y festivas demonstraciones de júbilos, que se han logrado en la muy Noble, y muy Leal Ciudad de los Reyes Lima, cabeza de la América Austral, y Corte del Perú, en la Aclamación del Excelso Nombre Augusto, Católico Monarca de las Españas, y Emperador de la América Don Luis Primero.* Lima, Francisco Sobrino, Impresor del Santo Oficio, Portal de los Escribanos.

León Pinelo, Diego de (1666). *Aclamación y pendones que levantó la muy noble y coronada Ciudad de los Reyes, por el Católico y augustísimo Rey D. Carlos II. De este nombre N. S. con festiva solemnidad, el día 17 de octubre de 1666.* Lima, Imprenta de Juan de Quevedo y Zárate. Reproducción en Biblioteca Digital Hispánica: http://bdh-rd.bne.es/viewer.vm?id=0000115665&page=1

León Pinelo, Diego de (1670). *Celebridad y fiestas con que la insigne y nobilísima Ciudad de los Reyes solemnizó la beatificación de la bienaventurada Rosa de S. María, su patrona y de todos los reinos y provincias del Perú.* Lima, 1670.

Meléndez, Juan (1671). *Festiva pompa, culto religioso, veneración reverente, fiesta, aclamación, y aplauso: a la feliz beatificación de la bienaventurada virgen Rosa de S. María. Tercera del Orden de Predicadores. Segunda Catalina Senense de la Iglesia. Primera Fragrante Flor, y Fruto opimo de esta plaga meridional. Tesoro escondido en el Campo fértil de esta muy noble, y muy Leal Ciudad de Lima. Descubierto por N.B.P. Clemente Nono. Patrona tutelar universal de su dichosa Patria, y dilatados Reinos del Perú. En este Convento del SS. Rosario de la misma orden.* Lima, s. n. Reproducción digital en John Carter Brown Library: https://archive.org/details/festiuapompacult00mel/page/n3/mode/2up

Morales Pastrana, A. de (1671). *Solemne, plausible, festiva pompa. Magnifica, ostentosa celebridad, a la beatificación de la gloriosa Rosa de Sta. María. Dedícala, al Ilmo. y Rmo. Sor. Maestro y Don. D. Fr. Luis de Cifuentes Sotomayor, Obispo de Mérida al Consejo de Su Majestad.* Francisco Rodríguez Lupercio.

Ojeda Gallinato, Diego de (1659). *Relación de las fiestas reales, que esta muy noble y leal Ciudad de los Reyes celebró este año de 1659 al nacimiento feliz de nuestro Príncipe y señor natural C. Felipe Próspero, Príncipe de las Españas y de este nuevo Mundo. Dedicadas a D. Iván Henríquez de Guzmán, Teniente de Capitán general, y General de mar y tierra del Puerto del Callao, hijo segundo del Exce.mo Señor Conde de Alva de Aliste, Virrey, Gobernador, y Capitán general de estos Reinos del Perú, Tierra firme, y Chile. Escritas por Diego de Ojeda Gallinato, natural de la muy leal ciudad de Sevilla, y vecino de esta de los Reyes del Perú.* Lima, Imprenta de la Viuda de Julián Santos, 1659. Reproducción en Biblioteca Digital Hispánica: http://bdh-rd.bne.es/viewer.vm?id=0000115662&page=1

Parra, fray Jacinto de (1670). *Rosa laureada entre los santos. Epitalamios sacros de la corte, aclamaciones de España, aplausos de Roma, congratulaciones festivas del clero, y religiones, al feliz desposorio que celebro en la gloria con Cristo la Beata Virgen Rosa de Santa María, de la Tercera Orden de Predicadores, patrona del Perú. Y beatificación solemne que promulgó en la iglesia militante la santidad de Clemente Nono.* Domingo García Morras impresor del estado eclesiástico de la corona de Castilla.

Peralta y Barnuevo, Pedro de (1723). *Júbilos de Lima y fiestas reales que hizo esta muy noble y leal ciudad capital y emporio de la América Austral, en celebración de los augustos casamientos del serenísimo señor don Luis Fernando, Príncipe de Asturias con la Serenísima Señora Princesa de Orleans.* Lima, Ignacio de Luna y Bohorques.

Morales Pastrana, Antonio (1671). *Solemne, Plausible, Festiva Pompa Magnifica, Ostentosa Celebridad, a la beatificación de la Gloriosa Rosa de Santa María.* México D. F. Francisco Rodríguez Lupercio, impresor.

Ruiz Cano y Galiano, Francisco Antonio (1755). *Júbilos de Lima en la dedicación de su Santa Iglesia Catedral, instaurada (en gran parte) de la Ruina, que padeció con el Terremoto del año de 1746. A esfuerzos del activo celo del Excmo. Señor D. Joseph Manso de Velasco Conde de Superunda, Caballero del Orden de Santiago, Gentil Hombre de la Cámara de S. M. (que Dios guarde), Teniente General de los Reales Ejércitos, Virrey Gobernador, y Capitán General de estos Reinos del*

Perú. Descritos por el Doctor Don Francisco Antonio Cano y Galiano, Colegial del Real de San Martín. Lima, en la Calle de Palacio.

Salas y Valdés, Agustín de (1660). *Diseño historial de los gozos ostentativos con que la regia ciudad de Lima celebró el deseado nacimiento del católico Príncipe N. S. Don Felipe Andrés Próspero en mano del Ex. S. D. Luis Henríquez de Guzmán, Conde de Alva de Aliste, Virrey del Perú. Por el P.F. Agustín de Salas y Valdés, del Orden Real de N.S. de la Merced, Redención de Cautivos, Predicador mayor de este Convento de Lima y Coronista de esta Provincia. Imprimiose de orden de su excelencia, a expensas del ilustre Cabildo, y Regimiento de esta Ciudad, año de 1660.* Lima, Imprenta de Juan de Quevedo y Zárate.

Terralla y Landa, Esteban de (1790). *El Sol en el medio día: año feliz y júbilo particular con que la Nación Índica de esta muy noble Ciudad de Lima solemnizó la exaltación al trono de Ntro. Augustísimo Monarca el Señor don Carlos IV. En los días 7. 8. y 9. de febrero de 1790. Siendo subdelegado del pueblo del Cercado D. José María del Valle, y Comisarios de las Fiestas D. Ramón Landaburu, Don Ilario Gómez, y Don Bartolomé de Mesa, Teniente de Milicias de su Nación, y Comerciante Almacenista de esta dichosa Ciudad. Quien lo da a pública luz, ofrece, dedica, y consagra a la S.C.R.M. (que Dios guarde, y prospere). Su autor don Esteban de Terralla y Landa, Natural de los Reinos de España, y Minero de S. M. en las provincias de Cajamarca, y Huamachuco.* Lima, Imprenta en la Casa Real de los Niños Expósitos. Reproducción digital en John Carter Brown Library: https://archive.org/details/elsolenelmediodi00terr/page/n11/mode/2up

Vega, Lope de (1622), *Relación de las Fiestas que la insigne Villa de Madrid hizo en la Canonización de su Bienauenturado Hijo y Patron San Isidro: con las comedias que se representaron y los Versos que en la Iusta Poetica se escriuieron.* Viuda de Alonso Martín.

www.ingramcontent.com/pod-product-compliance
Lightning Source LLC
Chambersburg PA
CBHW071532110726
47908CB00007B/1859